多元文化背景下英语教学与跨文化交际研究

马泠泠◎著

中国商业出版社

图书在版编目（CIP）数据

多元文化背景下英语教学与跨文化交际研究 / 马冷冷著. — 北京：中国商业出版社，2023.6
ISBN 978-7-5208-2524-5

Ⅰ. ①多…　Ⅱ. ①马…　Ⅲ. ①英语-教学研究-高等学校　Ⅳ. ①H319.3

中国国家版本馆 CIP 数据核字（2023）第 113768 号

责任编辑：滕　耘

中国商业出版社出版发行
（www.zgsycb.com 100053　北京广安门内报国寺 1 号）
总编室：010-63180647　编辑室：010-83118925
发行部：010-83120835/8286
新华书店经销
济南圣德宝印业有限公司印刷
*
710 毫米×1000 毫米　16 开　16 印张　250 千字
2023 年 6 月第 1 版　2023 年 6 月第 1 次印刷
定价：60.00 元
* * * *

前　言

语言是人们进行沟通的主要表达方式，也是人类最重要的交际工具。由于历史文化和地理条件的不同，不同的国家或地区形成了自己的语言。资料显示，当前世界上查明的语言有5000多种。随着国际化程度日益加深，国际交往越来越多，加之英语的影响力不断提升，英语成为当今世界主要的国际通用语言。

学习英语最主要的目的是交流。尽管我国英语教学在不断改革和创新，也取得了很大成绩，但综观学生的实际交流能力还是不尽如人意。其中一个重要的原因是学生对语言文化的了解不够。当今社会正处于全球化发展的环境下，各国、各民族在价值观念、风俗习惯、宗教信仰等方面形成了独特的文化认同，构成了各自的文化，而这些文化内涵，无一不渗透在语言之中，使其具备了独特的不同于其他民族语言的特性。在这样复杂多样的社会环境中，需要各种不同的文化服务社会的发展，从而形成多种文化之间的相互碰撞与交流。要实现英语教学的目的，必须在语言教学中涉及文化教学。其中的文化，不仅包括西方国家文化、目的语国家文化，也包括本国文化。没有文化教学的语言教学是枯燥的，并且是无意义的。

多元文化是人类社会在发展进程中，社会结构不断复杂化、人际交往日益频繁化、信息流通范围逐渐扩大化过程中的必然产物，这是由不同国家、不同民族所处的不同地理位置、不同地理环境所造成的，是由世界各地不同文化的长期积淀、发展形成的，也是事物发展多样性的必然结果。简言之，多元文化即文化的多样性、多种性、多重性和相融性，表现为不同国家、不同区域有其特有的文化。早在古代埃及和罗马时期，不同文化背景的多个民族就曾相处于一个社会；近代，许多国家为了促进相应地区的和谐与繁荣，在文化方面也实行了“多元文化”政策。

本书以多元文化为背景，旨在研究英语教学与跨文化交际能力的培养，章节内容包括多元文化的基本理论、多元文化背景下的课程目标和双语教学、文化差异下的英语教学、多元文化背景下的大学英语组织教学研究、多元文化背景下的英语听力与英语口语教学研究、多元文化背景下的英语阅读与英语写作教学研究、多元文化背景下的英语翻译教学研究、多元文化背景下的英语教师角色定位、多元文化背景下的信息技术与英语教学整合以及英语教学中学生跨文化交际能力的培养。

作者在撰写本书的过程中得到了许多专家、学者的帮助和指导，参考了大量相关的学术文献，在此表示真诚的感谢。但因作者水平有限、撰写时间仓促，书中难免会有疏漏之处，请广大读者批评指正。

作　者

2023年2月

目　录

第一章 多元文化的基本理论

第一节 文化与多元文化的含义

一、文化的含义

（一）中国古代文化中的“文化”

“文化”一词在汉语中古已有之。从文献记载来看，早在3000多年以前，就已出现对“文化”一词的解释。《周易·贲卦》首次将“文”与“化”并用：“观乎天文，以察时变；观乎人文，以化成天下。”这里的“天文”与“人文”相对，天文是指天道自然，人文则是指社会人伦。

直到西汉，“文”与“化”才真正合并为“文化”一词。西汉刘向的《说苑·指武》曾描写道：“圣人之治天下也，先文德而后武力，凡武之兴，为不服也，文化不改，然后加诛。”在这里，“文”和“诛”是两种完全不同的治理社会手段。这段文字表达了这样的含义：文化是治理国家的重要手段，具有教化民众的作用。但在当时，人们对“文化”一词的理解并没有达成共识，直到唐代，孔颖达对“文化”提出了比较有见地的解释。他认为，文化即社会的文化，主要是指文学艺术与风俗礼仪等属于上层建筑的东西。当然，中国古代对“文化”的理解仍然是从狭义的精神层面上考虑的，如人类的精神、智慧、意识及其创造的成果等。因此，并不能算作文化的定义。

（二）西方文化中的“文化”

英语和法语中的“culture”一词来源于拉丁文“cultura”，既有耕种、居住、掘垦、练习、动植物培育等与物质生活相关的多种含义，也有敬神、注意等与人的精神生活相关的含义，还有对人的性情的陶冶及品德的培养之意。此外，德语中的“kultur”也是由拉丁语转化而来的。通过比较不难发现，中国传统意义上的文化在初始多关注精神领域，指精神领域的各种现象；而“culture”“kultur”等词却是产生于人类的物质生产活动，继而引申到精神活动领域，包含了物质与精神两方面的内容。

（三）“文化”的定义

由于“文化”一词的含义十分广泛，不同学者都对其有不同的理解，这里仅列举几种比较有代表性的定义。

英国学者爱德华·泰勒（Edward Tylor）在《原始文化》中认为：“所谓文化或文明，是包括知识、信仰、艺术、道德、法律、习俗以及包括作为社会成员的个人而获得的其他任何能力、习惯在内的一种综合体。”这也是目前人们比较乐意接受的定义。

美国学者克罗伯（Kroeber）和克拉克洪（Kluckhohn）发表了论著《文化：概念和定义的批判性回顾》，他们认为“文化由外层和内隐的行为模式构成，这种行为模式通过象征符号而获得和传递，代表了人类群体的显著成就，包括它们在人造器物中的体现。文化的核心部分是传统的（即历史地获得和选择的）观念，尤其是它们所带的价值。文化体系一方面可以看作行为的产物，另一方面则是进一步的行为的决定因素”。

社会语言学家古德诺夫（Goodenough）将文化定义为：“人们为了使自己的活动方式被社会成员所接受，所必须知晓和相信的一切组成。作为人们不得不学习的一种有别于天生遗传的东西，文化必须由学习的终端产品——知识组成。”

美国学者默多克（Murdock）认为，文化是“学习和社会的互动在每个人群中产生一组由社会传承的适应性的行为，这些行为似乎是超越个人的，因为它是大家共享的，因为它的延续超出个人的生命范围，而且也因为它的质和量都大大超出个人单独努力所达到的程度。‘文化’一词是指这样一些学到的、传承下来的行为系统”。

《苏联大百科全书》则对“文化”进行了广义与狭义的区分。广义的文化是指社会和人在历史上一定的发展水平，它表现为人们进行生活和活动的种种类型和形式，以及人们所创造的物质和精神财富。狭义的文化则仅指人们的精神生活领域。

我国《辞海》将对文化界定为：“从广义上来说，指人类社会历史实践过程中所创造的物质财富和精神财富的总和。从狭义上来说，指社会的意识形态，以及与之相适应的制度和组织机构。”《现代汉语词典》对“文化”一词的释义为：“人类社会历史发展过程中所创造的物质财富和精神财富的总和，特指精神财富，如文学、艺术、教育、科学等。”

总之，文化是人类社会所特有的现象，是人类社会实践的产物，由人创造并为人所特有。而我们今天所指的文化，主要是指各个国家的历史地理、风土人情、生活方式、传统习俗、行为规范、文学艺术、价值观念等。

总体来说，文化具有以下几个方面的特点。

（1）文化既是特有的，又是共有的。文化的特有性是指每个国家与地区都有其独识的、完整的文化。文化的共有性是指它是一系列共有的概念、价值观与行为准则，是使个人行为能力为集体所接受的共同标准。当然，在共有的前提下，即使在同一社会内部，文化也可以具有不一致性。例如，在任何社会中，男性文化和女性文化都表现不同。

（2）既然文化要通过符号系统来传递，那么，它并不是通过遗传而天生具有的，而是通过学习得来的。

（3）任何一个人，从他一出生便已经处在某种文化环境和氛围当中了，这是他无法选择的客观存在。同样，每个人也都是文化创造与文化参与的个体。

（4）文化是一种架构，它包括各种外显或内隐的行为模式，并通过符号系统相互传递。文化的核心信息来自历史传统，它具有清晰的内在结构，并有其自身的规律。

（5）文化既是一种社会现象，也是一种历史现象。一方面，文化是正在进行的、不可停顿的生存活动；另一方面，文化又是寓于当下的生存活动中并调节、规范、控制、影响这些生存活动的知识、价值与意义。

（6）文化具有相对独立性。尽管每个人都无法脱离文化而存在，我们也仅仅是无法脱离地站立在我们自身所创造的文化世界中。换句话说，虽然文化是源于人类，但文化并非附属于人类，它是外在于人的独立存在。人作为承担者使用文化并通过文化来充实自己，而文化却可以与其承担者分开，从一个承担者向另一个承担者转化。

二、多元文化的含义

（一）多元文化概念的提出

就文化本身的发展而言，长期以来，以达尔文的“进化论”为基础，人们认为文化是精英成员活动的总体象征，更是从原始社会到高度文明社会的发展历程。但从20世纪50年代以来，这种观点逐渐遭受质疑和批判。文化被认为是由不同时间和地点的人们以不同的方式集体所做的事情，它具有历史的特殊性，其意义取决于特定的情境。而这一文化的理念就成为现代多元文化主义的基础。多元文化论认为，一个国家由不同信念、行为方式、肤色、语言等多样化地区所组成的文化，其彼此的关系应是相互支持且均等存在的。

虽然多元文化的现象从来就存在，但多元文化概念的提出却是社会发展的结果，确切地说，是全球化的结果。全球化所带来的物质与文化的极大丰富使得不同地区的人们在创造了物质文化的同时，也发展着自身的精神文化。可以说，随着经济和科技的飞速发展，人类的相互交往从来没有像今天这样频繁，文化的多元发展也从来没有像今天这样活跃。

（二）多元文化的概念

一般而言，我们可以认为多元文化是相对传统的单一文化而言的。以往的文化发展定式是在一定的社会、地域、群体或阶层中存在并发展为某种单一文化，多元文化则是指在一个社会、地域、群体或阶层等特定的系统中，同时存在且各自具有独立文化特征的多种文化。多元文化在空间上具有多样性，在时间上具有共时性。

实际上，由于文化本身的概念界定就是一件极其复杂的事情，相应地，对于多元文化的理解也见仁见智。文化本身有广义和狭义之分，多元文化中的“文化”的含义也就不仅仅是指狭义上的文化概念，而是涵盖了广义的人类文明现象。具体来说，它既涵盖了人类的一般生活方式，包括了人类的文化知识内容和教育水准，也涵盖了一定社会、地域、群体中的人的全部生活方式。由此，多元文化也可以从广义和狭义，或者说是从宏观和微观两个方面来理解。从宏观上来说，多元文化是指包括人的多种哲学价值观、信仰、法律观念、艺术风格、风俗及行为习惯等的综合体。从微观上来说，多元文化也可以指狭义的文化含义，即专指从人的生活中提炼、升华、积淀出的理性化的高度智慧的东西。

此外，多元文化也可以从地域方面来理解，即它不仅指全球范围内不同地区文化的共存共荣，而且意味着单一地区国家中的传统文化对其他地区文化的宽容以及必要的吸收。总之，多元文化的含义是多层次的，且不局限于“文化”，还囊括了给予各地区政治、经济、社会、文化等平等权的多重内涵。

第二节 多元文化的特点、意义及课程的价值选择

一、多元文化的特点

不同的时代具有不同的文化，多元文化也呈现出不同的特点。在当今，经济全球化的趋势、政治多极化格局的形成以及信息技术的飞速发展都对多元文化产生了重要的影响，并赋予了多元文化明确的时代特征。具体来说，多元文化的特点可以归纳为以下几个方面。

（一）信息化

自工业革命以来，人类文化中占主导地位的便一直是工业文化，而工业文化的核心是机器系统。到了20世纪50年代，以电子计算机、人造地球卫星、电视机等为核心的信息技术形成一个统一的传播系统，其基本特点是信息一体化，即可以超越时空限制，在全世界范围内及时、准确、综合性地加工、传递、存储信息，从而将人类联结为一个信息整体。信息既是多元文化的载体与介质，也是多元文化的组成部分。

（二）全球化

全球化的发展与信息化是分不开的，当今社会是一个信息化的社会。信息化的发展将整个世界联结为一个巨大的信息网络，无论我们处于何地，只要被纳入这个信息网络，就可以知晓这个世界正在发生的种种变化。而世界某个局部的社会变迁也可以及时、准确地传到全球范围，并产生全球影响，从而大大增强了全球各区域之间的联系。这样，各种文化在传递与交流中取长补短、相互融合，使世界真正变成一个“地球村”。

二、多元文化的意义

多元文化的发展是历史和社会的事实，多元文化对于社会的持续发展具有重要的意义。当今世界的各种文化都深深地影响着人类社会发展的历史进程，并在当今产生持续性的影响。

从历史的角度来看，文化发展首先依赖于人类学习的能力以及将知识传递给下一代的能力，而每代人也都会为当时的时代增添一些新的内容。这些新的内容包括他们从当时的社会所吸收的东西以及他们自己的创造，也包括他们接触到的外来文化。其中，外来文化的影响是文化发展过程中最值得重视，也是最复杂的因素。正如英国哲学家罗素所认为的："不同文化之间的交流已被多次证明是人类文明发展的里程碑。希腊学习埃及，罗马借鉴希腊，阿拉伯参照罗马帝国，中世纪的欧洲又模仿阿拉伯。文艺复兴时期的欧洲则仿效拜占庭帝国。"以欧洲文化为例，可以毫不夸张地说，欧洲文化之所以发展到今天仍有强大的生命力，就是因为它能不断吸收不同文化的因素，使自己不断得到丰富和更新。

三、多元文化课程的价值选择

由于多元文化的影响不断深入，一元文化课程受到前所未有的挑战，而多元文化课程却为当今的课程改革注入了新的活力，甚至为新的课程改革提供了一种可供选择的路径。然而，多元文化课程的推行同样存在阻力，我们确实已步入了一个多元文化的时代，但由于文化类型林林总总、纷繁复杂，文化积累也比任何时代都丰富和深刻得多。多元文化课程是否需要或者有必要将所有的文化类型都纳入其中？即使需要纳入其中，但由于学生的学习负担和课程容量都是有限的，现实中的课程是否能够把各种文化类型都涵盖进去？此外，非主流文化族群对于多元文化课程也存在许多担忧，那就是让自己的孩子更多地接受本族文化的教育是否会影响他们接受其他先进文化教育的完整性，是否会影响他们日后的发展与选择？因此，对于多元文化背景下的课程，必然有一个价值选择的问题，而课程文化的价值选择必然影响课程的发展方向。因此，在多元文化课程的价值选择中要注意以下几点。

首先，要有一个多元的发展视野。关于一元文化与多元文化的争论一直存在且必将持续下去。但无论如何，人们通常用来描述文化的单一性的方法在文化多样而又急剧变动的格局中不再适用，新时代的文化沟通以在世界性的多元文化格局中寻求人文世界的求同存异而变得愈加迫切。但同时，我们也不能把多元文化的理念当作解决现实社会中课程问题的“灵丹妙药”，甚至根本就不存在解决现存问题的现成办法。我们所努力从事的工作，正是在复杂多变的世界格局和人类发展中，拓宽文化理解的新视野，在多元文化视野中寻求文化自觉。这就要求我们在文化一元与多元的矛盾中保持适宜的张力，即把对立的两极联系起来，使对立的两极互相补充，以保持文化普遍性与特殊性之间、共性与个性之间微妙的平衡。无论是价值的普遍性，还是强调不同文化之间的平等和独特品质，其本身都反映了文化的两个方面，将其对立起来的做法显然是过分情绪化的。多元文化课程旨在分享不同文化的成就与贡献，促进不同文化族群之间的有效交流、相互理解、相互认同和相互尊重。

其次，要采取知识统整的方法。多元文化课程不是各种文化内容简单相加的结果，而是通过一种统整的方法，将相互作用的各种文化内容整合起来。其课程设置仍以主流文化的人、事、物为主，但多元文化的观点应渗透到学校全部的显性与隐性课程之中。课程内容应反映所有族群的贡献，有助于学生全面理解非主流文化族群的文化以及特征，形成学生跨文化交往的知识、技能，在表述各族群的历史、文化、政治、社会状态时，避免歧视性的、带有成见的语言、文字、插图，使所有学生都感到它们处于同等重要的地位。在涉及历史及当代重要的、有争议的社会问题时，力求以一种多元的、开放的方式来进行分析和讨论。课程应考虑到非主流文化族群学生的学习习惯、风格、认知及语言。学生则立足于本地区文化基础上，融入各种文化内容，进行批判性学习，从而获得自我发展。多元化包含了最好的单一化的优点，避免了它的缺点、退化和僵化。学校受种种因素制约，其本身是极其复杂的，它同时又要面对全民的教育需求，因而试图以一种模式，即使是最好的模式，去规定和限制它，结果也只能是阻碍它的发展。而一元课程正是单一封闭的，热衷于整齐划一，即统一的目标、统一的要求、统一的内容、统一的时间、统一的形式、统一的评价标准。它让丰富多样的教育实践失去了活力，丰富多样的个性失去了生命力。这种统一性、划一性符合了工业化进程标准化、一体化的要求。而现在工业化已经发展到后工业化水平，标准化让位于个性化，一体化让位于多样化。学校课程如果不能适应这些变化，很好地朝着多样化方向转变，仍然坚持统一的观点，就必然落后于社会的变革，亦不能满足学生多样化发展的需要。因此，学校课程一方面要对既有课程结构进行适当调整或改造，将多元文化内容有机地融入学校教育的网络；另一方面，要以选修课程、核心课程、增补单元等方式对课程结构做重新审视，并在此基础上予以全盘设计，为学生提供使之理解并接受多种族群文化的课程，培养他们在跨文化环境中的适应能力。

最后，要坚持个性指向。多元文化课程必须克服目前存在的单一性，树立尊重个人、发展个性、培养自我责任意识的观点。发展个性并非放任自流、自由无序，而是尊重每个人的个性特长，充分发挥和培养他们的个性特长，同时让每个学生真正地认识自我个性，在认识自我个性的同时，认识他人的个性，尊重他人的个性。个性不仅指每个人的个性，而且意味着每个家庭、学校、社区、企业、国家、文化以及时代的个性。这些个性并非毫无关联、孤立存在，只有真正地认识自我的个性，培养和发展它，并做到尽职尽责，才能更好地尊重和发挥他人的个性。个人的尊严、个性、自由、自律、尽职尽责等，是一个不可分割的统一体。只有了解自己的个性和他人的个性，才能更好地尊重并发挥自己和他人的个性。这是贯穿于个人、社会、国家永恒的哲理。这就要求建立新型的课程实施形式，使得知识的被动接受和灌输让位于适合个人特点的主动学习，教师权威式教学让位于交流式教学；建立民主平等的师生关系，改变建立在“教授和被教授”基础上的师生关系；实行有效的民主管理，而有效的民主管理主要不是依靠教师和管理人员，而是依靠包括教师、学生、家长、专家、行政人员、有关社会团体在内的所有人员；强化教育的变革，经常反省教育的目标、内容、方法，根据实际做出修改，保持进取、创造和更新的活力。要满足所有人基本的学习需要，学校课程就必须在多样化和个性化上做出必要的选择。而多样化与个性化是一个问题的两个方面。多样化是从数量上保证个性化得以实现，个性化则是从质量上促进多样化的发展。

第三节　多元文化的研究现状与教育分析

一、多元文化的研究现状

多元文化的概念提出之后，国内外相关学者对其进行了全面且深入的研究，并出现了多种流派和观点，其中有些促进了多元文化教育和课程的发展。下面我们就来回顾与探讨多元文化在国内外的研究现状。

（一）国外学者的研究成果

1. 詹姆斯·A.班克斯（James A.Banks）的多元文化课程理论

美国教育学家、文化学家詹姆斯·A.班克斯作为著名的多元文化教育专家，撰写和主编了多部与多元文化教育相关的论著。他在其著作中探讨了多元文化教育的范畴、目标以及多元文化的历史与社会背景，并在多元文化教育课程设计、语言教学、教师素质要求等方面进行了深刻论述。在其著作中，班克斯介绍了多元文化教育的目的、特征和方法，并提出了多元文化教育寻求课程变革的方法，以便使所有学生都能掌握在多元民主社会中所需要的知识态度与技巧。

综合班克斯的著作，他的主要观点可以概括为：多元文化教育是一场精心设计的社会改革运动，目的是改变教育的环境，以便让那些不同地区、民族、阶层以及不同性别的学生获得平等受教育的权利。进一步说，多元文化教育的对象是所有学生，目的是提高他们的教育素质，帮助他们获得自身文化以外的跨文化能力。

班克斯的多元文化课程理论对多元文化课程的发展作出了重要贡献，同时产生了巨大的社会意义，有着非常广泛而深刻的影响。当然，班克斯的理论也在实践中暴露出一些弊端。例如，有批评者指出，若要给所有地区的学生提供了解其他地区文化的机会，将必然导致一种早已为批评家们所竭力反对的效率低下的分散化教学。此外，批评者还指出，多元文化教育者想当然地认为只要让学生对其他文化的价值观、信仰、历史等有足够的了解，他们就会增强对其他文化的容忍度。但实际上，这种想法是有偏差的，因为诸如价值观、信仰等范畴几乎无法帮助学生以移情的作用对待那些在文化方面与自己相异的人的生活经历。

2. 詹姆斯·林奇（James Lynch）的多元文化课程理论

詹姆斯·林奇是英国著名多元文化教育研究专家，他主要从英国的经验出发研究多元文化教育，并提出了自己的多元文化课程理论。他在专著《多元文化课程》中，立足于英国的多元文化社会，对多元文化课程的理论框架、发展资源、目标与行动等问题做了深入系统的探讨，并在多元文化课程的目标、课程内容的选择、课程的程序原则等方面提出了独到的见解。在其另一部专著《全球多元文化教育》中，林奇则从全球社会与国际关系的角度，对全球社会多元文化教育的教学方案、课程设计等方面进行了论述。

林奇认为，多元文化教育有三个主要目标：一是维护社会的平等与团结，二是积极发展文化的多样性，三是实现人类公正。他认为多元文化教育要满足所有少数地区学生的教育需求，同时还帮助所有不同民族、信仰、语言、性别的群体学会如何在多元文化社会中积极和谐地生活。林奇还认为，多元文化教育发展的最高阶段是全球教育。

林奇的理论对多元文化课程理论的发展作出了重要的贡献。但是，和班克斯的理论一样，林奇的课程模式也存在片面追求社会意义而忽视对学生研究的问题。在他的课程模式中，很难发现学生的兴趣、需求、经验与学习特点，也难以看到知识的结构与体系。

3. 托比亚斯·吕尔克尔的多元文化课程理论

托比亚斯·吕尔克尔是德国教育学家，他在《多元文化教育：课程及其改革战略》中阐述了他对多元文化课程及其改革的设想。吕尔克尔首先回顾并总结了人们对整个20世纪以传播知识为中心的课程的批判，然后拟定了多元文化课程改革的总则。这一总则即在多元教育的条件之下，课程目标应该是把面向实际经验的课程与具有现代化科目的课程结合起来，学校只有引入这一课程，才能真正实现多元文化教育。

在社会、学生和知识三者之间的关系中，吕尔克尔的理论课程思想不同于班克斯和林奇偏重于社会因素，而是将重心转向学生，强调学生的学习经验，并重视对其他文化的系统掌握，在以学生为中心的基础上寻求两者之间的平衡点。在课程设计与组织上，吕尔克尔也适当遵循了学生在多元文化学习过程中心理发展阶段性的特点，强调将经验课程与科目课程结合起来。应当说，吕尔克尔的这些观点都是值得考虑并加以采纳的。

（二）我国学者的研究成果

我国对于多元文化领域的研究起步比较晚，但是近年来，国内学者对多元文化的研究也日益增多，主要包括以下几个方面。

我国学者施旭在其著作中，从话语分析、话语心理学和文化研究的角度，介绍了话语与文化研究的最新观点与研究方法。在其著作*A Cultural Approach to Discourse*中，施旭基于大量的文化知识与文化经历，批判了话语分析中以西方文化为主的文化主义，倡导中西文化的融合与研究，并提出了一整套切实可行的话语分析方法。

哈经雄、滕星主编的《民族教育学通论》，在费孝通“多元一体格局”理论的启发下，通过对国内外地区理论和多元文化教育理论的潜心研究与分析，在多元文化教育研究领域首先提出了“多元文化整合教育”，为解决地区教育本土化与多元文化教育的冲突提供了理论基石。

张瑞璠、王承绪主编的《中外教育比较史纲》也涉及了多元文化教育的研究。他们对多元文化教育的背景、理论范型以及多元文化教育的实践模式进行了介绍，并分析了多元文化教育课程的含义、构建原则，提出了多元文化教育课程开发的建议。

王鉴在《民族教育学》中对西方多元文化课程理论进行了分析，并对多元文化的课程本土化研究进行了较全面的阐述。在其论文《多元文化教育课程的本土建构》中，他又在对多元文化教育及其课程理论进行阐述、分析和批判的基础上，尝试建构多元一体教育及其课程。

李庶泉在《多元文化课程理论研究》中，论述了多元文化课程的缘起是各族群之间的冲突与妥协。多元文化课程在多元主义与同化主义之间摇摆，出现了多元文化课程的理性范式和激进范式。此外，该论文还分析了保守派与激进派从哪些方面、如何对多元文化课程进行的批判，并总结了当今西方多元文化课程的发展趋势。

孟凡丽在《多元文化背景中地方课程开发研究》中，介绍了国外多元文化课程的理论，并结合国外多元文化教育和课程理论，对多元文化的少数地区地方课程的开发进行了研究。

二、多元文化教育分析

（一）多元文化教育的渊源

1. 经济与科技渊源

马克思主义认为，科学技术是生产力，生产力又是社会发展的根本动力。科学技术是推动社会变革的最有力的因素。人类历史的前进和发展无不是在科学技术的推动之下进行的。由于各种通信技术，尤其是网络技术的发展，人们足不出户便可以间接地认识不同文化与群体，认识到大千世界无奇不有。人们已经深刻地认识到，世界是由不同的群体与不同的文化构成的。文化多元化的思想已经深入人心。

另外，自工业革命以来，资本主义为了追求更大的利润，其资本在地区和国家之间不断地流动。而资本的国际流动不可避免地带来了文化之间的碰撞、冲突、交流和吸收。经济的强大必然导致文化的强盛，进而使该经济所代表的文化成为强势文化。这样，强势文化的国家的资本流向弱势文化的国家，或者经济发达地区的资本流向经济落后地区。而无论是强势文化的国家还是弱势文化的国家，无论是经济发达地区还是经济落后地区，都会感受到资本和人口的流动所导致的不同文化之间的冲突。

科学技术的发展和跨国资本的流动导致了人类文化多样性的减少以及不同文化之间差异逐渐消失的趋势。从表面上看，随着当代科学技术的突飞猛进，以及商品、贸易、技术、资金、生产的跨国界交流和流通的加速与扩大，世界被紧密地联系在一起，成为我们常说的"地球村"。一方面，由于各种文化更加频繁地接触、碰撞、交流、吸纳、整合，地区文化正逐步向全球文化缓慢过渡，即世界上的文化正趋于"一体"。但另一方面，世界上的文化又是多元的，多元文化的存在是一个客观事实。面对这一矛盾，无论是个人、群体还是国家都感到了困惑，从而导致了"多元化"和"一体化"之间的争论。而多元文化教育正是在这种矛盾和困惑中产生的，是对这种争论的一种回应。

2. 哲学渊源

多元文化教育与哲学之间的渊源主要体现在后现代主义及其发展上。我国有学者指出，后现代主义在欧洲大陆产生的时间为20世纪60年代前后。而从时间上看，多元文化教育也是兴起于20世纪60年代。

后现代主义没有统一的思想体系，其许多代表人物都有自身关注的方面与立场，他们强调"非中心化""差异性""多元性""边缘性""异质性"等概念。事实上，这些概念和原则也正是文化多元主义所倡导的。后现代主义体现了一种从"一元"到"多元"转变的思想，而"多元"正是文化多元主义的核心，是多元文化课程的重要理念。

也许，后现代主义的思想和理念与多元文化教育的产生二者之间没有明显的因果关系，但不可否认，后现代理论的多元主义观点确实对多元文化教育的产生与发展起到了催化剂的作用。可以这样理解，文化多元主义是后现代思想的庞杂体系中的一个构成部分。此外，文化多元主义理念的产生也得益于后现代主义思潮对知识与权利的关系问题的研究。在一个多元的世界里，人们以一种异质的标准来面对各种知识，而主流文化及其标准越来越受到挑战，主流文化所主导的教育和课程也受到了多元文化教育及课程的挑战。

（二）多元文化教育的含义

作为20世纪的一个教育概念和教育改革策略，多元文化教育是20世纪具体学科发展和政治活跃的结果。而多元文化教育的概念自提出之日起就引起了许多地区的关注。许多学者从不同的角度，以不同的方式来解读多元文化教育。比较有代表性的有如下几个。

美国学者盖伊（Genera Gay）认为，一种明确的多元文化教育哲学的阐述对学校课程发展过程是十分重要的……多元文化教育哲学认为地区文化多样性和文化多元主义应该是美国教育的一个重要组成部分与不间断的特征。学校应该教学生真正地将文化和地区多样性作为美国社会标准与有价值的东西而加以接受。

美国教育学家班克斯认为，多元文化教育是一场精心设计的社会改革运动，其目的是改变教育的环境，以便让那些来自不同的地区、民族、阶层与性别的学生在学校获得平等受教育的权利。

英国多元文化教育研究专家林奇认为，多元文化教育是指在多地区的社会中，为满足各地区群体或个体在文化、意识、自我评价等方面的需要而进行的一场教育改革运动，其目的是帮助所有不同文化的地区群体学会如何在多元文化社会中积极和谐地生活，保持群体间教育成就的均衡，以及在考虑各地区差异的基础上促进相互尊重和宽容。

美国的高尼克（Gollnick）综合众多学者的观点后提出：多元文化教育要促进文化多样性的特性与价值，促进人权观念和尊重个体之间的社会公平与机会均等，让每个人都有不同生活选择的机会，促进全人类的社会公平与机会均等，促进不同族群间权利分配的均等。

尽管众多学者对多元文化教育的理解不尽一致，但他们仍然在某些方面取得了一致意见。例如，多元文化课程要体现平等、公正的教育原则；多元文化课程应使全体学生在族群平等与差异中实现自我认同，并实现对他人的认同；多元文化课程应该容纳区域文化和区域间文化的理解与和谐；多元文化课程应当包含对全人类文化的了解与批判等。

事实上，自20世纪90年代以来，学者们对于多元文化教育的理解也渐趋一致。可以这样认为，多元文化教育就是以尊重不同文化为出发点，在各集团平等的基础上，为促进不同文化集团之间的相互理解与交流，而有目的、有计划地实施一种共同平等的文化教育。具体来说，多元文化教育必须帮助学生获得在国家主流文化中生存所需要的认识、技能和态度，同时也要有助于培养学生在本地区亚文化和其他少数地区亚文化中生存所需要的能力。

三、多元文化教育在学校教育中的价值

多元文化教育是当今世界教育的热点问题之一，既是一股强劲的理论思潮，也是一场深刻的实践变革。多元文化教育是基于文化平等与社会民主的文化多元主义理念，它的基本价值表现为：对世界团体的责任，接受和欣赏文化差异，爱护地球，尊重人的尊严和人的权利。

多元文化教育在学校教育中的价值主要表现为以下几个方面。

（1）多元文化教育使所有学生的兴趣都得到照顾，并培养学生进入文化多样化的世界，以适应实际生活需要。

（2）多元文化教育使部分学生群体在多元文化教育的影响下产生变化。

（3）多元文化教育帮助教师明确不同地区的学生学习成绩存在巨大差异的主要原因是学习风格不同，使教师更好地研究个体的学习风格，从而对调整学校教学更有参考价值。

（4）多元文化教育帮助学生清楚地理解多样性，并在这个逻辑起点上，促进学生直接获得理解多元文化的能力。

（5）多元文化教育能培养学生基本的认知能力、批判反省能力、想象力、独立判断能力等；促进学生道德品质的提高，如追求真理、民主、人性化及对全人类的关怀；培养学生的社会技能，提高其在不同文化中的适应能力，促进个人的自我发展。

（6）多元文化教育能使来自不同文化背景的学生意识到，仅仅依靠自己的经验和感受会遇到各种阻力与危险，对大量有关多元文化教育的思想和观点虚怀若谷、耐心倾听，才是获得正确观念应有的态度和方法。

第二章 多元文化背景下的课程目标和双语教学

第一节 一元文化课程的反思与多元文化课程目标

一、一元文化课程的反思

当今世界是一个文化多元的时代，尊重区域文化的问题正在被关注。由于处于社会转型时期，各种文化思潮不断泛起，这些都会对教育产生一定的影响。多元文化的社会环境对学校教育产生了直接的影响，这种影响体现在学校环境的各个方面，使学校自身也成为一种多元的环境。如何在与各种文化要素的广泛联系中发展适应多元文化社会的教育，是学校教育面临的重要问题。

多元文化理念的兴起引发了人们对一元文化课程的反思。所谓一元文化课程亦即主流文化课程，这种课程以优势族群的文化、历史、风俗习惯、价值观念等为中心来进行设置，常常忽略了其他族群的需求，强调的主要是当时的主流文化。对此，人们要求改革现行的一元文化课程，发展新型的多元文化课程，以适应现代社会多元文化发展的趋势。这种多元文化课程要求尊重和反映每个学生的地区、性别、文化传统及其相伴而生的文化体验，体现不同地区和不同群体的现实状况及其对社会发展的贡献。

多元文化理念提出，一元文化课程不仅会对非主流文化族群造成心理上的挫伤，而且对主流文化族群也会产生一种负效应。因为一元文化指导下的课程容易使主流文化族群错误地形成自身的优越感，这样既丧失了他们从其他文化族群的知识、观念中获益的机会，又不利于自身文化观念的反省和发展，达到文化自觉的高度。日本学者曾指出："要客观地认识与理解自身文化是困难的，而突破这个难点的最好办法就是同多元文化的接触和交往，在更高的深度上去理解它。这样才能从自身文化及支撑这一文化的价值中获得自由。"费孝通先生也曾指出，人们首先要认识自身的文化，理解多元文化，才有条件在多元化的世界里确立自己的位置，与其他文化一起取长补短，共同建立一个大家认可的基本秩序。可见，一元文化课程尽管历史悠久，而且影响确实根深蒂固，但在多元文化被广泛认同并业已成为社会发展主流的今天，一元文化课程的消极因素变得愈加明显。它不仅不利于各种文化的交流和认同，反而巩固和加深了社会对非主流文化族群的成见和偏见，成为诱发不同文化族群矛盾冲突的重要因素；它不仅影响学生对其群体角色、性别角色等的认同与归属，还会由于教育的片面性而使他们产生疏远和自卑感，产生内在的文化冲突，削弱其学习动力，从而极大地影响学生的成就动机、学业成绩和职业成就。这与当下的教育目标是相背离的。

二、多元文化课程目标

根据我国当今的社会背景，并借鉴他国的多元文化课程目标之后，可归纳总结出我国的多元文化课程目标。

（一）建立文化多元概念

世界是由不同的文化群体构成的，各种文化都有其产生与发展的背景，都有不可剥夺的存在理由和不可替代的独特价值。由于现代生活的需要，不同文化群体之间的交流和接触愈加频繁深入，对不同文化的理解与尊重是避免文化冲突，实现平等交往、成功合作的必要条件。倘若对不同文化持排斥、否定的态度，必将导致交往中的文化冲突，对个体的成长、社会的发展都将带来无法弥补的破坏。所以，应使学生形成开放的心态去对待世界，不惧怕陌生的事物，不惧怕陌生的面孔。

（二）给学生提供系统学习不同文化的机会

学校教育应给学生提供系统学习某一不同文化（包括语言）的机会，培养学生对该文化的尊重以及深刻理解，获得理解不同文化所必需的基本技能。这一目标是基于这样一个设想：对某一文化的深刻理解以及获得的积极态度可以使学生移情地尊重不同文化，在此期间获得的一些跨文化的学习基本技能可以发生迁移，帮助学生更好地理解不同文化。这样，可以实现举一反三、以简驭繁，使学生在有限的学习时间和有限的精力下，达到接纳与尊重所有不同文化的根本目的。

这一目标的另一设想是为学生评价本国文化提供一个完整的、系统的参考体系。通过系统的学习，深入了解不同文化的形成与发展，深刻领会不同文化的内涵，这些都是在反省本国文化中所必须触及的方面。缺乏这样的学习，势必使反省不全面、评价不公正。语言不仅是交流的工具，也是特定文化的载体，语言课程在任何一种形态的多元文化教育中都得到了充分的重视，这点已无异议。

（三）发展学生的批判性思维

不同文化的学习给学生审视本国文化提供了良好的机会，要充分利用多元文化教育的这一优势，促进学生对本国文化的反省，启发学生用新的视角去看待那些自认为“理所当然”的观点与现象，帮助学生去发现隐藏在文化现象之下的预定性假设，引导学生在多元文化社会里，批判、反思自己的文化形成，确立自己的价值观、信仰、行为方式等，构建个人的文化观。只有个体的独特性得到自由的发展与充分的尊重，文化的繁荣昌盛才有可能实现。

（四）认识文化多元的价值

需要说明的是，多元文化教育是学校教育的一个组成部分，它与国家的教育目的是一致的；多元文化课程也不是学校课程的全部，它是以单一文化教育的存在为前提。若没有一个已有的文化学习，就无所谓不同文化学习。而且，一个国家只有具有和保留自己的独特性，才有可能在国际上占有重要地位，才能对世界的发展作出自己的一份贡献。因此，在多元文化教育下，本国文化课程不但不能削减，反而应该加强。理解自己与理解他人本身就是一个互相促进的过程，多元文化教育在理解与尊重不同文化的过程中，也实现了对自己文化的更深刻的理解及发展。

通过学习，学生要广泛地了解多种文化，扩充对人类的认识，发现多种文化所蕴含的共同人性和对美好生活的追求，理解平等与正义的法则，把促进社会的平等与发展视为每个社会成员的职责；能够运用所获得的方法与技能去探究其他文化的形成与本质，时时以不同文化为镜像，解剖“自己的文化”，促进个人文化的不断成长；以开放的心态去认识世界、认识自我，把多角度考察问题、概念作为一种思维方式，发现文化多元的价值，增进对文化平等的维护。

课程模式必须反映出具体课程设计的基本思路，对具体课程设计具有重要指导意义。所以，多元文化课程模式是开发多元文化课程的重要环节。

首先，课程模式的设计要协调好社会、学生、知识三者的关系，这是各种课程设计中面临的一个永恒的主题。要以学生的发展为中心平衡三者的关系，并在课程模式的设计中体现这一原则，把促进学生的发展作为课程模式设计的主线。

其次，课程模式是以一定的课程目标为依据制定的，因此，它必须反映课程目标的设想与要求。我国的多元文化课程目标由两大部分组成：通过对他国文化的学习，促进对他国文化的理解与尊重；通过对本国文化的反省与批判，实现本国文化的发展与更新。

最后，课程模式必须遵循学生身心发展的特点与需要，才能反映和实现促进学生身心发展这一基本原则。从横向维度上看，学生的发展要经历知识的掌握、技能的形成这个过程，能力的发展、态度与情感的形成发展伴随其中。作为多元文化学习过程中特有的内隐性要求——确立自己的价值体系，应在文化的比较之后建立。从纵向维度上看，学生对本国文化及他国文化的认识逐渐加深，由经验转向理性，由单一过渡到群体，由个别扩大到整体。

综合三方面的因素，可以勾画出我国多元文化的不同阶段课程模式的基本结构。

初级阶段：由个别差异的认识到家庭不同的认识。这一阶段学生对多元文化的认识来自生活环境，尚处于经验阶段。所以在这一阶段，应“以经验为中心”来组织课程，着力解决生活环境中令他们困惑不解的现象与事实，启发他们对认为是理所当然的事实重新思考，并引导与帮助学生发展自己的观点，在传授知识的同时，也逐步培养学生的反省与自我批判的能力，保持和激发学生的学习兴趣。

中级阶段：由社区和各地区间不同的认识，进而认识到各地区之间的差异。在此阶段，经验所提供的零碎的、不全面的认识已无法满足学生认知发展的需要，为了更深入地探索文化差异的形成，就必须对其他文化有全面系统的了解。“要系统地获得一种距离大学生、中学生、小学生的环境往往非常遥远的知识就要热心学习各种科目”，所以这一阶段应以学科方式提供多元文化课程，并培养学生一些跨文化的比较分析等基本技能，通过两种文化的系统且全面的比较，获得文化差异形成的一般认识，并促使学生反省本地区文化的形成。在冷静、理智地剖析两种文化后，确立自己的文化倾向或文化观，发展积极的自我概念，同时也充分尊重异于自己的观点与态度。

高级阶段：由各种文化差异，包括家庭、性别和不同地区的不同文化，进而认识到文化的国际性、各种不同的文化及所有地区的文化。在这一阶段，需要通过接触与了解更多的文化，进一步训练与巩固所获得的基本技能，并移情地尊重与理解其他文化。

提供文化差异的方式可以首先以社会问题或事件为中心，由课程呈现各方观点，抑或由学生独立收集各种意见；其次在教师的帮助下逐步独立地运用各种基本技能，分析各家观点的成因，挖掘其潜在假设，通过对各种观点、态度等的广泛理解，发现人类文化的共性与追求；最后，确立自己对社会问题或事件的立场与态度，甚至采取必要的行动。课程的选择与组织始终都应遵循学生多元文化观念发展的阶段性特点，以培养学生跨文化的理解能力、探究能力为核心，在促进学生对不同文化理解与尊重的同时亦促使学生人格成长及清晰、明确的自我概念的建立。只有当未来社会的主人——学生的多元文化素质得到充分发展，国家间的平等尊重、友好合作，文化上的繁荣昌盛、欣欣向荣才有可能实现。

需要说明的是，这三个阶段并非泾渭分明，因为学生认知的发展是连续的、整体的，而非跳跃的、局部的，所以，这三个阶段的课程组织方式不是互相排斥，而是互相补充的，只不过有主辅之分，即在某一阶段应以某一类课程组织为主，其余二者配合。这样，各类课程组织方式的优势都能得到充分利用，从而更好地促进学生的多元文化素质的发展。

第二节　多元文化背景下的双语教学发展趋势

一、多元文化教育与双语教学

多元文化主张所有的人都能平等地参与社会生活，同时自由地保持和发扬自己的文化。多元文化教育，是指在多地区的多种文化共存的社会背景下，在维护整个国家团结统一的前提下，通过改革教育环境，使各地区的文化共同、平等地发展，以丰富整个国家的文化，各地区学生在其中享有平等和学术公平的教育。多元文化教育是一种个性化教育。现实生活中每个个体都有自己的特点，在教育中必须面对这些事实，要在教学中发展学生的个性。

双语教学是多元文化教育的基本前提。著名双语教育专家、加拿大学者麦凯（Mackey）和西班牙学者西格恩（Siguan）在他们合著的《双语教育概论》一书中，对双语教学做出这样的界定：第一，仅仅使用一种语言而这种语言并不是学生的第一语言的教学，不能称为双语教学；第二，即使学校系统在官方并不被认为是双语系统，但学生在事实上接受双语教学并成为操双语者，可认定为双语教学；第三，双语教学既不包括同一种语言的两种变体的特殊情况（如标准语形式与方言形式），也不包括学生的语言是教育系统使用的语言的方言形式这种十分常见的情况；第四，一种教育系统，其课程中列有其他语言的教学科目，也不能称为双语教学系统。双语教学不是两种语言的机械相加，而是在两种语言教学同时进行的条件下所构成的有机整体。双语教学的任何一方，都要在与另一方的联系中设计和实施。反之，就不是完整意义上的双语教学。

二、多元文化背景下双语教学的特点

根据我们对双语教学的认识，多元文化背景下的双语教学具有跨文化性、地区性、平等性、差异性和生成性等特点。

（一）跨文化性

双语教学不同于单语教学。单语教学以一种语言为媒介，对学生主要实施一元文化的教育。双语教学则以两种语言为媒介，对学生进行多元文化教育，其目的不仅要把学生培养成懂得两种不同语言的人，还要把他们培养成与两种语言相关联的跨文化人。语言与文化既有密切的联系，又互相区别。语言是一种文化，而且是最初始的文化；同时，语言又是一种特殊的文化，它是文化的载体，是文化的组成部分，是文化的一个方面，并非文化的全部。在双语教学中，学生在习得一种地区语言的同时，也习得了这一地区的文化内容和文化传统。所以，双语教学具有跨文化的特点。

（二）地区性

语言是人类历史、文化、知识和经验的载体，是一个地区文化的象征。人类的语言非常复杂，语言在交往过程中形成了各种各样的关系，如母语、双语等。例如，美国人的双语是英语与西班牙语、法语或其他语言的双语。任何一个地区实施双语教学，都必然要对学生进行两种或两种以上地区语言、地区传统、地区文化、地区风俗以及地区心理等方面的教育，这就使双语教学带有鲜明的地区色彩，具有地区性的特征。可以说，双语教学是地区教育的主要形式。

（三）平等性

双语教学是实施多元文化教育的重要手段，它必然要打上教育平等的烙印，体现出平等性的特点。其表现为：双语教学中两种或两种以上的语言是一种共生共存的关系，两种或两种以上的教学用语是平等的，不存在主次之分。双语教学不仅仅是两种语言的学习，也是两种教学用语的使用，即要使双语教学充分显示其在两种文化背景下的语言性质及语言价值，否则就不是真正意义上的双语教学。

（四）差异性

双语教学虽然具有平等性，但也存在差异性。首先，两种语言在教学时间分配上具有差异性。在双语教学活动中，要在规定的时间内完成一定的教学任务，如果两种语言在教学时间上完全平均，将会使教师无所适从，使双语教学陷入歧途。这就要求根据各地的实际情况，灵活分配两种语言的教学时间。其次，双语教学方式具有差异性。我国双语教学难以整齐划一，不可能采用一种教学方式。从全国范围来看，地区教育有其特殊性，在地区教育内部，各地区又各有其特点，因而必须从实际出发，采取不同的方式进行双语教学。通过双语教学保持地区间的文化差别，并使各地区拥有自己的文化，通过双语教学的课程设计反映其价值体系。

（五）生成性

双语教学的过程是学生两种语言知识建构、能力发展以及师生情感交流、思想碰撞、个性张扬和精神交往的过程。在这一过程中，学生突破原来单一的思维方式和认知结构，建构新的知识，生成新的意义，培养和形成新的情感、态度和价值观，以及自由、民主和平等的精神与理念。双语教学过程不再是一个客观文本的解读过程，而是师生双方利用两种语言进行对话、交流、理解和意义生成的过程。其意义不是从文本中直接显示出来的，而是从师生与文本的对话中创造出来的。也就是说，“理解”不由“别人”告知，不由“文本”直接呈现，它是师生双方对话、交流和进行意义建构的产物。在双语教学过程中，学生建构了新的“知识”、“意义”和“理解”，从而使不同的个体生成崭新的自我。

三、多元文化背景下双语教学的发展趋势

综观国内外双语教学的现状，多元文化背景下双语教学的发展主要有自主化、多样化、整合化和现代化趋势。

（一）自主化

就目前国内外双语教学的现状来看，各个国家、各个地区的双语教学模式都是以“我”为主，越来越重视走自主化的发展道路，注重弘扬本地区优秀文化传统。如新加坡政府确立英语为官方语言，华语、马来语、印度语都只是各地区的母语，规定各地区母语和英语为教学用语，进行双语教学。

（二）多样化

多元文化背景下双语教学的多样化发展是历史发展的必然趋势。不仅各国双语教学的发展路径不尽相同，而且同一国度中各地区双语教学的发展模式也是不尽相同的。根据世界各国存在的各种差异和一国之内存在的地区差异，未来双语教学的模式和方式仍将是多样化发展的格局。

（三）整合化

双语教学不仅是两种地区语言的学习，也是两种地区文化的习得。双语教学中如何让学生既学会两种语言，又能习得两种文化？这就要求双语教学人员尽量利用各种有效的方法整合课程中的有关地区和族群文化的内容。目前，国外著名的“贡献途径”和“附加途径”这两种方法，已对此做出了有益的探索。“贡献途径”方法要求教师在教学中插入地区和族群文化的一些专门知识（如有关英雄人物），但并不改变课程的计划和单元。“附加途

径”方法也并未真正改变课程组织和结构，但教师在教学中可增加一定主题的特殊单元。课程内容的整合化，将是双语教学发展的一种趋势。

（四）现代化

现代社会要求人具有现代化的思想观念、思维方式和行为方式，如具有开放性、创造性、进取心和开拓精神等。双语教学的目的是培养具有现代意识、现代观念和现代行为方式的人，其发展必然要回应现代社会的要求，秉持现代化取向。双语教学现代化的核心是人的现代化。人的现代化有四种最基本的品质，即求变化、尊重知识、有自信和开放性。双语教学作为以两种语言为媒介的教学实践活动，它需要教师、学生具有现代化的思想观念和行为方式，因而人的现代化是双语教学发展的基本前提。

第三章 文化差异下的英语教学

英语教育作为素质教育不可或缺的组成部分，近年来得到了前所未有的重视，尤其是我国的英语教育更是引起了社会各界的广泛关注。随着改革开放的进一步深入和对外交流合作的不断扩大，社会对英语人才的需求量与日俱增，同时也提出了新的、更高的要求。事实上，英语水平的高低已成为社会各用人单位衡量一个人综合素质强弱的标准之一。这充分说明了英语教学的重要性。英语作为一门国际通用语，在当今世界国际交流中越发显示出了其强大的作用。这从英语教学在整个高等教育中的地位便可以看出，无论从投入英语教学上的人力还是物力上来看，都是其他语言学科无法比拟的。然而，英语教学现状又是如何呢？或者说我们的英语教学是否收到了应有的效果呢？

应该说，我国的英语教学仍然存在着许多不足的地方，很难收到良好的教学效果。对绝大多数学生来讲，尽管他们有着多年从事英语学习的经历，但是，他们中的绝大部分英语学习者对英语的实际操作运用能力很差，不能在具体实践中用所学的语言进行交流，达不到学习的目的；有的英语学习者虽然能够讲出一口语音语调标准、语法结构正确的英语，但在特定的语言环境中却又往往碰到一些尴尬的事情，主要表现为与外国人交流时不能正确理解对方的语用意义，听不懂对方话语中所表达的思想或看不懂文字层面背后的东西，以致在语言交流中产生误解。上述事实是目前我国英语教学中存在的一种普遍现象。造成这种不良情况的因素很多，但最重要的因素恐怕就是在英语教学中忽略了文化素养的作用或对文化素养的重要性认识不够。

第一节　文化与语言

语言作为特定思维模式的外在表现形式，无疑承载着大量的文化信息。语言是文化的载体，是传播文化的主要工具，也是人类用来进行思考和交际的最基本的工具。我们知道，语言和文化就如一对孪生姐妹，是互为依存的。语言是反映社会文化的，但语言又不能代表文化。没有离开语言的文化，也没有脱离文化的语言。文化一般是以语言的形式具体体现的，因此，也没有不表现任何文化的语言。21世纪是一个以知识创新和社会信息化为主要特征的知识经济时代。知识经济意味着对人的文化素质提出了更高的要求。因为一个人的文化素质对他的思维方式、道德情操乃至创新能力都有巨大的影响。一般来说，一个人的文化素质越高，他所学到的知识发挥出的作用越大，对社会的贡献也会越大。

作为从事学校英语教学的教育工作者，我们有必要进行深刻的反思和全面的总结，必须正确理解和处理好语言与文化内在的丰富内涵，并在具体的教学实践中适时地介绍一些文化背景知识，抓好学生的文化素质教育。只有这样才能顺应社会发展的潮流、把握时代发展的脉搏，才能正确把握好语言教学的规律，培养出合格的人才。

就文化素养而言，它包括对母语文化的掌握和对英语语言文化知识的了解两个方面。应该说，要能娴熟、准确地使用所学语言进行对外交流，那么无论是欠缺中国文化素养还是欠缺英语国家文化素养都是不利的。这一点在《高等学校英语专业英语教学大纲》中已经对学生的文化素质提出了具体的要求："英语专业高年级学生要熟悉中国文化传统，具有一定的艺术修养；熟悉英语国家的地理、历史、发展现状、文化传统、风俗习惯。"与此同时，《大学英语教学大纲（高等学校本科用）（修订本）》也明确指出：

“文化和语言有着密切的关系，一定的文化背景知识有助于促进语言运用能力的提高。”这足以说明文化教育在英语教学中的重要地位。如何在英语教学中实施好文化素养的培养，已经成为摆在所有从事英语教学工作者面前的一个重大课题。

过去，每当讲到文化素养时，人们一般都偏向强调在英语教学中如何移入英美文化的问题，而总会有意无意地淡化或忽略了对母语文化的重视。如前所言，语言与其所承载的文化之间有着千丝万缕的联系，没有深厚的文化底蕴，根本不可能获得较强的语言能力。这一点在任何语言的教学中都是无一例外的。但近年来应试教育不良倾向有所抬头，各种考试连续不断，这样，在教学中，很多教师“急功近利”，片面去传授一些所谓的“答题技巧”，甚至陷入“猜题”的泥沼中难以自拔。由此可见，外语教学改革的力度需要加大，而持一种积极的态度尤为重要。

那么，在英语教学中我们将如何培养出学生良好的语言文化素养呢？这显然不是一个容易回答的问题。一方面，语言文化知识浩如烟海，不是在短时间内就能掌握好的；另一方面，对广大英语学习者来说，更重要的是要时时注意英语文化与中国文化的差异。汉英文化广阔无边，分属两大文化体系，即汉语文化代表着东方文化体系，英语文化代表着西方文化体系。追根溯源，汉语文化有着几千年的历史，源远流长；而英语文化也可上溯到古希腊、古罗马时代，丰富多彩，各方面都体现出浓厚的西方文化色彩。所以，这两种文化的差异是无处不在、无时不有的。当然，相对来说，学生对母语文化的掌握要相对扎实一些，但他们很多人对于本国的社会历史文化知识等的掌握却多有不足。由于缺乏社会历史文化素养，在翻译中出现这样或是那样的望文生义的翻译笑话也便不足为奇了。所以，学习英语的学生首先要熟悉中国文化传统，并具有扎实的汉语语言功底，否则不可能真正把英语学到手。

在英语教学中除了注重培养学生的母语文化素养，更重要的是要培养学生的英语语言文化素质，并注重培养他们对英、汉两种语言文化差异的敏感性。对他国文化差异的敏感性反映在具体的言语行为中是极为常见的。文化差异敏感性的培养只能是日积月累，不可能一蹴而就。

概而论之，语言是文化的载体，是文化不可或缺的部分。语言和文化不是孤立存在的，而是相互作用、相互制约的。英语教学的目的是要培养学生的英语综合应用能力和跨文化语言交际能力，以适应改革开放和社会发展的需要。要达到这一目标，一方面，必须向学生传授全面、系统的英语语言知识，帮助学生打好语言知识功底，全方位训练他们的语言技能；另一方面，教师必须在教学中注重培养学生良好的语言文化素质，有计划地在教学中进行文化输入，尤其要着重于英语文化背景知识的导入，不断拓宽学生的文化视野。只有这样，英语教学质量才会得到根本性提高，我们才能够培养出大批语言功底扎实、文化底蕴深厚、语言能力较强的高层次应用型人才。

第二节　中西方文化差异在交际中的具体表现

一、中西方文化形态、价值观念反映的文化差异与理解

各国文化千姿百态，不同的地理环境、文化环境、生活环境形成了各自带有鲜明地区特性的文化。因此，在日常交往中，不同国家和地区的人往往对同一事物的思维、理解、看法和说法不尽相同，甚至差异很大。这种差异给语言交际带来诸多不便，甚至造成负面影响。下面通过几个例子来说明。

由于环境和气候的差异，中国人所指的“西风”“西北风”往往是凛冽的寒风，而英国人心目中的“西风”却是温暖的风。在中国，河水普遍东南流，所以有“一江春水向东流”“大江东去，浪淘尽”等诗句。但在欧洲，河流大多向西北方向流入大海。所以诗句“功名富贵若长在，汉水亦应西北流”，可以译为“But sooner could flow backward to is fountains/this stream, than wealth and honor can remain.”，以避免不同地区因河流走向而引起的误解。

思维方式的不同使中西方对事物、观念上的价值取向也存在着明显差

异。就时空顺序而言，西方人习惯从小到大，而中国人却习惯从大到小，所以中西方表示地点和时间的方式恰好相反。另外，从颜色的取向、喻体的取向而论，中西方也都受各自地区思维方式的影响。如汉语的“红茶”译成英语是“black tea”（黑茶），中国人着眼于茶水的颜色；西方人看到的却是茶叶的颜色。中国人说“说曹操，曹操到”，英国人说“Talk of the devil and he comes”（说魔鬼，魔鬼到），而意大利人则会表达为“刚说到狼，狼就爬到你的背上”。这些都体现了不同取向的差异。

汉语和英语文化的思维方式不同。汉语文化深受儒家思想的影响，处处讲究“克己谦和”，主张“中庸”，突出“集体主义”（collectivism）。这样的文化主题决定了其思维方式、行为方式及生活方式等都与西方文化存在着极大的差异。英语文化强调“自我”，突出“个人主义”（individualism），注重个体独立，主张个人利益高于一切。而这种文化意识也滋生出了其独特的文化心态、行为方式和生活习俗，当然也就决定了其独特的语言表达方式，无论是直截了当的表达还是委婉的说法都与汉语不同。如果对这两种截然相反的文化模式缺乏了解，那么，就会在实际交流中造成语用误解，甚至闹出笑话。

由此可知，只有把文化素质的培养放在与英语教学同等重要的位置上，并使之贯穿于各门英语功课的教学中，与语言教学同步进行，逐渐培养出学生对文化差异的敏感性，才能避免语言学中的文化干扰现象和因缺乏文化背景知识而在语言交际中出现的文化休克现象（cultural shock），做到真正意义上掌握英语这门国际通用语言，并准确无误地同英语使用者进行交流，达到英语教学的最终目的。

英、汉两种语言分属两大不同的语系。英语和汉语各有自己的特点，既有类似之处和相同之处，又有大相径庭的地方。那些不同的地方，就是不同文化背景所造成的差异在语言中的反映。例如，中国人用“牛饮”来描述喝酒特别多的人或情况，而英国人则会用“to drink like a fish”来表达同一概念。请看下例。

英：The man drinks like a fish.He is drunk every night.

汉：此人贪杯，每晚必醉。

我们知道，英国是个岛国，海岸线很长，渔业比较发达。英国人和鱼打交道的机会特别多，时间也特别长。英语中的fish、water、sea和许多表达方法有关系。而我们中国是一个农业国，长期以来，我国人民从事农业，与牛打交道较多，所以“牛”一词就在汉语中的许多习惯用语中表达出来。如“牛刀小试”“牛脾气”“牛不喝水强按头”“俯首甘为孺子牛”等，甚至现代化的农业机械——拖拉机，也曾被称为“铁牛”。

中、英两国人民生活在不同的自然环境中，并且生活方式又不同，这也就构成了许多的文化差异。这些文化差异必然反映到语言当中。例如，中国人所喜爱的是东风，东风总是和春天、温暖联系在一起。而英国人则相反，非常喜爱西风。如下例。

It’s a warm wind, west wind, full of birds’cries. /And April’s in the west wind and daffodils.（John Mansfield：*Ode to the West Wind*）

所以我国十堰东风汽车公司（原中国第二汽车制造厂）在翻译“东风”牌汽车的牌名“东风”时没有直接译成“East wind”，而是另辟蹊径，把它译成“Aeolus”（风神），这主要也是考虑到中西文化的差异。

英语教育的教学任务主要就是传授英语基础知识，培养学生对英语的理解能力和运用能力，扩大学生的视野，拓宽学生的知识面。为完成这一教学任务，教师就必须向学生传授英语文化背景知识，比较中西文化差异，使学生对主要英语国家的社会、文化知识与习俗有一定的了解，增强对文化差异的敏感性，提高英语的理解能力。

二、英、汉词语反映的文化差异与理解

我们在理解汉语时根本不存在文化背景知识方面的困难，但在阅读英语时，文化差异往往给我们造成许多理解上的困难。

英语国家的文化背景和我国很不相同，作为语言重要组成部分的词语，它的产生、发展、丰富和词义的演变与其社会历史文化背景是分不开的，所以对词汇的理解涉及有关英语国家的文化背景知识。如果这方面的知识贫乏，理解时就会忽略文化差异，出现理解偏差。

例如，“dog”和“狗”这两个词，在语言意义上是相同的，但受不同的文化影响，“dog”和“狗”在实际运用中含有不同意义。在中国常常用狗来形容和比喻坏人坏事，如“狗仗人势”“狗急跳墙”“狗眼看人低”“狗咬吕洞宾”等。

但是英语国家的人对狗的看法与我们存在不同。他们非常喜爱狗，并且认为狗是人类忠诚可靠的朋友，常常把人比作dog，却没有丝毫的贬义。所以，英语中“dog”一词很受欢迎，并且往往含有褒义（除受外来语影响的少数情况外）。例如：

英： A top dog.

汉： 最重要的人。

英： A lucky dog .

汉： 幸运儿。

英： Help a dog over a stile.

汉： 助人渡过难关。

英： Love me, love my dog.

汉： 爱我，就爱我的朋友。

英： Every dog has his day.

汉： 凡人皆有得意时。

再如，英语中的“green”可以用来指“忌妒”一义，常说“green-eyed”，而中国人则用“红眼”或“眼红”来表达这一意义。英语和汉语选用不同的颜色词表达了同一意思。因此在教授英语时，教师应结合词语的文化背景进行对照比较，指出文化差异，让学生尽可能多地了解英语文化背景知识，增强对文化差异的敏感性，提高对词语的理解力。

三、英、汉结构反映的文化差异与理解

英语教学应重视对英、汉两种语言结构的比较。英、汉表达的结构差异体现在排列信息内容的顺序、表述中各环节间的关系、话语发展的趋势等方面。比如，英语中的时间和方位地点表达的排列顺序往往是由小到大，而汉

语则是由大到小。

另外，英语的修饰要求把主要意思放在句子的开头，“核心词”往往摆在首位，然后围绕“核心词”逐步发展枝节，形成先正后偏。而汉语的表达习惯则是由表及里，先交代细枝末节，最后点明主题。英语的定语和状语位置往往是放在所修饰的词语的后面，汉语则反之。

英：This is the place where I met her for the first time.

汉：这就是我第一次遇见她的地方。

当然，词序与汉语大体一致的句子在英语中也有相当大的比例。

否定结构的差异也应引起重视。英语“I don’t think that she can operate this machine.”中“not”一词虽位于主句谓语动词“think”之前，但否定的是后面的宾语从句中的谓语动词“can operate”，而汉语则会表达为“我认为他不会操作这台机器”。汉语说“我看明天不会下雨”，而英语则是“I don’t think that it will rain tomorrow.”。这些都表明不同的文化背景与思维方式对语言的表达结构有很大的影响。这些不同的表达结构正是文化差异的反映。掌握了这些差异之后，方能较好地理解英语的结构。

（1）不同地区的文化传统、风俗习惯以及观念上和心理上的差异会带来语言使用上的差异，如果不了解这些差异，在现实的语言交际中就容易引起不必要的误会。如英美人交谈时忌讳涉及年龄、收入、婚姻、信仰等有关个人的话题，认为那纯属个人隐私，不容侵犯。英语有句谚语“A man’s home is his castle.”，意思是说“一个人的家即他的城堡，是神圣不可侵犯的”。交谈中如涉及有关个人的上述问题，在英语国家的人看来是用另一种方式侵犯了“别人的城堡”。中国人见面，即使刚认识不久，问对方“你多大了”“你收入怎么样”“你结婚了吗”等则都不会成为什么问题。

（2）不同文化的人对事物的表达方式也存在差异。如英语国家对家庭及亲属关系的概念较笼统，但汉语中却非常明确具体。英语中的“uncle”“aunt”在汉语中分别用于表示伯父、叔叔、舅舅、姑父、姨父和伯母、婶婶、舅妈、姑妈、姨妈，而“cousin”则涵盖了堂兄、堂弟、堂姐、堂妹、姑表兄、姑表弟、姑表姐、姑表妹、姨表兄、姨表弟、姨表姐、姨表妹等12种亲属关系。

可见，教师在英语教学中要重视文化差异，重视文化干扰对英语教学的影响，有针对性地介绍西方文化习俗，并将其与英语教学紧密结合起来，充分调动学生的学习积极性，逐步培养他们社会文化的认知能力，使其进行有效的交际。我们认为，通过对英语与汉语在文化内涵上进行比较，可以把两种语言中有关同一问题的文化差异摆出来。在文化项对比过程中，要侧重揭示的是哪些文化差异直接影响交际的顺利进行，并设法使学生理解、掌握，在实践中正确运用。

文化差异的掌握及文化交际能力的培养应始终贯穿于英语教学中，我们可从以下两个方面着手。

（1）精读课在传授必要的语言文化知识的基础上，还应在课内创设更多的情境，灵活选择和综合运用，如role-play、group-discussion、pair-work、simulation、seminar等，鼓励学生结合特定的语境大量地进行双边或多边交际。有时，可分成若干小组多说、多听、多练，以克服班级偏大、人数偏多的困难，也可以借助图片、幻灯、电影、电视、录像、多媒体课件和其他电教手段或直观教具来组织教学，进一步增进课堂效果和文化知识的积累。

精读课除了进行文化差异方面的教学外，更应注重词语的文化内涵差异方面的教学。它是了解目的语与本地区词语的文化内涵差异的有效方法。教师应把具有浓厚文化内涵的词语、习语、谚语、格言、警句、典故等特定的文化内涵介绍给学生，使学生在学习语言的同时了解西方文化。

仅就英、汉词汇的文化蕴含而论，教学中要讲解指示意义和文化内涵都相同的词，如汉语中的“狐狸”和英语里的“fox”都喻指“狡猾”；要讲解指示意义相同但只在一种语言里具有文化内涵的词，如中国文化中的“松”“鹤”表示长寿，“鸳鸯”喻指情侣，而英语里的“pine”“crane”“mandarin duck”均无此内涵；要透彻讲解指示意义不同而文化内涵相同的词，如“雨后春笋”与“spring up like mushrooms”（蘑菇），“多如牛毛”与“as plentiful as blackberries”（黑莓），“挥金如土”与“spend money like water”（水）。

（2）英语教师还应积极指导学生开展第二课堂活动，有计划、有重点、分阶段地带领学生多读一些英语报刊、多听一些英语广播、多看一些原版影视资料来广泛接触和逐步丰富文化背景知识，还应尽可能多地指导学生开展英语沙龙、英语角、英语辩论、英语晚会、专题讲座以及各类单项（口语、听力、阅读、写作、演讲、表演）或综合比赛等形式多样、内容丰富的课外实践活动，力求在多学英语、多用英语的交际实践中学好英语、用好英语。总之，只有在教学中充分挖掘课程中的文化内涵，使学生认识到正是多元文化的存在才使得世界丰富多彩，只有达到中西方文化的融合，真正做到“入境而问禁，入国而随俗，入门而问讳”，才能最终形成较强的跨文化交际能力，从而激发学生融入世界的热情，使他们的跨文化交际能力和素质得到全面提高。

至于因社会习惯、生活方式、家庭模式不同而形成的中西方行为差异更是不胜枚举。如果不了解这些社会文化习惯，仅从本国文化背景出发来进行哪怕是最简单的交际，说出来的话即使句子结构正确，也难免引起误会和尴尬，影响交际目的。

第三节 文化差异对英语教学的影响及应对方法

一、文化差异对英语教学的影响

在我国长期的英语教学之中，大多数教师和学生都习惯地认为，只要掌握了基本的语法、一定量的词汇和语音语调知识，就等于掌握了英语。因此，在教学中，人们往往把主要精力集中在语言知识的传授上，而忽视了文化背景知识对语言的重要作用，培养出来的学生尽管掌握的词汇量很大、语法知识也很好，却缺乏在不同的场合恰当地使用语言的能力。学生常常出现造句准确但使用失当的现象，在听、说、读、写各个方面也受到很大的制约。例如，很多学生诧异，在做听力练习时，有时每个单词都懂，却不知通篇说的是什么。很明显，这不是语言本身的问题，而是听者的思维活动与说者的思维活动不合拍的缘故。教学中，我们都有这样的体会，如果听力材料是大家所熟悉的内容，一般很容易听懂，并能较好理解，但遇到一些不熟悉或与不同文化背景知识相关的材料时，听起来就难得多了。尽管也听懂了字面意思，但由于缺乏对中西方文化差异的了解，影响了对听力材料的理解。例如下面的对话。

A：Please buy two packs of cigarettes for me while you are at the store.

B：I'm not going any store. I'm going to see Aunt Mary， but I will get them for you at the gas station.

Q：Where will the woman stop on her way?

A）At a cigarette store.　　B） At a bus station.

C） At a gas station.　　D） At Aunt Mary's.

由于缺乏相应的社会文化知识，不知道国外的gas station不仅出售汽油，也出售香烟等日用品这一情况，因而直接把C这一正确答案排除掉的学生不在少数。

中西方文化上的不同，在词汇上也可以反映出来。学生由于对英语词汇缺乏文化内涵的了解，在听的过程中又无法对一些单词做出合理的推测，因此就体会不了语言信息以外的含义。例如，学生会将“There are still some dry states in the United States.”（在美国尚有几个州禁酒）误解为“在美国还有几个州十分干旱”，将“She prefers dry bread.”（她喜欢无奶油的面包）误解为“她喜欢干面包”，将“blackbird”（画眉鸟）误解为“乌鸦”，将“soldier's heart”（军人病）误解为“铁石心肠”等。

由此可见，不了解中西文化间的差异，只把单词的意思生搬硬套，是无法真正掌握英语、达到文化交流的目的的。我们在教学中除了要强调听、说、读、写四要素外，帮助学生了解西方文化背景知识也是责无旁贷的。

在英语教学中，要充分利用现代化的教学手段让学生最大限度地接触一些英语国家本土文化信息。我们知道，对不同文化的敏感性主要来自两种途径，即直接途径和间接途径。直接途径是指要到不同语言国家或地区去生活、去体验，通过直接接触的方式来获取文化信息。但此种方法的可行性有限，所以不在此赘述。而间接途径则很多，也更容易实现，如课堂学习、课外阅读、收听英语广播、观看一些英文图像资料等。这里需要强调的是，由于课堂教学的局限性，教师应该多花精力去指导学生开展形式多样的课外学习活动，阅读一些介绍有关英语文化背景知识的书籍，特别是要借助先进的现代化的教学手段，加强学生的语言听说训练，直接在英语学习中给学生导入一些英语文化背景知识。例如，观看一些英文原版电影录像不乏为一种非常有效的提高文化差异敏感性的手段。因为大多数英文原版电影录像都是由英语国家本族人所演绎的，这些音像资料具有浓厚的英语文化气息。通过这种途径，我们不仅可以学到一些地道的英语，还能够了解许多风土人情以及一些特定情景下的语言表达行为。对于英语学习者而言，特别是对那些在相对缺少英语语言环境下学习英语的人而言，可以最大限度地避免他们从课本里学来的英文知识与现实生活中的语用实际发生脱节，甚至产生笑话的窘况。

由于受书面语以及正统的学究味十足的表达方式的影响，很多学生及英语语言工作者在使用英语交流时都显得过于拘泥于语法形式而不够灵活自如，在交谈中让对方感到很不自在。看过电影《廊桥遗梦》（*The Bridge of Madison County*）的学生都会有一个深刻的印象，那就是片中的英语对话表述简洁明快、大方得体。有一段剧中男女主人公的对话，背景是在一个温柔的夜晚，两位主人公在漫步交谈，他们都有些疲惫、有些口渴了。这时男主人公很自然地问道“A cup of drink？”（喝杯什么吧），而女主人公也很自然地回答“Sure.”（很好）。由此可见，在这种特定情景下的对话就是如此简洁且自然得体。试想如果没有亲眼看见这一对话情节，仅凭我们从课本中获得的信息，在这种情况下，我们会做出怎样的表述呢？我们一定会绞尽脑汁地想为了要显得尊重对方，应选用英语中哪种最能表达敬意的句型，在是用“Would you like...”还是用“Shall we...”句型上摇摆不定。这便是课本知识与实际知识运用相脱节的一个例子。可见，观看英文原版电影不仅可以扩大词汇量，增强听说能力，还能从中学到很多文化知识和表达方式。

二、应对方法

我们应采用灵活多样的课堂教学方法培养学生学习英语文化知识的兴趣，同时帮助学生树立起“打持久战”的英语学习态度。学生是教学的主体，传授的知识要由学生加以理解、吸收，能力的培养主要靠实践来实现。在教学中一定要结合具体教学对象的学习实际采用行之有效的教学法。

教无定法，贵在得法。所谓贵在得法，指的是教师应根据教学内容和学生特点，在课堂上灵活变换自己的教学方法和教学手段。教师应当在培养学生的学习兴趣和帮助他们养成良好的学习习惯上下功夫，即主要是教会学生学习方法（teach the students how to learn）。有的学生整天抱着课本去啃，一味地死记硬背，记住了英语的一些条条框框，但应用能力却很差，究其原因，还是学习方法问题。语言学习重在实践，一定要活学活用，一定要常开口，正所谓“Open your mouth, open the door to success.”（张开嘴巴，你就开启了通向成功之门）。此外，英语学习是一个漫长的过程，文化信息更需要日积月累，这是由英语语言学习的规律所决定的，只有持之以恒地学习和进行大量的实践训练，才能获得娴熟驾驭英语语言的能力。

法国著名教育家保罗·朗格朗提出了终身教育的思想，其基本内涵就是强调教育要贯穿于一个人的一生，教育应该渗透个人和社会生活的各个方面，无时不在，无处不有。英语教学更需要提倡终身教育，每个从事英语学习的人都要有坚持不懈、持之以恒的学习态度。唯有如此，才能学好英语。

从学校和教师的角度而言，具体可以从以下几个方面入手。

（一）提高学生的文化感悟力

在英语教学中，教师除了传授语法、词汇和知识，也应多介绍相关文化背景，使学生了解英语国家的实际，学会在适当的场合用适当的英语表达自己的思想，并通过介绍文化背景、比较文化差异，让学生明白不同的文化、不同的语言有着不同的习惯表达方式。

在杨立民、徐克容合编的*College English*第四册第三课“The Big Buffalo

Bass”一文中出现了这样的句子：“'Old King Solomon is a bass,' he said. 'We call him that because he's so smart that nobody can catch him.'”。而且文中反复出现“King Solomon”“King Solomon holds court”等。这里为什么把这条大鱼称作“King Solomon”？如果不了解西方文化，就不会明白“Solomon”这一名字是聪明、智慧的象征，这在西方国家几乎是家喻户晓的，正如“诸葛亮”这一名字在中国的情形一样。

通过这类文化差异的比较，学生就会在头脑中形成一种潜在反应能力，这种能力就是通过语言这一载体对英语所反映的文化内容的综合性的理解能力，也就是我们常说的文化感悟力。例如，我们一见到或听到“black tea”，头脑中反应的不是“黑茶”而是中国人常喝的“红茶”；“lost temper”不是“丢了脾气”，而是指“发脾气”等。这种能力的培养和提高，需要教师在教学过程中不断地采用中英文化差异比较的方法，让学生有意识地排除本族文化的干扰。

（二）培养学生对文化差异的敏感性

介绍英语国家文化背景，培养和增强学生对中西文化差异的敏感性是英语教学的一项主要任务。如果忽略或轻视了这一点，就会造成只教授语音、语法规则、词汇这些纯语言知识的局面，其结果会影响学生的语用能力，使学生不能够恰当、准确而灵活地运用英语进行交际活动，甚至会犯文化差异所引起的错误。例如：

A：Your English is very good.

B：No，I don't think so. My English is very poor.

这样的回答，只会让英语使用者听后不知所云。其主要问题在于，答句是按中国文化习惯对赞扬进行回答，语言本身没有错误，但不符合英语社会的文化性常规。这种由文化差异所引起的错误比语言性的错误更为严重，更应引起重视。

（三）提高学生的交际能力

每种语言都有自己特有的交际模式。例如，中国人见面打招呼，首先会问“吃饭了吗？”“到哪儿去？”，分手时会说“慢走”“有空到我家来玩”等。如果把这种交际模式用在英语中，英语使用者只会感到诧异和不理解。比如汉语中可以称呼“××老师”，而英语中却不能当面直呼“Teacher ××”，这种情况只能按照英语文化的习惯用“Mr.××”或“Miss ××”等来表达。所以，在英语教学中对于交际文化项目要给予说明，比较差异，时常提醒学生注意英语国家所特有的交际文化模式。

（四）调动学生的学习兴趣

兴趣就是人对某事物所具有的喜好的情绪。当一个人做自己感兴趣的事情时，会投入全部精力，专心致志。无论做什么事情，只有首先培养起自己的兴趣，其次发挥自己的主动性，采用适当的方式方法，才有可能获得成功。学习英语也是如此。

这里所说的兴趣，主要是指学习兴趣。学习兴趣可以分为直接兴趣（direct interest）和间接兴趣（indirect interest）。直接兴趣是由学习过程本身和知识内容的特点直接引起的，间接兴趣则是由学习结果的有用性而产生的。考虑到间接兴趣的滞后性，培养学生的直接兴趣是英语教学所必须考虑的重要方面。只有我们不断地改进教学方法，增加新的教学内容，将趣味性贯穿于教学过程，才能调动学生的兴趣，激发学习的热情。

文化差异的对比，无论是方法上还是内容上，都有助于调动、培养学生学习的直接兴趣。介绍英语国家的文化背景，比较文化差异，不限于就课文讲课文，而是要透过语言看文化，通过所学的语言材料了解其中所含的地区文化语义，把枯燥无味的词语解释、结构分析等变得有滋有味、生动活泼，这样就能引起学生极大的学习兴趣，使学生既学到了英语语言知识，又领略了英语国家的传统文化。

综上所述，英语教学离不开文化背景的介绍，离不开中英文化差异的对比，文化差异的对比在学习英语中起着不可忽视的作用。除在教学中介绍英语国家的文化背景、对比文化差异之外，我们还可以通过让学生阅读英语文学作品、报刊，观看原版电影、录像、戏剧等去了解英语国家的文化。这样可以使学生受到英语文化环境的浸润，在潜移默化中感受到英汉文化差异，以此来达到丰富学生的社会文化知识，增强学生对英汉文化差异的敏感性，提高学生的文化感悟力和交际能力等教学目的。

第四节　英语教学中重视文化差异知识教学

翻译家王佐良先生曾指出：“不了解语言当中的社会文化，谁也无法真正掌握语言。”语言是文化的一部分，是文化的载体。语言与文化的关系密不可分。它是学习文化的主要工具，人在学习和运用语言的过程中习得整个文化。由于东西方社会是在不同文化的基础上形成和发展的，所以人们的思想、信仰、习俗等都存在不同程度的差异。我们学习英语时不可避免地会接触到这些差异。不了解英语国家的文化背景，就无法正确理解和运用英语。

为了培养学生的跨文化交际能力和对所学语言材料的全面了解，英语教学应注重文化知识的传授，这在英语教学界已形成共识。文化知识是一个国家、一个地区约定俗成的。如果不是有意识、有目的地去学，是很难了解和掌握的。由于东西方文化差异较大，在我国的英语教学中，文化知识的传授就显得尤为重要。在国外，文化知识的教学在教学计划中占有很大比重，教师的文化教学意识较强。在我国，广大教师也已开始认识到文化知识的传授在英语教学过程中的重要性，但在具体实施过程中还存在一定差距，不同地区与学校的进展也不平衡。另外，目前我国的学生也存在着英语交际能力普遍较低的问题，大多数学生在和英语国家的人交流时，往往产生误解和困惑，甚至导致交际失败。

因此，在英语教学中不仅要让学生掌握语言基础知识，还应当加强有关文化背景知识的传授，这样不仅能使学生克服母语的干扰，养成良好的思维习惯，把英语学“活”，达到英语教学之目的，还有助于学生融东西方文化为一体，提高文化修养。只有让学生同时掌握以上两种知识，英语的社会交际功能才能得到充分的发挥。这正是母语教学与英语教学的根本区别。只重视前者，忽视后者，往往会造就出“高分低能”的学生。由于这些学生的英语是在不具备社会和文化环境的情况下学习的，因此一旦面向社会，进入一种陌生的文化环境，在实际运用语言的时候，学生就会遇到许多困难，甚至无法进行正常的交际。

在英语教学中注意导入英语的文化内容与汉语文化的有关内容进行对照，是我国英语教学界近年来取得的一个新收获，也是不少专家学者及英语教学人员的一个共识。那么，英语教学中究竟应该导入并对比哪些方面的文化内容呢？我们认为，习俗文化、思维文化、心态文化、历史文化、体态文化等五个方面的内容是应当导入并加以比较的。

一、习俗文化

习俗文化亦可称为“语用文化”，它与日常生活和社交活动中的社会风俗、生活习惯紧密相连。

（一）称谓与称呼

英、汉两种语言在这个问题上的差异是显而易见的。在汉语中，称谓是分析型的，而在英语中，称谓是模糊笼统的。这恐怕主要是中国人的传统观念比较强，并注重血缘关系的缘故。如前所述，一个英语词“cousin”可以对应12种亲属关系的汉语称谓，而“aunt”及“uncle”也可分别对应6种不同的汉语称谓。

在称呼问题上，称呼一个比自己年长的人时，我们常常说“张老”“张先生”“张师傅”“张老师”“李大娘”“王大嫂”“何大妈”“张阿姨”等，而在家庭成员之间，不称“爷爷”“奶奶”“爸爸”“妈妈”“哥哥”“姐姐”也是断然不礼貌的。但在西方文化中，除在正式场合称先生、太太、小姐之外，相识的人之间不论男女老少，皆可直呼其名，并认为这是一种亲密的表示，即使在一个家庭内，子女亦可直呼父母的名字。

（二）敬称与谦称

中国文化中表示敬称的词语很多，择要而论，它们有某君、某老、某翁、某公等。最简单、最普通的是“您”（英语只有一个“you”）。例如，称他人的论著为“大作”，称他人的父母为“令尊”“令堂”，称他人的子女为“令郎”“令爱”之类的表达方法。此外，还有用“贵”来称呼对方的，如“贵厂”“贵公司”“贵方”“贵校”“贵国”“贵体”“贵姓”等。而在谈论与自己相关的人或事时，我们习惯上用谦称，如“拙文”“拙见”“拙著”“鄙人”“小人”“在下”“敝人”等。所有这些敬称与谦称在英语中是找不到等同语的，这是英语中敬称、谦称较少且又不注重的缘故。英语中的“Your Majesty”和“Your Excellency”非普通人能用，“Lord”与“Sir”也是针对受封或世袭制的对象。

（三）问候与寒暄

一大早两人相遇打招呼，中国人习惯说“吃饭了吗？”“啊，老王，你早!”“你到哪里去？”等。可是这几种寒暄用语在西方文化中就可能引起误解乃至反感。比如，“吃过饭了吗？”这个句子本身无任何特别意义，在汉语语境中只是用于寒暄、引出语题而已，相当于英语会话中问及天气情况的寒暄句一样。但是，这类寒暄用语（如“Have you had your breakfast？”）在英语文化中则意味着你邀请对方去吃饭。而在未婚青年人之间，如果发话人是位男子，受话人是一位女子，那么它又意味着这男子对女子有意，欲与其约会。同样，“你早啊！去哪里？”等汉语寒暄用语也是较难被西方文化理解的。

（四）送礼与受礼

汉语地区与英语地区的人在社交方面同样存在着一些有趣的差异。在中国文化中，不论是过生日，做“红白喜事”，还是探视病人、访友或请客吃饭，我们习惯上是送礼，而这个“礼”又以钞票、水果、滋补品及玩具等为主。可是在西方文化中，如果是探视病人，人们习惯买一束鲜花送给病人。而且送花也是有讲究的，不同的对象、不同的场合送的花是不同的。再如，应邀去朋友家吃饭，英语国家的人通常是送女主人一束鲜花，有时也有送其他东西的。与之紧密相连的是受礼问题。当主人收下所赠的礼物后，我们中国人通常不会立即打开来看一下礼物，认为当着送礼人的面这样做既不礼貌也会使客人感到尴尬。而英语国家的人通常的做法是在收下礼物后，立即打开看上一眼，然后赞美一番，并表示感谢。

（五）致谢与答谢

中西方文化在致谢方面基本相同，只有一点例外，那就是在中国文化中，关系密切的人之间几乎不用道谢，这一点在家庭成员中尤为突出。但在西方文化中，即使是关系非常亲密的人之间，致谢也是不可少的，如父子之间、夫妇之间等。在答谢上，汉语、英语之间的差异不大，但在西方文化中，道谢用语“Thank you.”已超出了致谢的范围。比如，在你向对方表示感谢之后，对方甚至会说“Thank you.”。如果碰到这种情况，你大可不必大惊小怪或迷惑不解。

（六）告别

在中国文化中，表示告别一般用“再见”，这与西方文化中的告别用语没什么两样。但有时我们也说“走好”“路上当心”“请多保重”等，这与英语里的“take care”等也几乎是对等的。然而当我们说“慢走”或“请留步”时，英语中恐怕就没有与此相对等的表述了。另外，中西方两种文化中有关告别的方式也不尽相同。在西方文化中，如果客人想告别，通常要提前几分钟将告别的意思暗示或委婉地表达给主人以征得同意，然后才可离开，如果突然说“时间不早了”，而后站起来告别主人，在西方文化中是不礼貌的。而这一点在中国文化中是可以接受的。

（七）称赞

中国人素以谦逊为美德，所以当某人夸奖或称赞自己时，我们总是要说“哪里哪里，您过奖了”或“我还差得远呢”等。然而在西方文化中，当某人受到夸奖时，他会很高兴地说上一句“Thank you.”。

在中国文化中，如果我们当着一位女子的面，赞美她长相美丽，那么她就会显得不自在，不好意思，有时甚至还会引起误解。然而在西方文化中，男子当着女子的面说她年轻漂亮，她会欣然地说声“谢谢”。

二、思维文化

不同的国家和地区不仅有着不同的语言，也有不同的思维方式。思维方式的差异在文化及语言中的种种表现，我们称为“思维文化”。综观中西方的思维方式，其相映成趣、形成鲜明对照的差异主要有下列几组。

（1）英语地区从小到大，而汉语地区则由大到小。例如：

日期的表达——1988年5月24日与24 May,1988

钟点的表达——下午3点12分与12 minutes past 3 p.m.

汉语“大中小城市”对应的英语是“small, medium-sized and large cities”（变成“小中大城市”）。

（2）英语地区“轻在前重在后，弱在前强在后”，而汉语地区则多“重在前轻在后，强在前弱在后”。例如：

英：Heal the wounded and rescue the dying.

汉：救死扶伤。

英：The peasants who have little or no land.

汉：无地和少地的农民。

英：John, Mary and I.

汉：我和约翰、玛丽。

英：A small round wooden table.

汉：一张木制小圆桌。

（3）在方位表达上，汉语多“横向”，而英语则多“纵向”。例如：东南与southeast，东北与northeast，西南与southwest，西北与northwest。

（4）先与后的问题。如汉语里的“您先走”，对应的英语并不是“You go first.”，而是“After you.”。汉语里的“新郎新娘”，在英语里变成了“bride and bridegroom”（新娘新郎）。汉语里的王先生、王夫人、王校长，在英语里分别变成了Mr.Wang，Mrs.Wang，President Wang。

（5）写人状物的描述顺序。汉语多为“时间、地点、动作（方式）”，而英语则多为“动作（方式）、地点、时间”。例如：“我们明天下午在老李家碰头。”应译为“We'll meet at Lao Li's home tomorrow afternoon.”。

（6）时间观念上的差异。例如用“前”与“后”，分别指称过去与未来时，中、英两种语言的表达迥然不同。中国人有“前无古人，后无来者”，以及“前所未有”“后继有人”等说法，而英语地区却正好与我们相反。例如：

美： But we are getting ahead of the story.

汉： 不过我们说到故事后头去了。（注：不是前头）

英： In measuring forwards from a point of time in the past, only the following construction is normal. He finished the job in three months.

错译： 要从过去某一时间点向前衡量时……

正译： 当从过去某一时间点向后算起时……

英： The first is in the two essays of part Ⅱ on culture and biological evolution, where the fossil dating, given in the original essays have been definitely superseded. The dates have, in general, been moved back in time.

如果将句中的“moved back”译成“推后了”而不是“提前了”，那么，译文就会同原意正好相反。

英： The verbs in hypothetical conditional clauses are back shifted, the past tense form being used for present and future time reference.

错译： 假设条件分句中的动词是后移的……

正译： 假设条件分句中的动词是前移的……

三、心态文化

一个国家和地区的心态文化是一个国家和地区文化的历史沉积，它与国家和地区的心理、风俗习惯、社会意识等有着密切的关系。不同的国家和地区有着不同的心态文化，因而，也就有不同的价值观、审美观和伦理道德观等。

（一）价值观上的差异

在中国文化里，我们奉行的是集体主义，即个人价值的实现在于他对社会做出的贡献，同时反对“个人主义”。但在西方文化里，一个人的价值大小在于他获得的“self-perfection”或“self-integrity”，在于他“individualism”的强与弱。

另一个能说明问题的是人们对“金钱”的态度。我们由于长期受到中国传统文化的熏陶，因而对“金钱”的态度历来比较淡泊，认为“钱财是身外之物”“生不带来，死不带去”。而西方人恰恰相反，他们自幼受到的教育便是长大后追求两样东西；一是“金钱”，二是“权力”。由于从小就受到“individualism”和“independent identity”的教育与影响，在西方，尤其是在英美，子女年满18岁便开始过独立的生活，即使父母很富有或很有权势，子女也不愿利用父母的财产与名声为自己在社会上、事业上构筑一个“暖窝”，而父母也很少进行赠予。

（二）审美观上的差异

一个国家和地区认为是美的东西在另一个国家和地区看来可能是不美的，甚至是丑的，这是两个国家和地区的传统文化、地区心理、社会生活方式上的差异在审美活动中的具体表现。就中西方来说，各自的审美观及审美趣味也是大不相同的。

比如喜鹊与老鹰。喜鹊在中国文化中给人的印象是良好的，认为它是吉祥鸟，是叫喜、报喜的。在英语文化中，它却是“叽叽喳喳或爱收藏杂物的人”的化身。而在俄语文化中，它的形象则更丑，因为人们认为它是“搬弄是非的饶舌者”。老鹰在中国文化中的形象不及喜鹊，但在美国，老鹰则是力量的象征。

另一个典型的问题是“颜色偏向”问题。马克思曾说：“一般来讲，色彩的感觉是美感的最普及的形式。”然而不同的国家和地区对不同的色彩的感觉是不同的。在国际贸易中，色彩的重要性则更具现实意义。比如，巴西人忌绿色，日本人忌黄色，墨西哥人忌紫色，比利时人忌蓝色，土耳其人忌花色，欧美人忌黑色。如果不了解这一点，不尊重不同地区的不同颜色偏向，那么就可能卖不出商品。

（三）伦理道德观上的差异

中西方在心态文化上的又一差异反映在伦理道德观上。如在对待女子的态度上，英美人历来奉行的一种社会道德是“女士优先”（Lady first）。因而有为女士开门的习惯，也有在称呼表达上女士居前的习惯，如“ladies and gentlemen”“bride and groom”。

再如“亲吻”，在西方是十分普遍的，然而这种亲昵行为在中国文化中则是私密的。

四、历史文化

这里说的历史文化是文化的历史发展与文化的历史沉积在各自语言中的表现，尤指一些传统说法、典故、格言、成语等。比如，汉语里的俗语“吃红蛋”（娶媳妇，生孩子）、“吃汤圆”（亲人团聚）、“月老，红娘”（介绍人）、“老泰山”（岳父）、“戴高帽子”（赞扬、奉承）、“抓辫子”（找碴儿）、“河东狮吼”（忌妒而泼悍的妻子）等。成语中蕴含的特定的文化意义则更加丰富，如“司空见惯”“名落孙山”“四面楚歌”“得陇望蜀”“东施效颦”“牛郎织女”等。而英语中的January chicks、green revolution、Eureka、black Friday、blue Monday、loneliness industry、Buridan's ass、talk turkey、face the music、blue stocking、white elephant等都具有一定的历史文化内涵，打着历史文化的烙印。

更引人入胜的是有关成语中出现的现象、喻体的比较。例如：

大海捞针：Look for a needle in the hay（草垛中找针）。

水中捞月：Fish in the air（空中钓鱼）。

缘木求鱼：Look for the grass on top of the oak（橡树顶上找草）。

杀鸡取卵：Kill the goose that lays the golden egg（杀鹅取蛋）。

鸡皮疙瘩：Goose-flesh（鹅皮疙瘩）。

鸡窝里飞出金凤凰：A peacock in the shed（牛棚里的孔雀）。

拦路虎：A lion in the way（拦路狮）。

画蛇添足：Gild the lily（为百合花镀金）。

五、体态文化

不同的国家和地区有不同的体态文化。这里讲的体态文化包括非言语交际的诸方面，如身体动作、空间利用、面部表情以及其他。虽然有些非言语交际手段与方式随着时代的变迁而变迁，但在信息传递中它始终占有十分重要的地位。例如在朱迪·C. 皮尔逊看来，7%的情绪信息由语言传递，其余93%要靠非言语手段来传递。

（一）身体动作

人的身体各部位的动作在一定的文化里都载有一定的信息。现择要简述如下。

1. 点头与摇头

在许多国家，点头表示同意、赞许和肯定，摇头表示否定、不同意或反对。但在印度、希腊等地，点头与摇头表示的含义恰恰相反。

2. 耸肩

在英美等国，耸肩膀是人们习惯使用的一个动作，表示不知道、怀疑、不关心或无可奈何。但在中国极少有人使用这个动作。

3. 握手、拥抱、亲吻等

久别重逢，互致问候，不同国家和地区的人有着不同的方式。例如，中国人一般用握手的方式表达；而在西方，除握手之外，关系亲密者可以拥抱或吻脸；因纽特人会用拳头敲打对方的头部或肩部；有的人则习惯于拍打对方的背或相互擦背。

4. 抓鼻子与嗅鼻子

在北美，用手抓鼻子表示怀疑，而嗅鼻子（turn up one’s nose）则表示轻蔑。

5. 手指动作

美国人用拇指与食指连成一个圆圈表示“OK”，中指与食指张开成“V”形表示取胜的决心与取得胜利时的喜悦心情。在中国翘起小指表示轻蔑、不赞成，但在英美等国，人们是用大拇指倒扣这一动作表示。在英美等地，手指在太阳穴画一个圈，表示某人“发疯了”，而同样是这个手指动作在中国则表示“动脑筋”。

（二）空间利用

两人交谈时，相距的距离也承载一定的文化信息。如果是陌生人，距离通常要远一点；如果是亲密朋友，距离则很短，一般在半米左右，一米以内。

（三）面部表情

对比分析表明，中西方文化中有关面部表情所反映的“喜怒哀乐”是相同的。比如，扬眉与英美人的raise/elevate one’s eyebrows是一样的，皱眉与英美人的knit/contract one’s eyebrows是一样的，“拉长着脸”与英美人的wearing a long face是一样的，苦笑与英美人的bitter smile也是一样的。

（四）其他

1. 戒指

戒指戴在中指上表示此人已有婚约，戴在无名指上则表示此人已婚。

2. 打钩、画圈与打叉

中国人在选票上打钩或画圈表示赞成、支持，打叉表示反对；但在英国，人们在候选人名下打叉，则表示支持与同意。

第四章 多元文化背景下的大学英语组织教学研究

第一节 课前准备教学研究

做好课前准备是完成教学活动的第一步。其中，教学目标、教学主体和教学材料是课前准备的三要素。要做好课前准备，便要设定好三要素的分析策略和选择策略。教学目标分析策略包括目标关键词化、目标行为化和目标演绎，教学主体分析策略包括对教师自身状态的分析以及对学生认知水平的分析，教学材料的选择策略包括教学材料选择的生活化、教学材料组织的结构化和教学材料传递的情境化。

一、教学目标分析策略

传统教学理论认为，教学目标有狭义和广义之分。狭义的教学目标是与学校和课堂相关联的，与学校相联系的教学目标是学校根据国家教育目的，以及学生生理、心理和知识的发展水平而制订的教学计划。广义的教学目标是教育的目的或计划，是把社会的需要转换成教育的要求。教学目标总是以一定的课程内容为媒介的，与课程内容的选择和组织紧密地联系着，是教育者对教育教学活动的预期。为了达到教学目标，在这里主要探讨分析教学目标的方法。

（一）目标关键词化

教育学家、课程理论专家拉尔夫·泰勒（Ralph W.Tyler）认为，教育者应从三个来源（学生的心理发展逻辑、社会的要求和学科专家的建设）收集资料，并通过两个“屏幕”（哲学和心理学）来确定教学目标，即通过“三源二屏”来确定教学目标的设想。但该设想并没有真正解决如何形成具体的课堂教学目标的问题。之后，泰勒的学生布卢姆根据泰勒的思想建立了布卢姆教学目标分类体系，使教育者能用语言更准确地表达教学目标。

目标关键词化是指教师在制定某一学科的课时目标时，用明确、具体、有针对性的关键词来表述，使目标具有可操作性、可检验性。布卢姆教学目标分类体系将教学目标分为认知、情感、心理运动（或动作技能），每个领域的目标又由低级到高级分为若干层次。教师应把教学目标的分类作为一个整体来考虑，这对发展教育目标、归类、分组目标的设置都起着重要的作用。运用该策略最大的困难是如何区分相邻分类的关键词，特别是教学目标没有被清楚地陈述时。为了解决这个问题，教师应积极参加年级集体备课工作，分享各自的观点，集思广益。在分析和使用这个策略时，教师们会发现这对实施教学目标是相当有价值的。

（二）目标行为化

行为目标的概念最早是由泰勒提出的，随后，马杰提出行为目标应包括三部分，即行为、条件和标准。教师在目标行为化的过程中应注意三个方面：首先是教师应该明确学生将要做的；其次是教师应该描述在什么条件下，学生行为将发生什么变化；最后就是教师应规定期望学生达到的行为标准或成就水平。

当时，这种观点引起了较大的争论。马杰和一些学者认为，目标行为化明确了教师的目标，并指导学生该做什么，为检验学习的结果提供了一种安排系列技巧和内容的结构方法。而另一些学者认为，目标行为化的目标量太多，程序比较烦琐，并且可能引导教师集中在低水平的认知和技能目标上不能促进理解和全面学习。

从教学目标指导、测量和评价的功能来看，目标行为化的优点是毋庸置疑的。大致可以归纳为以下几点：①当目标行为化后，教师能设计出更合适的教学方案来满足学生的需要。而学生也能清楚地了解将要完成的学习任务，从而更有效地利用时间。可见，目标行为化后能更明确地阐述教学目的。②目标行为化给所有关心教育的人提供了可以共同讨论的理论框架，有了统一的标准，教师、学生、教育管理者和学生家长之间可以进行有效的沟通和交流。③好的学习目标实际上已经蕴含了学习结果的检测方式和评价标准，行为目标只要稍做变化即可作为测验题，因此目标行为化可以使测量更简单。

通过教师的实践表明，目标行为化虽然具有明显的优点，但也有其局限性。由于目标行为化比较适合低级水平的教学目标的陈述，因而较高级的认知目标尤其是情感领域的目标，难以从某个单一的行为中表现出来。并且如果教师太拘泥于这一行为目标，只看表面，不深究学生心理的变化，也会使教学误入歧途。另外，教师实际应用起来普遍感到困难，原因在于教师长期受传统陈述目标的影响，对于他们来说，目标一旦行为化之后，反而不易理解已经列出的行为蕴含着什么样的心理变化了。由此看来，如果教师要把目标行为化策略应用在自己的教学之中，必须具备三个基本条件：①进行系统的认知心理学理论和行为心理学理论的学习，以及应用技术方面的训练；②掌握该策略的操作要求；③坚持在教学准备时自觉运用该策略。

（三）目标演绎

在目标行为化中，行为目标都是非常具体的，可以直接观测、操作，但是，部分教师很可能意识不到行为背后隐含的真正的教学目标，这就会把教学局限于表面行为，达不到真正的效果。为此，格朗伦德（N.E.Gronlund）采用描述内在心理和外显行为相结合的目标演绎来陈述教学目标，即教学目标从一般教学目标到一系列特殊的学习结果，特殊结果又和一般目标相联系（目标演绎）。

在我国的英语教育中，格朗伦德的教学目标陈述方式更易被接受。这是因为目标演绎有以下特点：①教学目标陈述的是学习者的学习行为结果，而不是教师的教学行为，目的是引导教师关注学生的行为变化。②目标演绎适合陈述情感领域的教学目标，因为情感领域的目标往往难以用具体的行为体现，有时行为的变化并不能说明情感的发展，因此教师需要把握学生心理变化的实质。③没有提供行为产生的条件和相应的作业标准或者评价准则。格朗伦德认为，行为产生的条件和作业标准太具体化反而限制了教师在教学中的灵活性。

因此，在建立了一般教学目标后应尽量使教学目标陈述得足够具体，达到可以观察测量的目的，在描述内在能力和情感变化之后，同时要提供足以证明预期的内在变化已经出现的行为样例。如果没有行为样例，我们便失去了评价教学目标究竟是否已达到的依据。

二、教学主体分析策略

教师在课前准备时要充分考虑自己的认知风格和自我监控能力。认知风格是个体在信息加工和完成认知任务过程中个体特征的具体表现，也是一个人在感知、记忆和思维过程中所具有的稳定风格在认知活动领域中的具体体现。威特金（H.A.Witkin）把个体的认知风格划分为场依存型和场独立型。属于场依存型的人，对客观事物的知觉倾向于以外在参照作为信息加工的依据，态度和意向比较容易受到外界环境的影响。而属于场独立型的人，在认知活动中较少受到外界环境因素的影响，更多的是利用自己的内在参照来理解和判断。教师在课前准备的时候，应该对自己的认知风格加以分析。

教师在充分考虑自己认知风格的同时，还应加强自我监控能力的分析。教师对教学的自我监控能力主要包括在教学活动之前要结合个人的风格、特点和经验，分析所面临的教学任务和教学环境中的有关因素（如教材、教学时间、教学条件等），确定教学目标，然后根据这一特定的目标安排教学步骤，选择策略，预先构想设计出解决各种问题（如突出重点、突破难点）的可能方法，并预估其有效性，即可能产生的效果，准备在未来的具体教学活动实施期间监控教学进程，反馈、维持或者调整教学行为。

另外，教师在考虑自身状态的同时，还应注重对学生状态的分析，确定学生的起点能力和认知发展水平，并且斟酌学生的认知风格，如学生是独立型还是依存型，是整体性思维还是系列性思维，等等，这些都是教师课前准备的参考资料。

三、教学材料选择策略

教学材料是指教学内容的各种载体。教学材料的选择要符合学生的实际水平。下面介绍几种教学材料选择的方法。

（一）教学材料选择的生活化

教学材料选择的生活化是指教师在选定教学内容时，将要教授的内容与现实生活结合起来，把学生学习的知识与他们周围的现实生活联系起来，这样不仅容易激起学生的学习兴趣，也有助于学生对知识的理解和吸收。

（二）教学材料组织的结构化

每门课程都有自己的结构，它是系统的诸要素之间相对稳定的组织方式或联结方式。教学材料组织的结构化方式有螺旋式组织、累积式的层级组织、渐进分化与综合贯通式组织。如果教师在组织教学材料时是有结构的，就有利于学生对知识的掌握、迁移和回忆。

（三）教学材料传递的情境化

教师可以利用各种情境来更有效地实现教学目的。这里的情境既包括现实情境，也包括创设情境。教师在没有现实情境可利用的情况下，可以借助各种教学媒体创设情境，如创设新奇情境、生活情境、问题情境，把学生带入一个特定的氛围，这样不仅可以使学生产生浓厚的学习兴趣，更可以让学生积极参与问题的解决。总之，教师通过创设各种各样的适合问题和教学实际的情境，可以更有效地利用教学材料，达到最佳的教学效果。

第二节　课堂组织原则与策略

一、课堂组织原则

英国语言学家埃克斯利（C.E.Eckersley）说过："语言教师最有害的缺点和最流行的通病是讲得太多。他试图以教代学，结果是学生什么也学不到。"学生的学习不是一个被动的吸收过程，学习的主体是学生，但这并不是否定教师在教学中的主导作用，而把课堂完全交给学生。教学不是简单的"知识灌输""知识移植"的过程，而是学习主体（学生）和教育主体（教师，包括环境）交互作用的过程。教师不只是知识的传授者，而且是在教学过程中指导学生，通过教学意图和策略等影响学生，把兴趣带进课堂，把方法交给学生，把学生置于主体地位，并为主体地位提供空间，使学生成为学习的行动者。

如何使英语课堂更加有效（effective）？如何把学生作为沟通与活动的主体？如何让教师和学生分享彼此的思考、见解和知识，交流彼此的情感和理念，求得新的发展，实现教学相长？这是每个英语教育工作者都在思考的共同课题。以下是我们探索的课堂有效教学组织的九大原则（首字母缩写为EFFECTIVE）。

（一）Engaging every student（面向每个学生）

这是使每个学生都学好英语的前提和保证。《义务教育英语课程标准》教学建议一开始就提出：面向全体学生，为学生全面发展和终身发展奠定基础，要为学生提供自主学习和相互交流的机会以及充分表现和自我发展的空间。

（二）Fostering confidence（培养学生信心）

激发和培养学生学习英语的兴趣，使学生树立自信心，养成良好的学习习惯和形成有效的学习策略是英语教学任务之一。

（三）Focusing on objectives（紧扣教学目标）

从学生的语言技能、语言知识、情感态度、学习策略和文化意识五个方面来整体设计教学目标，以培养学生英语综合运用能力。

（四）Eliciting participation（引导学生参与）

英语教学倡导学生在教师的指导下，通过感知、体验、实践、参与和合作等方式，实现教学任务的目标，感受成功。

（五）Connecting prior learning（联系原有知识）

根据学生原有的认知水平创设教学情境，坚持“新旧结合、以旧出新”的原则，激活学生的原有知识。

（六）Teaching explicitly（准确清晰教学）

围绕一堂课的核心语言和能力目标，设计形式多样的教学活动。教学活动设计要有明确的目的性和可操作性，体现语言的实践性和交际性。

（七）Integrating the four skills（整合四会技能）

运用听、说、读、写等多种语言实践形式，发展学生的语言综合运用能力。听和读是理解的技能，说和写是表达的技能，听、说、读、写既是学习的内容，又是学习的手段。

（八）Valuing learner autonomy（重视学生自主）

在新课程背景下，教师在课堂上要留出足够的时间与空间，积极引导学生观察、发现、归纳和实践，培养学生自主探究的学习意识与能力。

（九）Enhancing cooperation（促进合作学习）

在英语教学中，教师要积极创设尽可能多的情境，让学生进行小组活动，使每个不同层次的学生都有表现的机会。通过“pair work”和“group work”等活动中的生生互动，使全体学生各有所得，共同提高。

二、课堂组织策略

课堂组织是课堂教学的生命，课堂教学的成功离不开课堂组织策略的有效使用。

课堂活动由三部分组成：教学、管理和评价。这就要求教师不仅要具有驾驭教材的能力，还要有控制课堂的能力，即组织课堂和管理学生的能力，其中，管理制约着教学和评价的有效进行，具有促进和维持的功能。

（一）课堂教学策略

1. 先学后教策略

“先学”是指在教师简明扼要地指出学习目标、提出自学要求、进行学前指导后，学生带着问题在规定的时间内自学指定内容，完成检测性练习。这种“先学”不仅体现在课前，还体现在课中和课后。“后教”是一种基于“先学”的有针对性的教，它不是“教师讲、学生听”，而是师生之间的边教边学，生生之间的互教互学。“先学后教”是对传统课堂的一个历史性改革与突破，它强调给予学生自主学习的时间、空间和方法，使课堂教学更有目的性和针对性，更加突出学生学习的自主性、能动性，能最大限度地提高课堂教学效率和学生自主学习能力。

2. 学案导学策略

学案导学是一种新型的教学策略，旨在通过学生的自主学习，培养学生的自主探究学习的能力。学案导学策略是以学案为载体，以导学为方法，以教师的指导为主导，以学生的自主学习为主体，师生共同合作完成教学任务的一种教学策略。

这种策略要求学生根据教师设计的学案，了解教材内容，然后根据学案要求完成相关任务，在课堂上相互讨论，遇到难题时由教师加以点拨。这样的导学策略以学生为本，把教学内容的思路与学生的学路进行谋和，使学生更有信心在有限的课堂时间内参与交流合作、分享成果，为学生架起从“学会”到“会学”的桥梁。这种导学策略很重要，它能起到事半功倍的作用。

3. 精讲多练策略

传统的英语课堂教学，教材中有什么教师就讲什么，他们试图以教代学，造成的结果是学生虽然掌握了一定的语法与词汇，但听、说等交际能力却很薄弱。英语是一门实践课，而不是理论知识课，英语教师不仅是语言知识的传授者，更重要的是语言技能的培训者。而语言能力的培养只“听”不“练”是不行的。所以，教师应该试着学会放手，给学生留出足够的时间，即在讲明要点之后，让学生反复操练。不管是听说课，还是阅读、写作或其他课程，都尽量给学生创造运用英语进行操练的机会。总之，在多元文化背景下教师更要转变观念，要少讲、精讲，力求少而精。

4. 小组合作学习策略

小组合作学习是以异质学习小组为基本形式，系统利用教学动态因素之间的互动，促进学生的学习，以团体成绩为评价标准，共同达成教学目标的教学活动。这种小组合作学习强调每个学生的“参与”与学生之间的“互动”，为提高课堂效率提供了有力保障。与以“教师讲、学生听”为主的全班课堂教学相比，小组合作学习避免了在班额过大、学生过多的班级中相当一部分学生由于没有参与的机会而不得不“旁观”与“旁听”的局面。小组活动能营造一种互动的课堂效果和交互的情感气氛，使学生觉得更能发挥自主性，有更多、更好的机会说他们想说的话。它能最大限度地调动所有学生尤其是学习存在困难的学生的学习积极性，让他们也积极参与课堂活动。

5. 媒体手段运用策略

科学技术的进步极大地丰富了教师的教学手段，教师应该充分利用学校的新型教学设施，如多媒体设备和网络，改变传统的授课模式。传统的授课模式比较呆板，不直观，而多媒体不仅形象、生动，而且能够系统地描述事物的发生过程，视听相兼，动静结合。例如，教师在教授复数形式时，可以设计如下课件：首先在屏幕上出现一棵苹果树，然后教师问“What's this?”，屏幕上出现“It's an apple tree.”的句子；接着树上掉下一只苹果，屏幕显示“an apple”；一阵风吹过，地上又落了几只苹果，屏幕上“an apple”中的“an”渐渐淡去，而“apple”后面渐渐出现不同色彩的“s”。这样，复数形式如何变换一目了然，也加深了学生的印象。

另外，网络资源的丰富性可以帮助教师随时找到需要的资料。例如，一段幽默英语小短剧，一个英语flash，或是一场别开生面的英语晚会，都增加了英语课堂的信息量与趣味性，让学生在不知不觉中积累知识。教师还可以利用网络同全国各地兄弟院校的教师多交流，达到教学信息资源和设备资源共享的目的。

（二）课堂管理策略

课堂管理是教师通过协调课堂内的各种人际关系，从而有效地实现预定教学目标的过程。教学和课堂管理是相互作用、相互影响的。课堂管理的目标是争取更多的时间帮助学生自我管理，以取得最佳的学习效果。通常，实现有效课堂管理目标的策略有以下几种。

1. 合理分配时间策略

课堂的时间总是固定的，如何在这个有限的时间，让学生拥有更多的学习时间、得到更多的语言操练，是教师一直在探讨的问题。教师在课堂上既要保证授课的时间，又要考虑学生消化的状况，只有处理好二者的关系，才能确保教学目标的完成。许多研究表明，学生课堂学习时间的质量与他们的成绩呈明显的正相关。因此，英语教师要合理地安排教学活动，留给学生更多合作学习和自主探究的时间与空间，使学生投入有价值的学习活动，从而提高教学效率和质量。

2. 保持教学流畅策略

英语教学的流畅性是指不断地注意英语教学意义的连续性，在从一个活动转向另一个活动时，使用尽量少的时间，并且给学生一个提示的信号，引起学生的注意。学生注意力分散和教师上课的不连续性有很大的关系，因此，教师在教学活动各环节的过渡上，要给学生一个明确的指令，让学生明白接下来要做什么，并且要求全班学生统一行动。

3. 规范课堂活动策略

规范课堂活动，并形成课堂活动规范，能帮助教师有效组织和管理课堂活动。教师是课堂活动和管理的实施者，所以在制定课堂活动规范时既要保证教学内容的完成，又要让学生积极投入教学活动。要让学生在理解和接受这些课堂活动规范的基础上，形成良好的课堂活动行为规范，使教师在组织活动时能指挥自如，确保师生配合默契，以取得最佳的学习效果。

（三）课堂评价策略

英语课堂教学改革明确要求教师在教学过程中应与学生积极互动、共同发展，要处理好传授知识与培养能力之间的关系，注重培养学生的独立性和自主性。教师应尊重学生的人格，关注个性差异，满足不同学生的学习需要，创设能引导学生主动参与的教学环境，激发学生的学习积极性，使每个学生都能得到充分的发展。这一要求构成了一个全新的课堂教学平台，对课堂教学也要采取相应的评价策略。

1. 关注学生学习行为的策略

一堂好课应以学生的发展来衡量，要求做到学生的知识与能力同时发展，认知与情感和谐发展。所以，英语课应该十分明确地凸显学生主体，以考查学生在课堂上的四种学习状态为主。一要看学生的参与状态。既要看参与的广度，又要看参与的深度。就广度而言，看学生是否参与了课堂教学的各个环节；就深度而言，看学生是被动地学，还是积极主动地学。二要看学生的交往状态。在课堂上，学生的交往状态是完成各项语言活动的重要途径。在观察课堂教学时，我们不仅要看课堂上是否有多边、丰富的信息联系与信息反馈，也要看课堂上师生之间、生生之间的交往方式是否多种多样，还要看学生在这些交往中的状态。三要看学生的思维状态。在课堂上，看学生是否敢于提出问题、发表见解，是否能综合运用语言知识和技能进行交流，是否能获得信息并完成任务。四要看学生的情感状态。在课堂上，看学生是否积极主动地参与活动，有没有适度的紧张感、愉悦感及自我控制和调节学习情绪的能力。

以上四个方面是相辅相成的，只有四种学习状态协调统一，才可能对课堂教学效果做出准确的评价。

2. 关注教师教学行为的策略

要上好一堂课，课程理念很重要，因为理念决定教师在课堂教学中的具体行为。我们看一堂课是否成功，除了看学生的学习状态，还要看教师的教学行为。一要看教学目标是否做到知识与技能、过程与方法、情感态度与价值观三个方面的内在统一，是否因材施教，按照多元智能理论制定不同层次的教学要求；二要看教学内容是否体现基础性、现代性与综合性的统一；三要看教学方法是否运用恰当，选择方法时是否以自主、合作、探究为标准；四要看教学过程是否留给学生发挥主体性的空间与时间。

3. 关注教师教学技能的策略

一堂好课，还应该由教师高超的教学技能来辅助。教师高超的教学技能能使学生学得轻松、快乐、扎实、有效，这种高超的教学技能来源于教师的基本素养、刻苦的磨炼和对教育事业不懈的追求。教学技能的具体表现为媒体的恰当使用、课堂的驾驭能力、语言规范、教态自然、板书端正等。

第三节　课堂提问原则与策略

一、课堂提问原则

提问是教师以问题的形式，通过师生的相互作用，运用知识检查学生学习的教学行为方式。它能引起学生的注意和兴趣，巩固知识，纠正错误，促进思维的发展。

低水平的提问不仅会挫伤学生学习的积极性，也无法正确考查学生的学习效果；而高质量的提问可以培养和提高学生的认知水平和解决问题的能力，培养学生的自主学习能力，调动学生的学习积极性，激发他们进一步学习的动机。因此，教师在提问时要遵循一定的原则，才能起到应有的效果。

（一）兴趣性原则

学生的学习兴趣是学习的内在动力，如果教师的提问能激发学生的学习动机和兴趣，他们就有学习的原动力，这是启发教学的关键所在。为此，教师要从教材和学生的心理特点出发，提出具有启发性和挑战性的问题。同时，教师要善于抓住提问的最佳时机，激发和保持学生的兴趣。一堂课开始时，学生的思维还处于平静期，教师可以多提一些事实性或展示性问题（display question）。这类问题有明确答案，大都是信息再现性的，不同回答者的答案大体相同，这样有助于激发他们的学习积极性和学习兴趣。随着课堂的推进，当学生的思维处于高度活跃的时候，教师可以多提推理性、开放性或参考性问题（referential question）。这类提问没有固定答案，要求学生根据材料发挥自己的想象力，做出创造性的回答，这就有助于学生分析和理解所学知识的内容，进一步强化学习兴趣，并使学生保持积极的思维状态。需要注意的是，学生的思维一旦转入低潮，那就要提一些强调性、巩固性的问题，重新激发学生的学习兴趣，防止学生注意力的转移或厌学行为的出现。

（二）启发性原则

教师的提问要有启发性。这类提问重在其价值和意义，能启发学生的思考和求知欲，刺激绝大部分学生参与活动，促进学生思维的发展，调动学生思维的积极性，引发学生自主探究，在探究中培养创造力、发展思维能力。根据课型与类别的不同，教师可采用书面提问、连锁提问和换向提问等来启发学生思维。当学生的回答过于简短时，教师应追问，鼓励其解释、扩展和说明，从而不断地启发学生的思维。对于知识的难点、模糊点，进行有针对性的提问、点拨，以便有的放矢地帮助学生突破难点，帮助学生改变孤立的、片面的和形而上学的认识，从而形成辩证的、全面的认知结构。

（三）整体性原则

提问是为了调动全体学生积极的思维活动，既要提问学习主动的学生也要提问学习不主动的学生，不应置大多数学生不顾而形成“一对一”的回答场面。有的教师习惯于“点名字—提问题—答问题”的传统提问方式，这样造成其他学生知道提问与己无关，就会不动脑思考，以致达不到提问的整体性效果。因而，教师应该多采用“先提问题，后点名”的方式，使全班同学都能够得到思维的锻炼。同时，在提问之后要给学生留有足够的准备时间，以供其思考，否则会造成学生思考时间不足，回答问题的质量不高，语言输出的机会变少的局面。

（四）科学性原则

课堂所提的问题必须符合学生的认知特点，适合学生已有的认知水平，运用学生能够明白的词汇，而且问题的答案要准确、清楚，切忌模棱两可、含混不清。例如，低年级的学生对语法知识的学习还都比较浅显，如果教师在课堂上讲课文中的例句时，提问“主谓一致的原则是什么”，那么学生就会茫然，因为这已经超出学生的认知范围。因而，类似这种提问就不符合科学性原则。教师在授课中，必须考虑到大多数学生的实际水平，选择一个“最佳的智能培养高度”进行设问，使大多数学生通过努力思索后能够回答，即在学生“跳一跳能够得着”的高度上，以充分调动学生思维的积极性。

（五）层次性原则

层次性原则要求教师紧扣教学重点、难点和关键点，分析教学内容的内在联系、逻辑顺序和学生已有的知识与能力，按照由浅入深和由感性到理性的认知规律，由易到难，循序渐进地设计一系列问题。像知识回忆、概念定义之类的低层次的机械记忆问题，答案都局限在课本知识的范围内，对学习一般的学生可以提这类问题。而对于高层次的认知问题，如分析应用、综合理解、总结评价类的问题，必须通过分析、比较、评价、应用、扩展、重组或总结等方法，改变已知信息的形式或组织结构，经过高级认知思维方可得出答案，对于这类问题的提问比较适合那些善于思考、基础较好的学生。

（六）互动性原则

传统的课堂提问多遵循“教师提问、学生回答”的固有模式，学生的课堂行为受制于教师的指令，不仅十分被动，也会造成课堂气氛沉闷、压抑。因而，教师在提问时要有民主作风，让学生有插话和提问或发表不同意见的机会。提问时，教师态度要亲切和蔼，以消除学生的紧张心理。教师要认真听取学生的回答，并做出激励性评价，要善于运用夸张的语气和鼓励性的言辞去激发学生求知的欲望，要倡导学生向同学和老师提出问题、积极参与课堂活动，形成师生互动、生生互动的良好氛围。

二、课堂提问策略

课堂提问是否有效，取决于提问的策略是否运用得当。在提问的不同阶段，即准备问题、提出问题、组织答案和提供反馈等，都应运用不同的策略。因此，课堂提问策略可分为四部分：提问计划策略、问题设计策略、提问控制策略和提问评估策略。

（一）提问计划策略

教师在备课的时候对要提的问题要做到提前准备，即便是经验丰富的老教师也要尽量这样去做，因为即兴提问虽然比较灵活，但是往往会出现语言组织方面的问题，或是顺序安排缺乏逻辑性的问题，很难达到预定的教学目标。因此，在正式课堂提问之前，教师应针对将要进行的课堂提问从提问的目的、提问内容、问题的组织、预测提问出现的问题等方面做好充分的准备工作。

1. 明确提问的目的

提问目的的明确是提问活动开展的前提。教师在备课时要明确课堂教学中提问应达到的目的，一个没有目的的提问是无效的提问，因为不同的课型、不同的课堂教学目标就会有不同的提问目的。同理，提问目的发生变化，问题的类型、层次，甚至提问的策略也会发生改变。

2. 确定提问的内容

课堂的时间是有限的，教师也不可能把所有的问题都提问，因而教师在提问的内容上就要有选择性。教师不应只依据问题的难易来提问，而应根据教学目标、内容的侧重点来提问。在教学内容的重点以及难点上要着重提问，这也是给学生一个暗示，让学生明白哪里是重点，如果教师只是提问不重要的细节就会误导学生。

3. 关注问题的组织

教师在组织问题时要关注多方信息。首先，问题的答案要丰富，要尽可能地避免使用一般疑问句；其次，提出的问题不能太笼统，应具体化，使提出的问题符合学生的实际水平，能被学生理解并有思路可循；再次，问题要有足够的弹性，留有足够的时间，给学生足够的发挥空间；最后，问题的答案不应在题干中出现，类似于“Don't we agree that Chuck is alone on the island? ”这样的问题很难激发学生的兴趣，甚至会让学生感觉过于简单，进而丧失学习的兴趣。

4. 预测提问出现的问题

教师在计划问题时要尽可能对学生的回答进行预测，充分考虑问题的性质。例如，这是展示性问题，还是参考性问题；希望学生运用自己的语言回答，还是用所学材料中的语言回答；希望从学生那里得到问题的解决方式还是其他；当学生的回答不恰当时，该怎么办；如果进行点拨，要用什么样的方式和语言；如果学生拒绝回答，该怎么处理这种情况。这些问题都需要教师做一些预测，防止一旦出现上述情况，教师就不知所措。

（二）问题设计策略

问题设计策略是指提问阶段教师选择恰当问题的方法和技巧。由于提问的方式、问题的类别制约着问题的有效性，因而，教师要尽力给予学生有趣的、具有挑战性的和创造性的问题帮助学生理解课文。在设计问题时要注意以下几个方面。

1. 结合实际，讲究趣味性

教师要多提出一些与学生生活息息相关的问题。教师有时不必太拘泥于教材，可以灵活处理教材的内容，要活化教材，增加一些既基于课文又与生活相关的问题，这样更容易引起学生的激烈讨论，提高学习课文的兴趣。

2. 由浅入深，体现层次性

教师可以从不同的角度，由易到难设计问题，创造一种能够使学生多方面、多角度进行思考的情境，并获得成功的机会。

3. 突出主体，发展思维性

教师在设计问题时要坚持学生“唱主角”，发挥学生的主体作用，让学生去主动发现“为什么”，引导学生去思考，培养其创造性的思维能力，让他们始终处于主动探究、主动思考的状态，有意识地培养他们的思维能力和自主学习能力。

4. 提问类型，注重启发性

设计问题时少用展示性问题，而多用参考性问题。参考性问题由于其没有标准答案，有利于启发学生的想象力，学生会积极地思考、踊跃地回答，促进学生语言的输出。

（三）提问控制策略

提问控制策略是指在提问过程中有意识地调整提问的方式，对教学的内容和进度起着控制的作用。教师在提问时，应面对所有的学生，让所有的学生感觉到教师是在面对自己说话，从而集中精力于课堂活动之中。学生的性格各不相同，有的学生容易走神，有的学生比较腼腆，有的则可能做小动作。教师可以提问腼腆的同学，锻炼他们的勇气，唤回走神同学的注意力，同时也鼓励学生提出问题，有效控制小组活动，使教学得以顺利进行。当学生不能回答提问时，教师要了解学生的具体情况，适当给予提示和启发，帮助学生寻找问题的答案。另外，教师在提问时，要合理控制提问等待时间，给学生留有足够的思考时间，同时应经常变换提问的方式、问题的种类、提名的顺序，使全体学生的思维处于高度活跃和积极的状态，并集中注意力。

（四）提问评估策略

提问评估策略是提问有效进行的保证，应及时对学生的提问或回答给出应有的评价。为了使提问真正发挥应有的作用，在学生回答问题之后，教师一定要对学生的答案进行及时、恰当的反馈；学生也需要对自己的回答究竟是值得称赞还是要有所改进，甚至应当纠正等进行了解。教师对学生的回答评估常可以采用表扬、鼓励、引用以及使用非言语行为（如面部表情、身体语言等）来完成。教师的评价用语不能过于公式化，对学生回答问题的不同表现应选用不同等级的评价用语，把对学生活动的真实感受传达给学生，使评价用语形成一个等级系列，并成为课堂教学的真实交流的一个组成部分。例如，“Excellent！”“Perfect！”“Wonderful！”“Very good！”“Good！”“Well done！”“Adequate！”“Need improvement！”“Not too Bad！”等。有研究表明，大部分学生比较喜欢教师采用引用策略。教师引用学生的答问语言会让学生感到有成功感、认可感，能唤起学生足够的自信，从而默默地为更高的目标去学习。同样，学生能从教师的非言语行为中感受到教师的信任、鼓舞和激励，从而增加学生回答问题的自信心，促进学生参与课堂活动的积极性，以取得最佳的课堂教学效果。

第五章　多元文化背景下的英语听力与英语口语教学研究

第一节　多元文化背景下的英语听力教学研究

一、英语听力教学的目标和内容

下面主要以大学英语教学为例，进行英语听力教学研究的论述。

大学英语教学的目标是培养学生的英语应用能力，增强跨文化交际意识和交际能力，同时发展自主学习能力，提高综合文化素养，使他们在学习、生活、社会交往和未来工作中能够有效地使用英语，满足国家、社会、学校和个人发展的需要。

根据我国现阶段基础教育、高等教育和社会发展的条件，大学英语教学目标分为基础、提高、发展三个等级。在该三级目标体系中，基础目标是针对大多数非英语专业学生的英语学习基本需求确定的，提高目标是针对入学时英语基础较好、英语需求较高的学生确定的，发展目标是根据学校人才培养计划的特殊需要以及部分学有余力学生的多元需求确定的。大学英语教学与高中英语教学相衔接，各高校可以根据实际需要自主确定起始层次，自主选择教学目标。分级目标的安排为课程设置的灵活性和开放性提供了空间，有利于实施满足学校、院系和学生个性化需求的大学英语教学。

（一）大学英语听力教学的目标

大学阶段英语听力的三级教学目标如下。

1. 基础目标

能听懂就日常话题展开的简单英语交谈；能基本听懂语速较慢的音频、视频材料和题材熟悉的讲座，掌握中心大意，抓住要点；能听懂用英语讲授的相应级别的英语课程；能听懂与工作岗位相关的常用指令、产品或操作说明等；能运用基本的听力技巧。

2. 提高目标

能听懂一般日常英语谈话和用英语宣读的公告；能基本听懂题材熟悉、篇幅较长、语速中等的英语广播、电视节目和其他音频 、视频材料，掌握中心大意，抓住要点和相关细节；能基本听懂用英语讲授的专业课程或与未来工作岗位、工作任务、产品等相关的口头介绍；能较好地运用听力技巧。

3. 发展目标

能听懂英语广播电视节目和主题广泛、题材较为熟悉、语速正常的谈话，掌握中心大意，抓住要点和主要信息；能基本听懂用英语讲授的专业课程、英语讲座和与工作相关的演讲、会谈等；能恰当地运用听力技巧。

（二）大学英语听力的教学内容

现阶段的大学英语听力教学，应该包括听力知识、听力技能、听力理解和逻辑推理四个方面的内容。

1. 听力知识

听力知识是学生英语听力技能培养与提高的基础，主要包括语音知识、语用知识、策略知识、文化知识等。

语音教学是听力教学的重要内容。在实际的交际过程中，同一个句子会在发音、重读、语调等的变化中产生不同的语用含义，表现出交际者不同的交际意图与情感。在听力教学过程中，学生掌握英语的发音、重读、连读、意群和语调等语音知识对学生语音的识别能力和反应能力的提高有积极的促进作用。同时在教学过程中，教师还应对学生进行听音、意群、重读等方面的训练。训练内容既要包括词、句，也要包括段落、文章，使学生熟悉英语的表达习惯、节奏，适应英语语流，从而为学生提高听力理解能力打下坚实的基础。这种训练还能在无形中培养学生的英语思维能力，促进其二语习得能力的提高。

语用知识、策略知识、文化知识的科学教学也是提高学习者英语听力的重要手段。其中，语用知识的学习能够帮助学生理解话语内涵，增加对话语的理解程度；策略知识的学习能够帮助学生依据不同的听力材料和听力任务进行策略选择，从而提高听力的针对性；文化知识的学习对于学生日后英语跨文化交际有着积极的促进作用，有利于多元文化背景下交际的顺利进行。

2. 听力技能

听力技能的教学能够有效提高学生英语听力的科学性与针对性。对技能和技巧的合理运用，能够为跨文化交际水平的提高打下基础。

（1）基本听力技能。基本听力技能主要包括以下几项内容。

① 辨音能力。辨音能力教学指的是使学生了解音位的辨别、语调的辨别、重弱的辨别、意群的辨别、音质的辨别等。这种辨音能力的训练不仅能提高英语听力的有效度，同时对学生理解能力的提高也大有裨益。

② 交际信息辨别能力。交际信息辨别能力主要包括辨别新信息指示语、例证指示语、话题终止指示语、话轮转换指示语等。交际信息的辨别能够提升听力的有效性和针对性，提高学生对话语的理解效率。

③ 大意理解能力。大意理解能力主要包括理解谈话或独白的主题和意图等。大意理解能力的提高为学生在整体上把握话语内容做好了铺垫。

④ 细节理解能力。细节理解能力是指获取听力内容中具体信息的能力。在英语学习和考试过程中，对细节的理解能力能够帮助学生提升做题的准确度。

⑤ 选择注意力。选择注意力是指根据听力的目的和重点选择听力材料中的信息焦点。针对不同的听力材料，进行注意力的选择训练十分重要，这种练习有助于学生把握话题的中心。

⑥ 记笔记。记笔记技能是指根据听力要求选择适当的笔记记录方式。掌握良好的记笔记技能可以提高英语听力记忆的效果。

教师应该明白，听力水平的提高并不是一朝一夕便可以完成的，需要教师循序渐进地进行有针对性的教学。同时，不同的学生有着不同的学习习惯和学习特点，教师需要因材施教，进行特色教学。

（2）听力技巧。听力技巧主要包括猜词义、听关键词及过渡连接词、预测、推断等。掌握正确的听力技巧，可以有效提高听力理解的能力。例如，在与他人交际的时候或听语音材料的时候，学生可以根据上下文或者借助说话者的表情、手势等猜测出生词的含义，从而促使交际顺利进行，或顺利理解语音材料。因此，训练听力技巧的各种听力活动也是听力教学的必要内容。

3. 听力理解

英语听力知识的学习与听力技能的教授是为英语听力理解服务的。语言由于使用目的、交际者等因素的作用会带有不同的语用含义，因此对话语的正确理解成为英语听力教学中的重点和难点。教师在听力理解的教学过程中，应该使学生懂得如何从对字面意义的理解上升到对隐含意义的把握，继而提高英语综合语用能力。具体来说，英语听力理解主要包含以下几个阶段。

（1）辨认。辨认主要包括语音辨认、信息辨认、符号辨认、意图辨认等方面。尽管辨认处于第一个阶段，属于第一层次，却是后面几个阶段开展的重要基础。一旦学生无法辨认听到的内容，那么理解也就无从谈起了。辨认有不同的等级，最初级的辨认是语音辨认，最高级的辨认则是说话者意图的辨认。教师可以通过正误辨认、匹配、勾画等具体方式训练和检验学生的辨别能力，如根据听到的内容给听力材料的句子排序。

（2）分析。分析要求学生能将听到的内容转化到图、表中去。这个阶段要求学生可以在语流中辨别出短语或句型，以此对日常生活中的谈话内容有大致的理解。

（3）重组。重组要求学生用自己的语言将听到的内容以口头或书面的方式表达出来。

（4）评价与应用。这是听力理解的最后两个阶段，要求学生在前面三个阶段的基础上，能够运用自己的语言对所获得的信息进行评价和应用。在实际教学中，可以通过讨论、辩论、解决问题等活动进行。

以上几个阶段是一个循序渐进的过程。任何级别的听力学习都必须经历由辨认到分析再到评价与应用的一系列过程，然后才能逐步得到提高。

4. 逻辑推理

除听力知识、听力技能和听力理解以外，语法和逻辑推理知识也是正确判断与理解语言材料的必要条件。因此，现代英语听力教学必须重视对学生语法知识的巩固和逻辑推理的训练。例如，以下四句话都是关于Marshall的，学生可以利用自己的语法知识和一定的逻辑推理能力对Marshall的职业进行推断。

（1）Marshall was in the bus on his way to school.

（2）He was worried about controlling the math class.

（3）The teacher should not have asked him to do it.

（4）It was not a proper part of the janitor’s job.

听到第（1）句时，学生可能认为Marshall是个学生。而从第（2）句判断，Marshall应该是教师。但是第（3）句又推翻了这一判断。直到看到第（4）句，学生才知道Marshall原来是学校的勤杂工。在推断Marshall的职业的这个过程中，没有一定的语法基础和逻辑推理能力是无法顺利得出正确结论的。

语感在语言教学过程中发挥着重要的作用，同时也是影响听力效果的关键因素。在英语听力教学过程中，教师应该有意识地培养学生的语感，提高其英语思维能力。

二、英语听力教学现状

随着科技的进步和全球化的日益发展，非英语国家的英语学习者的听力技能在交流中发挥着越来越重要的作用。因为在听、说、读、写四个语言交流技能中，听是使用最频繁的，而且对于语言学习来说，听是交流的基础，它向学习者提供语言输入。因此，听力教学越来越受到人们的关注。然而，我国当前的英语听力教学存在着一些问题，影响着英语学习者听力技能的提高。

（一）学生英语听力的学习现状

从学生的角度来讲，学生英语听力水平难以提高一直是我国英语听力教学面临的重要问题。究其原因，主要有以下几点。

1. 英语听力基础薄弱

学生英语听力基础薄弱体现在多个方面。

（1）英语基础功底差。很多学生即使到了大学阶段，所掌握的词汇量、语法仍然十分有限，对语音的识别能力还很欠缺。这些都直接成为听力技能提升的重大障碍。

（2）不良的听力习惯。我国的英语教学具有很强的应试性，这种环境不利于学生养成良好的听力习惯。另外，学生在课外也很少练习听力，从而导致他们的听力技能欠佳。

（3）畏惧听力学习。学习听力是一种综合的语言能力。听力技能的培养涉及理解、概括、逻辑思维、语言交际等能力的培养。但在实际英语听力教学中，很多学生因为跟不上语音材料的语速，且思维缓慢，而不能使听到的语音转化成实际的意义，因而听力效果不佳。也正因如此，学生对听力学习总是心存畏惧。

2. 缺乏对英语国家文化知识的了解

学生缺乏对英语国家文化知识的了解是听力水平难以提高的重要原因。听力材料中不可避免地会包含一定的文化信息，而学生对英语国家的历史文化、自然地理、风土人情、思维方式、行为习惯等不了解，也就不了解英语国家说话者的价值观念和思维方式，这些都会成为他们在听的过程中的阻碍，严重影响他们对听力材料的理解，甚至会使他们对听力材料产生错误的理解。

3. 对英语听力不够重视

受传统教学模式的误导，有些学校的英语教学不重视学生英语听、说能力的训练，加上教学条件有限，学生对英语听力的学习缺乏有利的环境，致使母语思维一直处于主导地位。而英语和汉语在语音与表达方式上的差别很大，对母语的过度依赖严重影响了学生英语听力的发展。到了大学，学生过低的英语听力水平与过高的课程要求之间的矛盾使学生跟不上教学，英语听力课堂的教学效果也很差。虽然大学校园中有英语广播等节目，但这些资源非常有限，无法被学生普遍、有效地利用，大学生英语听力的学习仍然缺乏必要的语言环境。而在英语听力课堂上，由于学生的听力水平较低，教师不得不大量使用中文进行授课，如此更加强化了消极的思维定式。

4. 受英语四、六级考试的影响

在大学英语听力教学中，学生的心理障碍是影响其听力水平的内部因素。各院校对大学英语四、六级考试的过分重视也使学生对英语听力产生了误解。虽然大学英语四、六级考试听力的比重逐年增加，但是一些学生认为自己听力基础水平差，提高起来费时又费力，不如将时间和精力放在比重更大的阅读理解上，希望单纯依靠阅读理解就能得到合格的分数。

（二）英语教师的听力教学现状

1. 教学模式机械

当前我国英语听力教学多采用“听录音—对答案—教师讲解”的教学模式。这种模式下的听力教学不仅缺乏对学生的有效监督，而且忽视了学生对于语篇的整体理解，只是毫无目标地、机械地播放录音，一遍不行再放第二遍、第三遍。教师盲目地教，学生盲目地听，无法产生丝毫听的兴趣，教学效果自然不佳。

2. 缺乏适度引导

在应试教育理念的影响下，英语听力教学也多是围绕考试这个指挥棒而转的。教师大多将教学重点放在如何应付考试上，以考试的方式训练学生的听力，而不对学生做任何引导就直接播放录音。这就很容易使对生词、相关的知识背景等尚不熟悉的学生在听的过程中遇到种种障碍，不仅降低了学生听的质量，而且会使学生产生挫败感，从而对听力学习失去信心和兴趣。

与之相反的是，有的教师总是在播放录音之前对学生进行过多的引导，不仅介绍了生词、句型，还将材料的因果关系等一并介绍给了学生。这样一来，学生即使不仔细听，也可以选出正确答案，这就很难激起学生听的兴趣，听力教学也同样失去了意义。

由此可见，如何对学生进行适度的引导是关系听力教学质量的一个重要问题，太多或太少都会影响教学效果，教师应根据实际情况进行把握。

（三）英语听力教学环境现状

1. 课程设置欠佳

我国《大学英语课程教学要求》（以下简称《课程要求》）指出，各高等院校可以根据自身实际情况，按照《课程要求》和本校的大学英语教学目标设计出各自的大学英语课程体系，将各类课程有机结合，确保不同层次的学生在英语应用能力方面得到充分的训练和提高，并明确规定大学英语课程的设计要充分考虑对学生听说能力的培养，并给予足够的学时和学分。

然而，在实际的英语教学中，听力教学并未得到应有的重视，很多院校在英语听力课程的设置方面游走于《课程要求》的边缘，一直压缩听力课程的学分。这主要是因为很多院校只注重专业课而忽视了英语课，在英语课程中也只重视英语精读课而完全没看到英语听力的社会性。此外，还有一些院校在课程改革中将听力课与口语课相结合改为听说课，这其实是在稀释听力课本就不多的课时与学分。在这样的情况下，学生的英语听力很难得到提高。

2. 教学评估单一

教学评估对于实现教学目标至关重要，是大学英语教学的重要环节。教学评估既是教师保证教学质量、改进教学管理、获取反馈信息的重要依据，同时也是学生改进学习方法、调整学习策略、提高学习效率的有效手段。在我国的大学英语教学中，教学评估一直左右着英语听力教学模式和教学方法的实施。各院校和各级教育行政部门也将大学英语课程教学评估视为本科教学工作评估的重要内容。

但是由于受应试教育思想的深刻影响，教学评估依然以学生的成绩作为唯一的考核标准，很多院校更是以大学英语四、六级考试成绩来衡量学生的学习情况和教师的教学情况。这些都给大学英语听力教学带来了很大的影响。

3. 教材单调，缺乏真实性

目前，我国大学英语听力教材存在的问题主要有两个方面。

（1）听力教材过于单调。我国现在的大学英语听力教材仍然是教材外加音频的模式。大学英语听力教学缺乏规范的、与课文录音配套的音像辅助资料，缺少必要的视听设备和科学理论的指导。很多教师只将课文的音频拷贝给学生让学生课后自己练习，但由于缺乏教师的监督和指导，学生往往毫无策略或缺乏自觉性，而教师也无法从学生那里得到任何反馈信息，音频并没有得到很好的利用。另外，这种单调的听力教材使听力课堂气氛沉闷，很容易使学生产生厌倦心理，严重影响了听力教学的课堂教学效果和学生的学习积极性。

（2）听力材料缺乏真实性。我国大学英语听力教学中使用的听力材料大多是由专家整理、改编，再由发音纯正的外国人士录制而成的。这种听力材料常被称为“非真实材料”或“人工材料”。非真实材料的语言节奏和发音语调都不太自然，说话没有自然的停顿和开始，也没有快慢的变化，话的内容好像不是说出来的，更像是读出来的，毫无真实语言的特点。学生使用这样的听力材料进行听力训练很难培养在真实语境中交际的能力，听力水平也很难得到提高。

三、英语听力教学策略

（一）英语听力训练的技巧

1. 利用视觉信息训练听力

在英语听力教学中，教师可利用文字、图片等工具为学生提供一定的视觉信息。尽管听力理解的主要信息是听觉信息，但与听力相关的文字、图表等视觉信息也会给学生的听力理解带来十分有利的帮助。例如，在英语新闻播报过程中，电视屏幕下方显示的新闻关键词对听懂新闻有很大的帮助；同样，与听力内容有关的画面也有助于我们对听力材料的理解。所以，在英语听力教学过程中，教师要积极利用各种方式为学生提供视觉信息，从而帮助学生理解听力内容，提高听力水平。例如：

Max：What kind of fine art do you like?

Laura：Well, I like different kinds.

Max：Any in particular?

Laura：Er, I especially like Chinese folk art.

Max：Wow, that's marvelous!

Laura：I am crazy about Chinese paper-cuts. It is one of the folk arts and traditional decorative arts which China has popularized the most.

Max：What are the subjects of paper-cuts?

Laura：In the past, cutouts came in a wide variety of subjects such as flowers, dragons, gods and fierce animals.

Max：Do they have special meaning?

Laura：All are symbols of good fortune.

Max：It is said that paper-cuts are usually on red paper.

Laura：Yeah. The subject also depended greatly on the occasion: the shapes of gods for New Years, pine trees and cranes for birthdays (symbols of long life), and folklore of the moon for harvest festivals.

Max：Really? That sounds great!

在听上述材料之前，教师若提供一些剪纸图片给学生，学生就可能猜到听力材料是有关中国传统艺术——剪纸的内容，也就能够唤起大脑中有关该传统艺术的背景知识、常用词汇等来辅助听力理解。

2. 利用听觉信息训练听力

听觉信息主要是指语气和语调。我们知道，同一句话说出的语气、语调不同，语义也可能发生改变。有时，学生可能对听到的内容不太确定，或理解不深，但通过听力材料的语气、语调就能够确定说话人的意图，如喜悦、愤怒、夸张、幽默等。因此，教师可为学生提供一些带有语气、语调的听力材料，帮助学生将听到的内容和语气、语调结合起来，形成一个个图式，内化到自己的知识体系中，从而有助于日后再遇到这类材料时的听力理解。例如，教师可以为学生朗读《震惊世界的审判》中的一段话，并将其中的语气表达出来。

Today it is the teachers, and tomorrow the magazines, the books, the newspapers. After a while, it is the setting of man against man and creed against creed until we are marching backwards to the glorious age of the sixteenth century when bigots lighted faggots to burn the man who dared to bring any intelligence and enlightenment and culture to the human mind.

这段话的最后包含了一个颇具讽刺意味的反语，通过这个反语的语气，学生就能感受到这篇材料的真实观点以及愤怒的情绪。

3. 利用已有知识训练听力

已有知识不仅包括学生已掌握的语言知识，还包括他们所掌握的常识以及英语国家的文化背景知识，如英语国家的历史、地理、风俗等。一般的生活常识和科普知识与一定的背景知识一样，对学生的听力理解起着重要的作用：一般的生活常识和科普知识可以扩大学生的知识面，拓宽学生的听力范围，一定的背景知识可以使学生克服听力理解中的许多困难。事实上，缺乏足够的背景知识往往会造成不小的听力障碍。因此，在选择听力材料时，教师可适当选取一些文本本身就带有背景介绍的听力材料，为学生的听力训练减轻困难，同时帮助学生积累这类知识。例如：

When you take a walk in any of the cities in the West, you often see a lot of people walking dogs. It is still true, but the reasons why people keep a dog have changed. In the old days, people used to train dogs to protect themselves against attacks by other beasts, and later they came to realize that a dog was an example.

When people use dogs for hunting, the dogs will not eat what was caught without permission. But now people in the city need not protect themselves against attacks of animals. Why do they keep dogs then? Some people keep dogs to protect themselves from robbery, but the most important reason is for companionship. For a child, a dog is his best friend when he has no friends to play with. For young couples, a dog is their child when they have no children. For old couples, a dog is also their child when their own children have grown up. So the main reason why people keep dogs has changed from protection to friendship.

根据上述材料，教师可以提出下面这个问题。

What is the most important reason for people in the city to keep dogs now? (   )

A. For companionship. B. For amusement.

C. For protection against robbery. D. For hunting.

学生在做这道选择题时可能会在A和D之间徘徊不定。这时，根据文中的转折句“... but the most important reason is for companionship”就可以判断，正确答案应该是A而不是D。

（二）英语听力训练的途径

英语听力教学效果迟迟得不到提升的一个重要原因就是听力材料的实用性不强，学生对听力材料不感兴趣。对此，教师可采用实用听力法，多给学生听一些与实际生活相关的材料，如通知、电影、新闻等。

1. 听通知

出门在外，我们经常会在车站、机场等地方听到上车、登机、晚点等通知。听懂这些通知对学生日后的外出或旅行十分重要，这类材料也往往能够引起学生的足够重视。因此，教师可以多给学生播放一些通知，教会学生掌握通知中所有的重要细节，帮助学生养成听的习惯。例如：

This is the final call for Air France to Paris, flight number AF814. Any remaining passengers must go immediately to Gate 4 where the flight is now closing. Air France flight number AF814 is closing now at Gate 4。

通过这则通知，学生应该掌握以下信息：Air France to Paris，flight number AF814，Gate 4，the flight is now closing。

2. 看电影

看电影是学生喜爱的一种娱乐方式。很多经典英语电影是中国学生追捧的对象。对此，教师可将电影应用于听力教学中，选取一些经典的英文无字幕电影，让学生一边看电影一边听电影中的对白。例如：

Jack：Listen, Rose...you're going to get out of here. You're going to go on, and you're going to make lots of babies, and you are going to watch them grow.You're going to die an old...an old lady warm in her bed. Not here. Not this night. Not like this. Do you understand me?

Rose：I can't feel my body.

Jack：Winning that ticket, Rose, was the best thing that ever happened to me. It brought me to you...and I'm thankful for that, Rose. I'm thankful. You must...You must...You must do me this honor...You must promise me that you'll survive that you won't give up no matter what happens, no matter how hopeless. Promise me now, Rose and never let go of that promise.

Rose：I promise.

Jack：Never let go.

Rose：I will never let go, Jack. I'll never let go.

该例是《泰坦尼克号》中的一段经典对白，颇受学生欢迎。为学生播放这段英文对白有助于提高学生听的兴趣和听力理解的效果。

3. 听新闻

新闻题材多种多样，可能包括大量专业术语，需要丰富的背景知识。因此，听新闻比听通知、电影更难一些，但听新闻却有助于学生的英语听力水平上升到一个新的高度。所以，教师应经常为学生播放一些英语新闻，以培养学生听新闻的习惯和爱好。

教师可要求学生在听新闻的过程中，理解整个语篇的大概意思即可，而不必掌握所有细节。这就要求学生能够抓住文本中的关键词。

四、多元文化背景下的英语听力教学

（一）文化差异给英语听力带来的影响

1. 历史因素对于英语听力的影响

听力题目中有这样一句话："The die is cast, we've got no choice but win the game."有的学生虽然大概知道是已没有选择，必须取得胜利，但是对前一句的意思并不理解。这个短语源于公元前49年，罗马执政官庞贝和元老院共谋进攻恺撒时发生的故事。当时恺撒的领地和意大利本部交界处有条河（Rubicon）。恺撒不顾反对意见，悍然率军渡河与庞贝一决高下。在渡河前他说："The die is cast."过河后，他还烧毁了渡船（burn the boats），逼得士兵毫无退路，只好勇往直前，打败了敌人。

就是这样一段历史故事，在英语中留下了几个常见的习语："cross the Rubicon"（渡过鲁比肯河），喻义决定冒重大危险，采取断然行动；"burn one's boats"（烧掉自己的船），表示破釜沉舟的决心；"The die is cast"（骰子已经掷下，木已成舟），预示着事情已成定局，再也不能改变。这几个短语如果仅从字面意思理解就肯定会不知所云，但如果结合历史背景，则不仅容易理解而且记忆起来很方便。

2. 自然环境特征对英语听力的影响

英文中包含很多与海洋相关的习语，例如，"all at sea"（不知所措），"a drop in the ocean"（沧海一粟），"plain sailing"（一帆风顺），"between the devil and deep sea"（进退两难），"While it is fine weather, mend your sail"（未雨绸缪）。这是因为不同的自然环境会对当地的文化造成不同的影响，语言恰恰包含了这种独特的文化基因。英国作为一个岛国，为了生存，人们经常与恶劣的海洋气候进行抗争。在征服自然的过程中，自然形成了许多与海洋有关的习语。

此外，英国强大的航海业和捕鱼业使得大量与fish有关的习语相继产生。例如，"big fish"（大亨），"dull fish"（枯燥无味的人），"make fish of one and flesh of another"（比喻厚此薄彼，偏爱一方）。从这些角度来看，很多短语的理解就变得容易多了。在讲解这些知识的同时，学生不仅对语言加深了印象，而且对这个国家的了解也会更进一步。

3. 生活常识对英语听力的影响

在经典电影《阿甘正传》中，主人公Forest Gump 曾这样形容他和Jenny的关系："We are like beans and carrots."很多不理解西方饮食文化的人看到这句话会觉得难以理解，为什么两个人会像青豆和胡萝卜。这是因为在西餐中，青豆和胡萝卜总是作为辅菜放在一起，这个表达方式用来形容两人形影不离。

（二）多元文化对英语听力教学的启示

1. 加强文化背景知识的传授

在英语听力教学中，教师在传授语言知识的同时，应注重文化背景知识的传授。文化背景知识的传授应该密切结合实践课，其目的是使学生更加深刻地理解英语，更准确恰当地使用英语。因此，在英语教学流程中，应该根据学生的英语水平和教学内容需要，有计划、有针对性地导入文化背景知识，在提高学生语言能力的同时，丰富学生英语国家文化知识。

（1）培养学生的文化意识，增强学生学习兴趣。在课堂教学中，教师不但要传授英语语言知识，还要帮助学生树立正确的思想观念，有意识地培养学生的文化意识。学生必须认识到，背景知识的学习有助于听力水平的提高，因为语言是融合在相关背景知识中的，这些知识有助于预测讲话人会说些什么，并在听的过程中去核对、证实。相关的背景知识既可以增进学生对讲话发生的地点、时间和周围环境的了解，也可以帮助学生熟悉讲话人的年龄、性别以及对一些事物的观点、看法。成功的听力理解取决于语言知识和背景知识的相互作用，这两者缺一不可。除此之外，学生也应该认识到文化背景知识的学习有助于自身文化素质的提高。英语学习的目的不仅是掌握英语语言能力，也是进一步了解西方文化，拓宽知识面。

（2）改变教师的教学观念，提高教师自身素质。要向学生传授文化背景知识，那么教师本身应有强烈的文化意识，重视学习、积累和传授文化背景知识，在平时的课堂中注意将语言与文化相融合，逐步在课堂中向学生介绍英语国家的风土人情，渗透西方文化的背景知识。

在树立正确的教学观念的同时，教师应广泛地阅读与文化背景知识有关的书籍和材料，掌握和了解丰富的文化背景知识，深刻了解中西方文化在不同层次、各个方面的异同。教师只有提高自身的素质和文化修养，才能在课堂上更好地讲解语言知识，在有关文化背景知识的传授中正确引导和教育学生。

（3）精心选择实践性的教材。语言教学与文化背景知识传授相结合，必须有相应的配套教材。选择英语听力教材时，应选择那些包含英语国家文化背景知识介绍的相关材料，既重视东西方文化差异的介绍，又重视词汇文化意义的介绍。在实践中应选用一些真实材料，如可以选用一些国外原版英语教材。某些原版英语教材包含了许多英语国家文化、风俗习惯的内容，可以作为练习听力的好材料。此外，一些西方的电视电影节目具有时效性、实践性和趣味性，是介绍西方文化知识的有效而直观的材料。在听力教学中，可以选取适合的西方电视电影节目的片段作为课堂上的理解材料，同时也可以推荐给学生在课外进行泛听。

（4）采用丰富多彩的教学方式。文化背景知识的传授不应只限于英语课堂上，根据实际情况，教师可要求学生在预习时对相关的文化背景知识进行搜索和学习，并在课后做进一步的了解。在课堂上，应充分利用视频、网络等多媒体资源；教学方式除了传统的“老师讲，学生听”外，还可以采用合作学习的组织方式，让学生分组去收集某一方面的文化背景知识并在课堂上做介绍，教师做相应的指导，让学生参与教学，增强学习的兴趣。

在课外，教师应鼓励学生进行广泛的阅读和大量的听力训练，可以向学生推荐富含西方文化内容的书单或视听节目。如有可能，可以举办文化专题讲座，介绍西方节日、跨文化交际原则等。

2. 加强对学生文化意识的培养

在英语听力教学中加强对学生文化意识的培养是很重要的。听力材料的理解不仅依赖于好的英语知识水平，还受到文化因素的影响。很多学生能够听懂英语句子中的单词却不能很好地理解整个句子的含义，其中的一个重要原因就是对材料中所反映的文化不了解。因此培养学生的文化意识很有必要。

在听力教学活动中，教师可以有意识地多选择一些能反映各国文化、风俗习惯的材料，在听力教学中渗透对学生的跨文化意识的培养。课堂上的时间是有限的，教师可以引导学生自己主动探究不同文化之间的差异。在听力教学中，教师可以向学生推荐一些体现不同文化特点的电影。这样的电影既可以帮助学生提高英语听力水平，又可以让学生了解文化差异。英语听力教师还可以在听力课上组织学生听一些反映各国不同文化背景的材料，并将学生分为两组，让学生自己找出所涉及的文化差异的具体体现，并写下来，最后看哪一组写得多。

第二节　多元文化背景下的英语口语教学研究

一、英语口语教学的目标和内容

下面主要以大学英语教学为例，介绍英语口语教学的目标和内容。

（一）大学英语口语教学的目标

大学阶段英语口语的三级教学目标如下。

1. 基础目标

能就日常话题用英语进行简短但多话轮的交谈；能对一般性事件和物体进行简单的叙述或描述；经准备后能就所熟悉的话题做简短发言；能就学习或与未来工作相关的主题进行简单的讨论。语言表达结构比较清楚，语音、语调、语法等基本符合交际规范，能运用基本的会话技巧。

2. 提高目标

能用英语就一般性话题进行比较流利的会话；能较好地表达个人意见、情感、观点等；能陈述事实、理由和描述事件或物品等；能就熟悉的观点、概念、理论等进行阐述、解释、比较、总结等。语言组织结构清晰，语音、语调基本正确，能较好地运用口头表达与交流技巧。

3. 发展目标

能用英语较为流利、准确地就通用领域或专业领域里一些常见话题进行对话或讨论；能用简练的语言概括篇幅较长、有一定语言难度的文本或讲话；能在国际会议和专业交流中宣读论文并参加讨论；能参与商务谈判、产品宣传等活动；能恰当地运用口语表达和交流技巧。

（二）大学英语口语教学的内容

大学英语口语教学的内容主要包括语音训练、词汇、语法、会话技巧、文化知识等。

1. 语音训练

语音是学习英语口语的基础。语音训练的目标就是掌握正确的语音和语调，包括重读、弱读、连读、音节、意群、停顿等。错误的发音或不同的语调会造成对方理解困难，甚至会使对方产生误解。例如：

A：This movie is meaningless.

B_1：It is.（非常肯定）

B_2：It is.（可以是漫不经心的附和，也可以表示不耐烦）

B_3：It is?（稍带反问口吻，意思是“你怎么会这样认为？”）

根据上述例子可知，语调不同，句子表达的意义也不同。

2. 词汇

词汇是英语学习的基础，无论是英语听力、阅读、口语还是写作都离不开词汇。没有足够的词汇量就没有足够的输出语料，从而就不能进行信息的交流和沟通。词汇是信息的载体，如果没有足够的词汇量，就不能在头脑中形成既定的预制词块，这必然影响英语的输出效率。有效的词汇输入是词汇输出的条件，口语交际功能的实现离不开充足的词汇量作为支撑。在口语教学中应该加强学生词汇量的积累。

3. 语法

语法是单词构成句子的基本法则，要想实现沟通的目的必须构建出符合语法规则的句子。只有句子符合语法规则才可以被听者理解。

词汇是句子含义的载体，语法是句子结构的基础，二者必须有机结合才能实现口语表达的实用性和高效性。

4. 会话技巧

口语教学的最终目的就是用于交际，学习并运用一些会话技巧可以使交际顺利进行。下面就来介绍几种常用的会话技巧。

（1）表达观点。例如：

It seems to me that...

I'd like to point out that...

To be quite frank/perfectly honest, ...

（2）获取信息。例如：

Could you tell me...?

I'd like to know...

Got any idea why...?

I wonder whether you could tell me...

（3）承接话题。例如：

To talk to..., I think...

On the subject of/Talking of...

That reminds me of...

（4）转换话题。例如：

Could we move on to the next item?

I think we ought to move on to the problem of...

Just to change the subject for a moment...

（5）征求意见。例如：

What is your opinion/view?

How do you see...?

Have you got any comments on...?

（6）拒绝答复。例如：

It is difficult to say.

It all depends.

I'd rather not say anything about that.

5. 文化知识

在口语交际中，文化知识也十分重要。交际的得体性决定了学生必须掌握一定的文化知识，包括普通的文化规则和不同文化之间的交际规则。这就是说，学生除了要具有扎实的语言基础知识外，还要具备一定的文化知识。

二、英语口语教学现状

英语口语教学的目的是培养学生运用英语口语进行交际的能力，因此，英语口语教学应将教学重点放在英语口语表达能力的培养上，而不是一味地进行知识的传授。口语表达能力的获得主要依靠教师的指导与学生的练习。就目前来讲，英语口语教学在我国已引起广大专家和学者的关注，英语口语教学改革也取得了一定的进展，但是英语口语教学的现状仍不容乐观，英语口语教学依然面临一些问题。

（一）学生的英语口语学习现状

1. 语音不标准，词汇匮乏

受汉语语言环境的影响，语音基础不好的学生有的发音不准，影响了语义的表达；有的带有地方口音，听起来不够地道；有的不能正确使用语调、重音等，直接影响了英语口语语音、语调的标准性。另外，由于缺乏练习，学生往往很难将学到的词汇用在口头表达中，从而造成无话可说或不知如何去说的尴尬。

2. 缺少练习

从学生角度来看，他们已习惯了长期养成的“上课记笔记、下课做练习”的学习模式，在口语学习中处于被动的接受地位。他们往往在没有语境的情况下做大量的练习，没有形成主动参与课堂活动的意识，甚至害怕提问、害怕开口，口头表达能力自然难以提高。

3. 心理压力大，缺乏自信

受应试教育的影响，中学的英语教学多将重点放在了阅读和写作的训练上，而忽视了英语口语的教学。这就使学生即使日后意识到了口语的重要性，也总是心虚、不自信。虽然有些学生的口语能力不像他们想象的那么差，却仍然不愿意开口说英语。即使有一小部分学生愿意做口头交流，也总是带有紧张不安的情绪，担心自己说错被批评、被耻笑。这些负面的情绪和压力对学生口语能力的提高显然十分不利。

（二）英语教师的口语教学现状

1. 教学方法滞后

我国的英语口语教学是作为英语整体教学的一部分而出现的，并未被独立出来，因此英语整体教学中存在的问题也直接体现在口语教学上，其中教学方法滞后就是一个重要的问题。在英语口语教学中，教师也习惯性地采用传统的“讲解—练习—运用”的教学模式。这看似体现了教学的规律，实际上却制约了学生说的积极性。在此教学模式下，学生只能被动地接受教师所讲授的词汇和语法知识，在没有语境的情况下做大量机械的替换、造句等练习，这样根本无法有效地锻炼口语表达能力。

2. 汉语授课

提高英语口语表达能力的一个重要方法就是多听、多说。然而，很多英语教师考虑到学生的英语水平参差不齐，为了使所有学生都能跟得上教学进度，放弃了英语授课，这无疑恶化了英语使用的环境，减少了学生用英语进行交流的机会。另外，为了追赶教学进度，应付大学英语四、六级考试，教师也多用汉语讲授知识点。

3. 教师指导方法欠佳

在英语口语教学中，很多教师在对学生的口语表达进行指导时缺乏科学合理的方法。具体表现在以下几个方面。

（1）很多教师在口语教学中使用逐字逐句纠错的方式，这容易使学生产生依赖心理，打击学生学习的积极性。

（2）很多教师没有对口语话题提供足够的语言支持，如给学生提供一些必要的词汇、重要句型等。

（3）很多教师没有对口语话题进行适当或必要的解释，没有从观念、情感、文化、价值观等方面对话题进行拓展，学生对话题理解不透彻，自然很难进行有意义的互动。

（4）很多教师没能从学生的角度出发去指导口语使用策略，如如何根据说话者的意图、语言功能、语境等对口语内容与方式进行组织。

（三）英语口语教学环境现状

由于受传统英语教学观念的影响，英语口语教学环境有很多亟待改善之处。具体体现在以下几个方面。

1. 课时严重不足

与阅读、听力和写作相比，口语能力的提高往往需要更长时间的练习，这就意味着教师需要把更多的时间与精力放到口语教学上。然而，目前我国大学英语口语教学并不是一项独立的教学内容，分配给口语的教学时间也难以保证。以高校使用的《新编实用英语综合教程》为例，该教材主要包括五项内容：听、说、读、写、译。每个班级若按45人计算，加上学生参差不齐的英语水平，那么即使分配给口语课每周2个课时，每位学生接受的训练也十分有限。因此可以说，课时不足是英语口语教学的硬伤。

2. 缺乏配套教材

就目前的情况来看，我国适用于非英语专业的大学英语口语教材少之又少。我国大部分院校使用的英语教材或者将口语训练当作听力训练的延展附在听力训练之后，或者直接取消口语训练。而那些处于附属地位的口语练习往往内容简短、系统性差，缺少必要的练习指导与参考答案，其实用性很难得到保证。

此外，市面上的口语教材要么过于简单（只涉及简单日常用语），要么难度太大（涉及一些专业领域），与学生所用的英语教材在难度上难以实现对接，因此这些教材在辅助学生练习口语时的效果并不理想。

3. 口语评估制度欠缺

评估可以检验教学的质量，是教学中不可或缺的重要环节。我国最常使用、影响最大的评估方式就是考试。例如，小学、中学都有相应的期中、期末考试，大学有英语四、六级考试。然而，这些考试多是对学生听力、阅读、写作、翻译技能的检测，而无法考查学生口语学习的质量，而且专门用于检验口语水平的测试少之又少。造成这一现状的原因在于，口语考试的实施与操作都有一定的难度，如口语测试材料难易程度的把握、考试形式的信度与效度等问题等。对此，大学英语四、六级考试委员会在全国部分省市实施了大学英语口语考试，并规定了统一的等级评审标准。显然要想切实提高教师和学生对口语的重视程度，提高口语教和学的质量，仅仅增加大学四、六级口语考试是远远不够的，但大学四、六级口语考试制度的出台对完善英语口语评估制度无疑起到了良好的示范作用。在此指引下，我国将来势必推出更多、更科学的口语评估方式。

综上所述，我国大学英语口语教学的现状令人担忧，某些状况已经成为学生提高英语口语表达能力的障碍，也严重阻碍了大学英语口语教学的有效实施。

三、英语口语教学策略

（一）创设语言情境教学

语言学习是为了实际的使用，解决实际生活、工作、学习中的问题，因此英语口语教学也应多提供一些真实语境，让学生在具体的、真实的、生动的语境中使用口语。教师应在学生的口语练习中创设多种语言情境，加强语言与情境的紧密结合，使抽象的语言教学具体化、情境化、形象化，更贴近于日常生活中的自然交谈。实践证明，在课堂中营造真实的语言情境不仅可以激发学生学习口语的兴趣，还可以使学生更快速地掌握口语技能。

创设情境的开展方式有很多，下面介绍其中的两种。

1. 配音

配音活动的开展方式并不是固定的。例如，教师可以先让学生看一段电影或电视片段，再讲解其中的语言要点，讲解完后再播放两遍给学生看，让学生尽量记住里面的对白。然后将电影或电视调至无声，让学生根据记忆为电影配音。除此之外，教师也可以让学生观看一段无声的电影或电视片段，然后让学生发挥想象力为片段配音。这样更有助于激发学生的想象力，调动他们参与的积极性，口语锻炼的效果也会更好。

2. 角色表演

角色表演是一种深受学生喜爱的教学活动，也是情境教学的一种主要手段。操作时，教师可先为学生提供一个具体的情境。例如：

Mary Brown left teaching fifteen years ago in order to devote her time to her family. Now her daughter is old enough to look after herself, and Mary seems to have much more time on her hands, so she is thinking of going back to teaching. She wants to discuss this with her family in order to find out their views and seek their advice.

针对上述情境，教师可划分出以下三个角色，并指定或由学生自行讨论确定各自表演的角色。

Mary Brown：You are interested in your family's attitudes towards your going back to teaching, and you do not want to do anything against their wishes. Decide what to do.

Michael Brown：You are Mary's husband. You think it is a good idea for her to go back to work. Try to convince her to go back and try not to let your father advise her not to.

Mr. Brown Senior：You are Mary's father-in-law. You are not very well, and it is your daughter who has helped you along.You are seriously worried if she goes back to work. Try to find ways to persuade her not to go back to work, without sounding selfish. Try to remind her about the stress of teaching and the importance of her place in the home.

分工完毕后，学生可以自行排练，然后在全班同学面前进行表演。排练和表演期间教师尽量不要干预，如有需要，只做适当指导即可。表演结束后，可先由学生对自己的表演技巧、语言运用等方面发表看法，然后由教师对学生的表演情况进行点评，包括表演中的语言表达失误、语气语调不当等。

这种角色表演有助于增加口语教学的趣味性，降低学生对口语学习的畏惧；有助于将学生从机械、重复、单调的口语练习中解放出来，给学生提供在不同的社会场景里以不同的社会身份来交际的练习机会，因此对口语教学的效果有很大的提升作用。

（二）课堂教学与评价相结合

评价对教学有着指导和促进的作用。通过评价，教师可以及时发现学生学习中的问题，并予以纠正和引导。因此，口语教学不妨将评价和课堂教学融为一体，通过评价来激发学生口语学习的欲望，明晰口语教学的重点，指引口语教学的方向，提高口语教学的效果。

英语口语教学的功能评价方法主要有两种：形成性评价和终结性评价。下面介绍口语的一般评价标准以及这两种评价方法。

1. 口语的一般评价标准

一般而言，英语口语评价应该包括以下四个方面。

（1）语音（pronunciation）。语音的评价标准如下。

0～0.4分：Frequent phonetic errors and foreign stress and intonation patterns that cause the speaker to be unintelligible.

0.5～1.4分：Frequent errors and foreign stress and intonation patterns that cause the speaker to be occasionally unintelligible.

1.5～2.4分：Some consistent phonetic errors and foreign stress and intonation patterns, but the speaker is intelligible.

2.5～3.0分：Occasional pronunciation errors, but the speaker is always intelligible.

（2）总体可理解度（overall comprehensibility）。总体可理解度的评价标准如下。

0～0.4分：Overall comprehensibility too low in even the simplest type of speech.

0.5～1.4分：Generally not comprehensible due to frequent pauses and/or rephrasing, pronunciation errors, limited grasp of vocabulary, and lack of grammatical control.

1.5～2.4分：Generally comprehensible with some errors in pronunciation, grammar, choice of vocabulary items, or with pauses or occasional rephrasing.

2.5～3.0分：Completely comprehensible in normal speech, with occasional grammatical or pronunciation errors in very colloquial phrases.

（3）语法（grammar）。语法的评价标准如下。

0～0.4分：Virtually no grammatical or syntactic control except in simple stock phrases.

0.5～1.4分：Some control of basic grammatical constructions but with major and/or repeated errors that interfere with intelligibility.

1.5～2.4分：Generally good control in all constructions, with grammatical errors that do not interfere with overall intelligibility.

2.5～3.0分：Sporadic minor grammatical errors that could be made inadvertently by native speakers.

（4）流利程度（fluency）。流利程度的评价标准如下。

0～0.4分：Speech is halting and fragmentary or has such a nonnative flow that intelligibility virtually impossible.

0.5～1.4分：Numerous nonnative pauses and/or nonnative flow that interferes with intelligibility.

1.5～2.4分：Some nonnative pauses but with a more nearly native flow so that the pauses do not interfere with intelligibility.

2.5～3.0分：Speech is as smooth and effortless as that of a native speaker.

需要指出的是，以上评价标准并非一成不变，也不一定适用于所有的口语评价，它应随着评价理念、评价内容等的变化而变化。因此，上述评价标准只是一个参考，教师还必须结合实际情况来确定评价的标准。

2. 形成性评价

形成性评价又称为过程性评价，是指在教学过程中为了获得有关学生学习的反馈信息，了解学生对所学知识的掌握程度所进行的系统评价，是针对学生的学习行为与能力发展所进行的过程性评价。形成性评价应用于口语教学中，要求教师将课堂教学的功能目标分解成几个阶段性目标，并根据各个阶段目标的特点设计相应的评价活动，然后再将这些评价活动应用于每节课中，每过一段时间就进行一次评价总结，以此来诊断学生是否达成了学习目标。若达成了学习目标，就应给予学生适当的奖励或鼓励；若没有达成学习目标，则需分析原因，以确定或调整下一步的教学行为、教学活动、教学重点等。

3. 终结性评价

终结性评价是一种结果性评价，是在某个相对完整的教学阶段结束后对整个教学目标的实现程度做出的评估（如期末考试），目的在于检查学生的学习是否达到了教学目标。终结性评价的标准必须根据课堂的口语交际能力目标来设计一些应用性的活动。通过评价的结果，学生和教师都能了解过去一段时间口语教学的成果、问题，并在下一阶段的课堂教学中予以纠正。

（三）导入文化背景

语言是文化的载体，语言的使用无不反映着说话人的文化背景。我国学生由于受根植于内心深处的母语文化的深刻影响，因而在用英语进行口语表达时总会带有汉语思维，很容易导致表达不地道。因此，在英语口语教学中应该将文化和口语教学相结合，利用文化导入的方法来教授英语口语。

1. 文化导入的内容

将文化导入教学之前，教师首先必须明白文化导入的内容是什么。文化对语言的影响和制约主要表现在两个方面：词语意义和话语意义。因此，在英语口语教学中，教师也要从这两个方面来导入英语文化。词语意义的文化导入内容包括词、习语在文化含义上的不等值，字面意义相同的词语在文化上的不同含义，民族文化中特有的事物与概念在词汇语义上的表现。话语意义的文化导入内容包括话题的选择、语码的选择、话语的组织等。

2. 文化导入的方式

文化导入的方式主要有两种。

（1）结合教材导入。教师可以向学生介绍一些与当堂课的教学内容相关的背景知识。例如，在一节关于饮食的口语教学课上，教师可以向学生介绍一些西方的饮食文化，并为学生补充一些相关词汇、常用语句。这种方式是最直接、最自然的导入。

（2）结合多媒体导入。我国学生的英语口语学习有一个极大的不利因素——缺乏大的英语环境。英语环境的缺乏导致学生无法感受英语及英语文化，增加了口语表达的困难。对此，教师可以利用多媒体为学生提供大量的英语文化知识，创设真实的英语情境，使学生身临其境地感受英语及英语文化，增加学生之间的互动交流，从而有效激发学生的学习热情。

四、多元文化背景下的英语口语教学

（一）文化差异对英语口语带来的影响

1. 词汇等交际文化对英语口语的影响

各种语言除一部分核心词汇外，许多词汇都有着特定的文化信息，即“文化内涵词”（culturally loaded words）。这些词会影响学习者对英语的正确使用。比如，“黄色”一词在中文中有淫秽的含义，中国人很容易把“yellow book”理解成“黄色书刊”，殊不知在美国是指黄页电话号码簿，因为美国人是用黄色的纸印刷电话簿的。此外，有些词语的表意也是很丰富的，可谓一词多义。汉语中表达烹饪的词汇有五十多个，英语中却只有十几个，所以不能简单地将英汉词汇进行对等。

2. 习语文化差异对英语口语的影响

不论是在中文里，还是在英文中，都蕴含着丰富的习语文化。它们简短生动，是历史文化积淀的产物，不深入了解其文化背景就根本无法理解其真正含义，最典型的莫过于前文已提及的两种文化对待狗这种动物的态度上了。因此，认识习语中的单词，并不代表理解这个习语的意思，想要在英语口语中正确使用习语，必须掌握和习语有关的文化知识。

3. 句式和语篇思维方式的文化差异对英语口语的影响

英语的句式较紧凑，以介词和连词构成的长句居多；而汉语句式则爱用动词，以短句为主。例如，“It is a truth universally acknowledged that a single man in possession of a good fortune must be in want of a wife.”这句话以汉语来说就是：凡是有钱的单身汉，总想娶个太太，这是一条公认的真理。

从语篇看，英语语篇模式大多为直线型思维，其特点是单刀直入，先提出主张再具体说明。以下面的一段话为例：“①Soccer is a very difficult sport. ②A player must be able to run steadily without rest. ③Sometimes a player must hit the ball with his head. ④Player must be willing to bang into and be banged into others. ⑤They must put up with aching feet and some muscles.”英语国家的人说

话时总是先在开头点题（在此段话中表现为第①句），然后再具体分析（在此段话中表现为第②③④⑤句）。而汉语语篇则体现出“螺旋式思维”，曲折迂回，先说明理由再提出主张。如果用汉语表达上段话的意思，则可以为：足球运动员必须能不停奔跑，有时候得用头顶球，并自愿撞别人或被别人撞，必须忍受双脚和肌肉的疼痛，所以，足球运动是一项难度很大的运动。由此可以看出，中文的表述和英文有很大不同。所以与英语国家的人交流时，应注意这两种思维方式的不同，以便更好地沟通。

（二）多元文化对英语口语教学的启示

1. 口语教学需要培养学习者包容的语言态度

英语作为一种语言，非母语使用者的人数大大超过了母语使用者，据估计，使用英语的人数目前已经接近世界总人口的四分之一，而学习者的人数更是不可胜数。面对这一现实，从事英语教育或学习的人应充分认识到英语学习的目的已不局限于同英国、美国、加拿大等英语国家的人进行交流，还包括运用英语与来自不同背景的人们进行跨文化交流。所以英语教学面临着双重任务：一是调和、认清英语各文化背景间的不同，以保持国际交流的互通性，也就是教授地道的英语；二是照顾到英语的最大使用者群体，即非母语使用者的社会及心理需求，特别是在口语教学中应增加学生对多元文化语境的感性认识，使其熟悉各种英语文化，培养其开放、包容的语言态度，提高其对多元文化英语的容忍度，帮助其提高跨文化交际的意识和能力。

2. 口语教学需要增加自然语言的输入

英语在多元文化方面的表现首先体现在语言的差异上，在口语训练中需要有所革新，适当增加多元文化语境的能见度，在所选的口语教材中应当增加自然语言的分量。如按照日常场景进行的真实谈话，这些话语含有重复、省略、简化、停顿；世界各地的英语也有不同的口音，甚至含有不合语法规则的成分。要使学生掌握英语中各种各样的自然表达方式，不能只固定采用一套教材或一本教材，而应该添加一些辅助材料，特别是真实的录音材料。因为在现实生活中人们的语言千差万别，口语课的教学内容也应该丰富多样。要让学生听到和习惯各种不同的文化下的口语语境，以增加学生学习的灵活性，适应时代的需求。

3. 口语教学需要提升学生参与度

学习口语的目的是要把英语作为交际工具来使用。当今社会多元文化发展迅速，口语课堂也要随时代而进步，所传授的知识必须与时俱进，适应社会的需要。要让学生拥有将英语作为交际工具的动机，并且对英语国家的文化差异有主动学习和了解的欲望，这样学生学习参与的态度才会是积极主动的，学习效果也会是明显的。教师应从主观上对英语的多元文化有丰富的理解，从自己对英语国家的社会文化认同方面来增强学生学习的积极性，调动学生的参与精神。教师更需要考虑到学生将来走出校门能否用到所学的知识，能否真正用所学的知识去交流，所以平常应当给学生讲授一些有实际操作性的知识。

4. 口语教学需要提高师生的文化意识

促使学生对英语国家的文化产生兴趣并培养学生主动学习文化的意识是口语教学的一个重要方面。

教师在教课过程中应该有意识地给学生介绍一些关于不同国家、不同文化之间差异的知识，激发学生的兴趣。例如，教师可以在关于英语口语资料的讲解中给学生提供一些视频资料来直观地体现不同文化在生活中的不同表现。

学习英语就要学习英语国家的文化。在基于文化差异的英语口语教学中，教师需要激发学生的文化意识，只有这样，学生才能习得更加地道的英语。培养学生的英语思维对学生英语水平的提高很有帮助。

第六章　多元文化背景下的英语阅读与英语写作教学研究

第一节　多元文化背景下的英语阅读教学研究

一、英语阅读教学的目标和内容

下面主要以大学英语教学为例，进行英语阅读教学研究的论述。

（一）大学英语阅读教学的目标

大学阶段英语阅读的三级教学目标如下。

1. 基础目标

能基本读懂题材熟悉、语言难度中等的英语报刊文章和其他英语材料；能借助词典阅读英语教材和未来工作、生活中常见的应用文和简单的专业资料，掌握中心大意，理解主要事实和有关细节；能根据阅读目的的不同和阅读材料的难易，适当调整阅读速度和方法；能运用基本的阅读技巧。

2. 提高目标

能基本读懂公开发表的英语报刊上一般性题材的文章；能阅读与所学专业相关的综述性文献，或与未来工作相关的说明书、操作手册等材料，理解中心大意、关键信息、文章的篇章结构和隐含意义等；能较好地运用快速阅读技巧阅读篇幅较长、难度中等的材料；能较好地运用常用的阅读策略。

3. 发展目标

能读懂有一定难度的文章，理解主旨大意及细节；能比较顺利地阅读公开发表的英语报刊上的文章，以及与所学专业相关的英语文献和资料，较好地理解其中的逻辑结构和隐含意义等；能对不同阅读材料的内容进行综合分析，形成自己的理解和认识；能恰当地运用阅读技巧。

（二）大学英语阅读教学的内容

无论哪种教学，教学内容都必须以教学目的为出发点。英语阅读教学的目的在于培养学生的阅读能力，使学生能够通过阅读英语材料获取所需信息。基于这一目的，大学英语阅读教学应包括以下内容：①辨认语言符号，猜测陌生词语的意思和用法；②理解概念及文章的隐含意义；③理解句子言语的交际意义及句子之间的关系，通过衔接词理解文章各部分之间的关系；④辨认语篇指示词语，确定文章语篇的主要观点或主要信息；⑤从支撑细节中理解主题；⑥总结文章的主要信息；⑦培养基本的推理技巧；⑧培养跳读技巧；⑨培养浏览技巧；⑩将信息图表化。

二、英语阅读教学现状

培养学生的阅读能力是大学英语教学的首要任务之一，也是使学生掌握语言知识、打好语言基础、获取信息的重要渠道，但在大学英语教学中一直存在着一些问题。

（一）学生英语阅读的学习现状

1. 母语思维影响

受母语文化与思维方式的影响，英汉两种语言在遣词造句上存在很大不同。例如，英语的句子中只能有一个谓语动词，动词是句子的中心，受形态变化的约束，并借助一些连接词把句子的其他各个语法成分层层搭架，呈现出由中心向外延扩展的“分岔式”结构。而汉语一般通过多个动词的连用或流水句形式，按照时间的先后顺序和事理推移的方式，把一件件事交代清楚，呈现出一线形的“排调式”结构。

再如，汉语习惯于将次要的描述性信息放在句子的前部，而将重要的信息放在句子的后部。与之相反，英语的表达特点是将重要信息放在句子前部，而将次要信息置于句子的后部。学生如果对汉英句式上的这种差别熟练掌握，在阅读中就可以适当分配注意力，提高阅读的速度和效率。

因此，在英语阅读教学中，教师的教不应仅仅局限在语言知识的讲解上，还应注重对学生进行跨文化的语言思维训练。

2. 阅读习惯不良

阅读习惯对阅读学习有着最直接的影响。每个学生都有自己的阅读习惯，良好的阅读习惯能让学生在短时间内获得最多的或需要的信息，而不良的阅读习惯则会抑制阅读的成效。放眼我国学生的阅读现状可以发现，很多学生在阅读时都有着这样那样的坏习惯，如用笔或手指着，一个字一个字地读；读出声来或在心里默读；重复阅读前面读过的内容。

这些坏习惯大大降低了阅读的效率，也严重影响了阅读学习的效果。对此，在教学过程中，教师应及时发现和纠正学生的这些不良习惯，以帮助学生提高阅读和学习的效率。

3. 背景知识欠缺

学生是教学的主体，是影响教学效果的主要因素。因而，学生方面存在的问题很大程度上制约着英语阅读教学的顺利开展。就目前来看，学生背景知识欠缺的问题比较严重。

缺乏必要的背景知识是造成阅读困难的主要原因之一。背景知识是指学生掌握的各种知识，包括语言知识本身、文化背景知识和学生已有的各种生活经历与经验。丰富的英语文化背景知识能促进学生英语阅读能力的提高；反之，背景知识的缺乏则会造成阅读理解的困难。就目前来看，我国学生普遍缺乏对英语文化背景知识的了解，对英语国家的历史、地理、文化等不了解，从而制约了英语阅读教学的顺利开展。例如，对于句子“The eagle always flew on Friday.”的理解。老鹰是美国的国家象征，经常出现在美国的钱币上，由此“eagle”在这里喻指美国钱币。于是我们可以推测这句话是想表达“美国人总是在周五发工资”，而如果将其理解为“老鹰通常在周五飞来”就大错特错了。

所以，学生只有进行广泛阅读，多了解英语国家的背景知识，才能提高阅读速度，保证阅读理解的准确性。

（二）英语教师的英语阅读教学现状

1. 教学机械化，缺乏创新

大学英语教学仍旧采用传统的机械式教学法：课前预习；课中简要概括介绍，解释难点，提出问题；课后记忆。但这种教学方法存在很多的缺陷：①学生没有明确的课前预习的目标；②课中一直是教师介绍，学生并未参与其中；③单纯的理解性练习只能检测学生理解的结果，并不能检测学生的理解能力。

总之，这种缺乏互动式的教学法必然将学生局限在教师的知识圈中，并不能提高学生群体的世界知识储备和理解技能。

2. 应试教育倾向严重

在我国的英语阅读教学中，还存在着应试教育倾向严重的问题。

教师在阅读教学过程中多注重对应试技巧的讲解，而忽视了学生阅读能力的提高。例如，大学英语四、六级考试皆以笔试为主，尽管对英语教学起到了一定的正面反馈作用，但是在语言的表达上也仅仅是做出判断。并且，在进行各类水平的测试时，如果抓住了其中的几个重点词，问题就可能得到解决，这就使学生的阅读水平只能局限于粗略理解上，而不能得到真正意义上的提高。

即使有些教师知道应试教育对学生能力的培养具有一定的阻碍作用，但是迫于教学压力和业绩等因素，着实没有精力进行改变，于是陷入进退两难的境地。教师在英语教学中的作用十分重大，这些问题的解决除了需要教师提高自身的专业水平之外，同样需要相关教学部门的支持与协作。

3. 教学观念落后

英语阅读教学目前在教学观念上仍然存在着比较落后的问题。很多教师只重视知识的传授，一味地讲解生词，进行逐词、逐句、逐段的分析，然后讲解答案，而轻视了对学生阅读理解能力的培养，甚至忽视了学生在学习过程中的主体性。阅读作为一种重要的语言技能，其能力的培养对于学生分析、思考和判断能力的提高十分有利，对于提高学生的人文素养、激发学生的学习兴趣、拓宽学生的视野、提高学生的综合语言运用能力也有着重要的意义。教师应该意识到，阅读是学生的主体性的、个性化的行为，教师不能以自己的分析来代替学生的阅读实践。因此，教师必须努力改变英语阅读教学中旧有的观念，多给学生阅读和锻炼的机会，帮助学生提升阅读水平，从而提高阅读教学质量。

（三）英语阅读教学环境现状

英语阅读教学是英语教学中一个重要的组成部分，但是目前在教材和课程设计上都存在着许多的问题。首先，阅读教学的目标和计划不够明确，在课时、师资等方面得不到有力的保障，从而影响了阅读教学整体效果的提升。其次，阅读能力的培养是一个循序渐进的过程，在不同的阶段，教材的侧重点不尽相同。例如，小学的教材侧重词汇，中学的教材偏重语法，大学的教材则重视阅读技能的训练。然而在这三个阶段的连贯性方面，阅读教材却没有做到位，缺乏必要的过渡。这些都是英语教师以及相关部门需要注意并改善的问题。

此外，从教材内容上看，入选或入编的主题和篇章的结构性不足，所选社会科学主题、人文科学主题和自然科学主题在量的方面不均衡，主题筛选的广度和深度都有待进一步提高。教材的这种编写方式，缺乏与学生生活的联系性，因此学生对其学习的兴趣不高。

三、英语阅读教学策略

（一）设置阅读前活动

设置阅读前的活动十分必要，因为它可使学生在短时间内了解所要阅读的材料的相关信息，激活有关话题的背景知识，使学生尽快进入文章角色，激发阅读的兴趣，为下一步的阅读打好基础。以下来具体介绍几种设置方法。

1. 清除障碍

在造成学生阅读困难的因素中，词汇无疑是最重要的一个，因此教师有必要在阅读教学的过程中通过对话、故事、图片等形式向学生灌输词汇，帮助学生扫除词汇障碍，从而更好地阅读。教师还可以指导学生进行课前预习，并适当布置一些预习题，这样不仅可以使学生明确预习的目标，做到有的放矢，还可以培养学生的自主学习能力和自主学习习惯，同时能为课堂教学的顺利进行做好心理和知识的准备。除此之外，这种具有针对性的预习还可以增加课堂的容量，加快教学的节奏，使学生在有限的时间里学到更多的知识。

2. 以旧引新

以旧引新是指以旧的（已学的）语法知识来引出新的（将学的）语法知识。在具体的教学过程当中，有时一种语法会出现在几个单元当中，所以教师应依据这一特点，在教授时不断地、重复地提及这一语法，以增强学生的记忆。在学生学习英语的过程中，语法的难度是呈递进趋势的，因此教师在教授给学生新的语法时，可结合旧的语法知识，通过旧的语法知识引出新的语法知识，从而实现知识的再现和滚动。

3. 了解背景知识

学习一门语言不只是学习这门语言的词汇、语法、句子等，还要学习这门语言所承载的文化。因此，在阅读前的活动中，教师有必要向学生介绍一些与文章有关的社会文化背景知识，这样不仅能使学生更好地了解阅读的内容，还能激发学生的阅读兴趣，提高学生学习的主动性。例如，在教授与Easter有关的课文时，教师可以在课前准备一些相关资料，然后展示给学生，并与学生进行相关的讨论，以唤起学生已有的知识和生活经验，激发学生的学习兴趣。

4. 预测情节

有效地预测情节可促使阅读顺利地完成。所以，教师可在课前指导学生根据题目或一些关键词大胆地想象、预测故事的情节，从而激发学生的好奇心，调动学生阅读的积极性。有针对性地预测情节不仅可以巩固学生已有的知识，还可以培养学生的逻辑推理能力，从而有助于学生准确把握文章的主旨。在具体的教学过程中，教师可依据文章的题目（题目通常是文章中心的体现）来引导学生去预测课文的内容，不论预测的内容正确与否，对理解文章的内容都会有帮助。此外，教师还可以指导学生依据关键词来预测文章内容，从而充分发挥学生的想象力，提高学生的阅读能力。

（二）设置阅读中活动

阅读的方法主要包含以下几种。

1. 略读

略读（跳读）实际上是一种以尽可能快的速度粗读全文，获取文章主题大意的阅读方法。所以，略读可以称得上一种选择性阅读。略读不要求逐词逐句地阅读，只需选读每段的首尾句，有时只要指出段落的主题句、抓住阐述主题的主要事实或细节即可。在采用这种方法进行阅读时，学生可以有意识地略过一些词语、句子，甚至段落，对于一些细节或例子则无须关注。

略读是需要技巧的，在这里我们重点介绍以下几种。

（1）注重文章的正标题、小标题、黑体字、斜体字以及画线部分。文章的正标题常常是文章内容的宗旨，利用正标题常能预测文章的主旨大意；小标题是各部分内容的概括和浓缩；黑体字、斜体字和画线部分则提醒学生这一部分有很重要的信息。所以，在阅读过程中有必要对文章的正标题、小标题、黑体字、斜体字以及画线部分加以注意。

（2）重点阅读文章的首尾段以及段落的首尾句。文章是由段落组成的，段落是由句子构成的，这些逻辑关系之间存在一定的章法。往往许多文章的第一段是对全文主要内容的概述，而最后一段是结论。段落的首句也往往是主题句，而尾句常常是结论句。所以，重点阅读文章的首尾段以及段落的首尾句有助于快速抓住文章的中心和重点。

（3）留意关键词语。关键词可以反映在特定的场景下谈论的话题的内容，而且大多同文章的主题有关，利用关键词可以推测文章的主题。

（4）重视关联词语。英语中常见的表示逻辑关系的关联词语可以有效帮助学生预测上下文的关系，预测和判断作者的观点和思路，所以在阅读过程中要对关联词引起足够的重视。

下面通过两个例子来对略读做进一步的解释。

Although we may not realize it, when we talk with others we make ourselves understood not just by words. We send messages to the people around us also by our expressions and body movements. A smile and handshake show welcome. Waving one's hand is to say "Goodbye." Nodding the head means agreement, while shaking it means disagreement.These gestures are accepted both by Chinese and English speakers as having the same meanings.

When one uses a foreign language, it is important to know the meanings of gestures and movements in the foreign country.

Using body language in a correct way will help communicate with people and make the stay in a foreign country easy and comfortable.

不难看出，文章的首段和末段是文章的主旨所在，即人们在交流时除了使用口头语言外，还使用体态语。在与外国人交流时，应注意各国手势的含义。

China could save 10 million tons of grain a year if more attention were paid to the control of crop killer insects, a senior agricultural scientist said. He also warned that plant diseases and migratory locusts, which had been controlled for years, are spreading again.

He said China loses 15 million tons of grain a year as a result of damage done by plant diseases and insects. But if crops were better protected, at least 10 million tons of the lost grain could be saved. He calls for setting up a national consultative office in charge of biological control. Biological control is now used on slightly more than 10 percent of farmland of the country.

1.What make China lose a large number of tons of grain every year? (　　)

A.Crop killer insects.

B. Any kinds of insects.

C.Asian migratory locusts.

D. Plant diseases and insects.

2.What is the scientist's warning? (   )

A. China loses 15 million tons of grain a year.

B.Crops should be better protected.

C.There are more and more plant diseases and insects.

D.Locusts are out of control.

根据上述略读的步骤，我们可以轻松地得出两题的正确答案：D和D。

2. 寻找主题句

理解文章的关键是确定文章的主题思想，而要想确定主题思想，首先要确定主题句。文章的中心思想（也就是作者的基本思路）往往是通过主题句表现出来的。所以，寻找主题句对文章中心思想的确定、文章的理解至关重要。主题句往往是对文章大意的概括，句子结构较为简单。主题句的位置非常灵活，通常有以下几种情况。

（1）主题句在段首。一般作者在写文章时会先引出一个话题，然后针对这一话题展开详细的论述，所以主题句常出现在段首。而且将主题句置于段首开门见山、一目了然，也最容易被读者把握。例如：

In a number of ways, community college is making it easier for older students to attend college. For example, the college now offers courses on Saturdays. Classes on those days appeal to those students who, because of work or family responsibilities, cannot enroll in courses during the week. In addition, many departments in the college have begun to offer credits for life experience, so students with the work needing to travel outside their cities or their countries can complete their degrees more quickly. Finally, the president of this college has announced that the students would attend classes if they had a pleasant and safe place to leave their children.

通过阅读不难发现，以上文章的段首就是文章的主题句，其分述部分由信号词“for example”引出，叙述连贯，条理清晰。

（2）主题句在段尾。主题句位于段尾的情况也十分常见，此时的主题句通常是对上文的总结，或是对上文的描述提出的建议。例如：

We now have, as a result of modern communication, hundreds of words flung at us daily. We are constantly being talked at by teachers, preachers, salesmen, public officials, and motion-picture sound tracks. The cries of advertisers pursue us into our very homes, thanks to the radio, and in some houses the radio is never turned off from morning to night. Daily the newsboy brings us in large cities, from thirty to fifty enormous pages of print, and almost three times that amount on Sunday. We go out and get more words at bookstores and libraries. Words fill our lives.

通读上文不难看出，文章的最后一句“Words fill our lives.”（词语充斥着我们的生活）为这段文章的主题句。

（3）主题句同时位于段首和段尾。主题句同时位于段首和段尾就是文章主旨在段首和段尾同时概括出来，这种情况在文章中最为常见。但此时段尾的主题句并非只是对段首主题句的重复，而是对段首主题句的进一步引申和呼应，而且多数情况下两者在用词和句型结构方面也存在差别。例如：

Good manners are important in all countries, but ways of expressing good manners are different from country to country. Americans eat with knives and forks, Japanese eat with chopsticks. Americans say "Hi" when they meet, Japanese bow. Many American men open doors for women, Japanese men do not. On the surface, it appears that good manners in America are not good manners in Japan, and in a way this is true. But in any country, the manners that are important are those involving one person’s behavior toward another person. In all countries it is good manners to behave considerately toward others and bad manners not to. It is only the way of behaving politely that differs from country to country.

文章的首句“礼貌在所有国家都很重要，但是各国表达礼貌的方式却不相同”直接突出中心，点明了主题。随后，又列举了美国人和日本人在礼节上表达方式的不同，紧接着逻辑连词“but”所引导的句子总结了所述细节，进而引出总结性的句子。我们可以发现，尽管段首和段尾所表达的思想一致，但用词和结构却存在差异。

（4）主题句在段中。主题句位于段落中间的情况也是有的，此时主题句之前的句子多为主题句的铺垫，目的是引出要论述的主题，而主题句之后的段落则是对主题的进一步阐述，以引申主题。例如：

A port is a place where ships stay when they are not sailing. Ships usually load or unload at a port. So a spaceport is a place where "spaceships" stay when they are not flying.It has special buildings where the spaceships are kept. It also has supplies needed for space travel.

段首的“港口是船不航行时停留的地方”并不是段落的主题句，该句目的是引出主题句“So a spaceport is a place where 'spaceships' stay when they are not flying.”（宇航港是宇宙飞船不飞行时停留的地方），其后的内容是对主题的进一步阐述和引申。

（5）主题句暗含于段落之间。在有些文章中，尤其是多段文章中，无论是在段首、段尾还是段中，我们都很难找到明显的主题句，实际上这类文章的主题句融入了段落之中，需要我们捕捉文章细节，自己概括文章大意。例如：

Early in the 18th century, Captain Cook, a very famous world explorer, saw an unusual animal accidentally during his first visit to Australia. The animal had a large mouse–like head and jumped alone on his large legs. To his great surprise, the unusual animal raising its young in a special pocket of flesh, Cook pointed to the animal that was eating grass in the distance and asked his native guide saying, "What's the name of the animal eating over there?" The guide appeared puzzled and finally said. "Kangaroo." Which Cook carefully noted in his notebook. The Europeans who later came to Australia were anxious to see what a kangaroo looked like but their requests were always met with puzzled looks. They soon discovered that the native who had answered Cook's questions really meant,"I don't know what you're pointing at".Funnily enough, the name"kangaroo" stuck and is still in use today.

不难看出，上述描写均为细节描写，没有明显的句子可以作为段落的主题句。但通读全文，结合细节信息，不难概括出文章的中心思想：“Some words have funny and strange origins.”（许多单词有着有趣的和奇特的来源）。

四、多元文化背景下的英语阅读教学

（一）文化差异对阅读带来的影响

文化差异在很大程度上决定了语言的差异，从而影响着学生对阅读材料的理解。

1. 联想意义中的文化差异

由于中西方文化渊源不同，人们对同一事物的理解各不相同。此处沿用前文关于“dragon”（龙）这个词给西方人和中国人引起不同的心理反应的例子。如果对一位英国朋友说“I wish your son to be a dragon.”，这位朋友一定会不高兴。同一篇文章，不同文化背景的人也会读出不同的感受。例如，《新视界大学英语》第三册课文“Here Be Dragons”中的结尾段“Fairy tales do not tell children the dragons exist. Children already know that dragons exist.Fairy tales tell children the dragons can be killed.”，对于不了解西方龙文化的中国学生就很难理解，弄不清楚为什么童话故事要向孩子灌输作为吉祥象征的龙可以被杀死的观点。

2. 句子层面的文化差异

文化障碍不仅存在于丰富的词汇层面上，而且存在于句子层面上，包括典故、习语和谚语。句子蕴含的文化差异给外族人对句子的理解构成障碍。习语是文化的一部分，英语丰富的习语活跃在英语文化圈内，给中国学生的阅读带来了障碍。《新视界大学英语》第一册第六单元里有一篇课文便使用了大量的习语。

例如，句子“She can talk the hind leg off a donkey.”中的“talk”为不及物动词，后面本来不直接加宾语，故乍看较难理解。但知道这是习语的人就很容易理解此句，意思是“她一直不停地说，以至于驴子的后腿都掉下来了”，所以可以将此句意译为“只要她一开口，就滔滔不绝”。

又如，“The world was my oyster...”这个习语大概的意思是“对我来说，生活中充满着无限的机遇”或者“在这个世界里，我可以做任何事情（或许能在牡蛎中找到珍珠）”，因而可以意译为“整个世界就是我的盘中餐”。

再如，句子“She taught me a particular brand on sense ‘pull your socks up’...”中的习语“pull your socks up”的意思是“力图把工作做得更好”或者“好好干活”。

3. 成语典故中的文化背景

语言不仅是文化的重要组成部分，也是文化的载体。每种语言都是一个国家和地区文化发展的产物，都有其悠久的历史背景和丰富的文化内涵。每个国家和地区都有其独特的发展历史、生态环境、民情风俗等，因此每种语言都承载着文化的特定词汇、成语典故等，导致非母语学习者理解时常常会遇到障碍。例如，某单元的主题是人与动物，仅仅就权利意识的增长和运用法律手段来保护动物免受人类虐待这一主题来说，本身就有一定的难度。而且，课文中还涉及了有关动物的成语典故和表达方式。

例如，句子“She let the cat out of the bag when she told every one about Mum’s party.”中的“let the cat out of the bag”便源自一个成语故事。旧时，美国纽约州农民把猪放在袋子里卖，但因为猫不如猪值钱，于是有时不诚实的人会试图把猫装在袋子里当猪卖。买的人如果不打开看就会上当受骗，而有时猫也会从松开的袋子里钻出来露出真相从而毁掉买卖，所以“let the cat out of the bag”是指“无意中泄露真相”的意思。

又如，句子“A little bird told me it’s your birthday today！”中的“A little bird told me”的意思是“我通过一个我不想告诉你的线索得到信息”，这个习语的由来是鸟类很久以来就被认为和送信有关。

再如，句子“My cousin is the black sheep of the family and nobody likes to talk about him.”中的“the black sheep of the family”的意思是家族中最糟糕、最不受尊重、表现最差的成员，即家族中的“败家子”。因为基因突变，哪怕是在一群白羊中偶尔也会生出黑羊来，但这并不是人们所希望的，因为白羊的羊毛可以被染成各种各样的颜色，而黑羊的毛无法被染色，所以这只黑羊会被当成怪物和麻烦。

（二）多元文化对英语阅读教学的启示

1. 因材施教

不同的学生有着不同的个性、学习习惯和语言水平。在当前以学生为主体的教学理念指导下，英语阅读教学必须按照因材施教的方式进行。这就要求教师要选择合适的教学方法满足不同水平、不同目标的学生的特殊需求，使每个学生都能得到阅读技能的提升。具体来说，教师需要注意以下两个方面。

（1）对于阅读能力较差的学生，教师应选择较容易理解的阅读材料

（如短小的故事等），设计相对简单的问题。当学生正确回答问题时，就会产生成功的喜悦感，同时找到学习的自信和乐趣，从而以更大的热情投入阅读学习。

（2）对于阅读能力较强的学生，教师可选择具有挑战性的阅读材料（如世界名著、期刊等），同时布置一些富有挑战性的任务，让学生在扩宽视野、增长见识的同时挑战新的高度，从而达到更高的水平。

2. 多样化

多样化包括两个方面：导入内容的多样化和导入形式的多样化。

（1）导入内容的多样化。导入内容的多样化要求教师做到以下两点。

①所选材料应经常变换体裁，而不应局限于一种体裁。这样才能满足学生的多样化需求，使学生熟悉各种体裁文章的不同行文特点，从而提高阅读理解的准确性。

②所选材料不应局限于某一类主题，而应经常变换题材。这样才能增加学生的不同文化知识，以提高阅读理解水平。

（2）导入形式的多样化。导入形式的多样化要求教师做到以下两点。

①根据实际情况，运用比较、融入、注释、体验等多种方法导入相关文化知识。

②通过图片、视频、音频等材料来对某一个文化现象进行解释和说明，从而让学生从真实的文化环境中了解与掌握语言所承载的文化内涵，体验英语国家的文化。

需要注意的是，作为教学活动的引导者和组织者，教师担当着文化传承的角色。因此，教师除了要在文化导入过程中注意上述几个方面外，更要在课堂内外不断加强自身的文化素养，并能在阅读教学过程中融入相关的文化背景知识和内容，讲授语言深层的文化内涵。

3. 运用多种方法导入文化

（1）差异对比。英汉文化差异巨大，关于这些差异的对比无论是从方法上来说，还是从内容上来讲，都有助于调动和培养学生学习的兴趣。

通过对比英汉两种文化之间的差异，教师要让学生明白不同的语言以及语言背后不同的文化，了解不同的语言有着不同的习惯表达方式。通过这种文化差异的对比，增强学生的文化感悟力。需要注意的是，文化差异的比较不应局限于课本所提供的材料，就课文讲课文，而应该透过语言看文化，通过课本提供的语言材料了解与把握其中所蕴含的民族文化语义，使枯燥无味的词语讲解和篇章结构分析变得生动活泼、有滋有味，这样才能最大限度地激发学生的学习兴趣，使学生既能学到英语语言知识，又能领略英语国家的文化。

（2）教师介绍。教师介绍是学生获得相关英语文化知识的重要途径，因此教师应该充分发挥自己的作用，在英语阅读教学中通过介绍和讲解导入文化知识。在阅读理解课堂教学中，教师可以结合教材，有计划地安排一些专题，介绍英语国家文化背景知识。例如，可以安排英语国家历史文化专题、价值观专题、风格习惯专题等讲座，介绍和讲解英语国家的文化背景知识，从而使学生对英语国家的文化背景知识有一个比较系统的认识。

（3）课外阅读。英语阅读教学不应该仅仅局限于课堂教学。课堂教学的时间毕竟是有限的，教师应该引导学生充分利用课外时间阅读，接触更多的英语文化知识。教师可以向学生推荐一些有关英语国家文化知识的书籍，包括小说、杂志、报纸等，鼓励学生通过广泛阅读不断增加、积累英语国家的文化背景知识。

（4）角色扮演。在阅读教学中，教师可以紧密结合教学内容，根据日常生活中的交往习俗，按照不同的功能，如打招呼、问路、购物等，设计相关的情境，让学生分角色扮演，对所设计的情境进行演绎，从而增强学生的学习兴趣，刺激学生对课堂学习的参与性，并提高学生对文化知识的实际运用能力。

4. 循序渐进

由于学生的语言水平参差不齐，在阅读教学的基础阶段，教师在选择导入内容时不能一上来就选择那些较难理解的文化知识，而应按照循序渐进的方式，由浅入深、由简单到复杂逐步地导入相关的文化知识和内容。此外，教师在导入英语国家的文化背景知识时，应尽量选择那些与学生的生活密切相关的内容，或想办法将要导入的内容与学生的生活联系起来，这样才能更好地激发学生学习英语的兴趣和热情。

5. 关联性

所谓关联性，即要求阅读教学中导入的文化知识应以与材料主题、文章作者、写作背景等相关的文化背景知识为主。因为这些信息往往影响着文章的写作，继而也就影响了学生对语篇的理解。因此，教师在阅读教学中导入文化知识时，一定要对此给予足够的重视，从而帮助学生更准确、深刻地理解所读材料。

需要指出的是，关联性原则虽然要求教师在阅读教学中应包含背景知识讲解，但这必须在不影响材料本身讲授的基础上开展，文化导入应占据适当的比例，不能喧宾夺主，最终将阅读课变成文化课。在此前提下，教师还应进一步保证所导入的文化背景知识的基础性、相关性和必要性。

第二节　多元文化背景下的英语写作教学研究

一、英语写作教学的目标和内容

下面主要以大学英语教学为例，进行英语写作教学研究的论述。

（一）大学英语写作教学的目标

大学阶段英语写作教学的三级目标如下。

1. 基础目标

能用英语描述个人经历、观感、情感和发生的事件等；能写常见的应用文；能就一般性话题或提纲以短文的形式展开简短的讨论、解释、说明等；语言结构基本完整，中心思想明确，用词较为恰当，语意连贯；能运用基本的写作技巧。

2. 提高目标

能用英语就一般性的主题表达个人观点；能撰写所学专业论文的英文摘要和英语小论文；能描述各种图表；能用英语对未来所从事的工作或岗位职能、业务、产品等进行简要的书面介绍；语言表达内容完整，观点明确，条理清楚，语句通顺；能较好地运用常用的书面表达与交流技巧。

3. 发展目标

能以书面英语形式比较自如地表达个人的观点；能就广泛的社会、文化主题写出有一定思想深度的说明文和议论文，就专业话题撰写简短报告或论文，思想表达清楚，内容丰富，文章结构清晰，逻辑性较强；能对从不同来源获得的信息进行归纳，写出大纲、总结或摘要，并重现其中的论述和理由；能以适当的格式和文体撰写商务信函、简讯、备忘录等；能恰当地运用写作技巧。

（二）大学英语写作教学的内容

英语写作其实是把清晰严密的思维以“论点+论据”的形式表现出来，是一种英语综合能力的体现，包含了对语言的逻辑分析、组织、运用的各项能力。具体来说，大学英语写作教学的内容如下。

1. 发现论点

主要知识点：主题句的位置与构成，主题句的写作要求。

能力培养要求：让学生了解什么是主题句，怎么写出合格的主题句。

2. 开头与结尾段落的写作

主要知识点：开头与结尾段落的主要写作手法。

能力培养要求：让学生了解如何写作文的开头与结尾。

3. 写作过程

主要知识点：构思的主要方法，如自由写作、提问、草拟提纲等；修改的步骤。

能力培养要求：让学生明白好的作文开始于好的构思，以及修改作文的必要性与具体步骤。

4. 段落一致性

主要知识点：具体细节与恰当细节的体现。

能力培养要求：使学生学会用具体论据支持论点。

5. 段落的连贯与过渡

主要知识点：组织论据的常用方法，如时间顺序、举例、因果、对比、定义、分类等；过渡词以及其他连接手段（如重复、代词、近义词）的应用。

能力培养要求：让学生了解如何组织、连接论据来支持论点。

6. 遣词造句

主要知识点：学习排比、前后一致、用词简洁而具体、变换句型；修改作文的主谓不一致、悬垂修饰语、修饰语错位、破句、粘连句等错误。

能力培养要求：通过对遣词造句技巧的介绍，让学生学会在写作中正确地选词、用词，并能构建形式、结构多样的英语句子。

二、英语写作教学现状

英语写作能力是英语语言能力的一个重要组成部分，但长期以来，我国学生的英语写作能力一直没有得到有效提高。在全国大学英语四、六级考试中，学生听和读的成绩在近年来都有较明显的进步，但写作成绩则少有改善。下面就形成这种现状的原因分别进行说明。

（一）学生的英语写作学习现状

1. 思想认识方面

我国英语写作教学中还普遍存在教师既不愿意“教”，学生也不愿意“学”的问题。从学生角度看，由于写作涉及语言和内容两个方面，存在语言表达困难、缺少及时反馈等问题。而如果学生得不到及时、有针对性的反馈，便会进一步挫伤其提高英语写作能力的积极性。

2. 重模仿、轻创作

重模仿、轻创作是我国学生英语写作的一大弊病。尽管模仿是写作教学的起始状态，也是写作学习的必经阶段，更对我国学生（尤其是初学英语写作的学生）学习写作起到了促进作用，但模仿并非写作的最终状态。它虽然能够提高学生写作学习的效率，但并不利于学生写作能力的持续提高。因为写作不仅是个体的一种心智行为，更是一种创造的过程。从构思、行文到修改，写作过程始终体现着作者的个性特点与独立思考能力。写作过程中的意义和价值都是由学生创造而来的，一味地模仿必然抑制学生的写作积极性与主动性，进而影响学生写作的动机和兴趣。

（二）英语教师的英语写作教学现状

1. 写作教学系统性不足

（1）教学目标。任何一种技能的学习都不是一蹴而就的，其教学也不可能取得立竿见影的效果。因此，英语写作技能的培养也需要一个循序渐进的系统过程。这种循序渐进首先就要体现在教学目标的系统性上，这是实现英语写作教学目标的基本保证。

英语写作教学目标缺乏系统性是指总体目标（针对学生的生理、心理特征，结合写作教学的自身规律，并在英语课程要求中明确规定的总体任务）与阶段性目标（根据总体目标制定的一系列的阶段性目标）之间互不协调，总目标与子目标之间连贯和衔接的科学性严重缺失。造成这一现状的原因可能是显性目标与隐性目标系统不平衡，也可能是教师对写作教学目标与学生实际写作之间的关系认识模糊。无论是什么原因，这种总体目标与阶段性目标的不协调显然会影响写作教学目标的实现。因此，学校、教师都必须克服这些不利因素，把握好英语写作教学总体目标和阶段性目标的关系。

英语写作教学目标之所以难以实现，一个主要的原因就是教师对英语写作教学目标与学生实际之间关系的认识不清。事实上，目标是教师和学生对学习结果的期待，是一个未实现的状态，因此教学目标与学生的实际之间必然存在一定的差距，适当的差距对学生写作能力的提高是有利的，而过大或过小的差距则不利于学生写作能力的提高。基于这一点，英语写作教学可被视为帮助学生向目标逼近的过程。英语教师和学生可以借助目标与实际之间的距离，设定一些教学或学习步骤，并熟悉实现每步骤目标的条件、困难和可能性。否则，一旦教师对写作教学的目标与学生实际之间的关系和意义认识不清，就会导致行动和反应上的迟缓，直接影响写作教与学的质量。

（2）教学方法。英语写作教学系统性不足还体现在教学方法上。所谓方法，就是一种对活动程序或准则的规定性，是一种能够指导人们按照一定的程式、规则展开行动的活动模式。系统性是英语写作教学方法的内在规定，是有效运用教学方法的重要基础。离开了系统，教学方法也就失去了意义和价值。这是因为，教学方法实际上是整个教学系统的一个子系统。它与教学目标、教学内容以及师生间的互动均联系密切：没有明确的教学目标，写作教学就会迷失方向；而脱离了教学内容，教学方法也就毫无意义；缺少了师生之间的互动性和双边性，教学方法也就没有了价值。因此，不同的教学目标、教学内容、师生关系应该对应不同的写作教学方法与运作方式。在不同的内外条件下，写作教学方法的系统运作会呈现不同的水平和层次。英语写作教学方法的运作必须根据教学系统中的各项组成部分来进行，否则就会造成种种矛盾和冲突，影响写作教学的效率。而对照我国英语写作教学中所使用的教学方法可以看出，这些方法大多是无效的、失败的，因为它们大多不系统、不连贯，缺乏针对性。

（3）写作指导。写作指导思想是否系统对写作教学质量的好坏影响极大。写作技能和写作能力虽然需要通过大量的练习来获得，但多练不等于泛练。如果写作练习缺乏目的性，即使花费很多时间也是无用的。另外，从遣词造句到段落和篇章的生成，从撰写记叙文到撰写议论文，从构思、行文到修改，整个写作是一个由浅入深的系统操作过程。因此，教师对学生的指导也应具有系统性。然而，我国的英语写作教学大多缺乏这样一种系统性。教师教的时候以及学生写的时候都没有一个明确的目标，更没有一个长远的规划，而是跟着教材随机地教与学写作方面的知识和技能，这就大大降低了写作教学的效果。

2. 重形式、轻过程和内容

长期以来，我国英语写作教学一直存在重形式、轻过程和内容的问题。导致这一问题产生的原因如下。

（1）欠缺英语思维。在英语写作教学中，教师往往强调学生要用英语思维来写作，避免使用中式英语。然而要做到这一点很难。毕竟对中国学生来说，英语是一种外语，汉语才是母语。学生的汉语思维已经根深蒂固，要想使英语思维成为习惯是极为不易的。

另外，很多人认为，英语写作中侧重语言形式的作用是必然的。所以，在英语写作教学中，重视文句的规范性与文章结构，忽视文章的内容和思想的现象仍然大量存在。部分教师也将文章结构和语言形式看作写作教学的主要内容。而初学写作的学生更是将学会把握文章结构和形式视为写作学习的终极目标。这些最终都使写作的教与学流于形式，很难触及写作的核心。

（2）受历史传统影响。在早期的英语写作中，为了快速写出一篇符合要求的英语文章，人们常常模仿类似文章的语言形式和结构来写作。久而久之，教师和学生都将形式当成了英语写作的重点，而忽视了写作的过程和内容，写作变成了一种模仿，而非创作。

事实上，内容和过程对于写作来说也是很重要的。一篇好的文章应该具有丰富、深刻的内容，而这些内容仅仅靠对形式的模仿是无法实现的。语言的形式和文章的结构仅是作者表达思想和情感的一种手段。把握文章的结构和形式固然重要，但如果过分强调它们的作用显然并非好事。因为文章的思想和观点是写作与写作教学的根源，而文章结构和语言形式则是写作与写作教学的支流，根源得不到保证，支流显然就失去了存在的基础。因此，英语写作教学必须处理好源与流、本与末、主与次的关系，在注重写作形式教学的同时，还要重视写作内容的教学以及对学生写作能力的培养。

3. 教与学相互颠倒

写作教学并非一种知识性课程，学生的写作技能无法靠教师的讲解来获得。原因如下：①写作是一种实践性活动，涉及写作的技巧和能力，因此写作教学应该以学生的实践和操练为主，以教师的知识传授为辅；②写作教学的目的在于提高学生的写作能力，因此写作应该是一种学生个体的活动，从构思、写作到修改，都应该体现学生的主动参与，教师过多的讲解只会耽误学生的写作时间，进而影响学生写作的积极性和主动性。

然而，我国英语写作教学一直存在教与学相互颠倒的现象。主要体现在以下两个方面：①写作教学中仍存在教师大量讲解理论知识的问题，使学生，尤其是初学写作的学生，很容易觉得写作枯燥、无用，产生厌倦、畏难等情绪，因而丧失写作的兴趣，最终影响英语写作教学目标的实现；②教师常以自己的写作经验为基础来指导学生写作，常对学生使用一些不恰当的话语指令或规则指导学生，剥夺了学生的话语权，限制了学生的独立思考，简化了学生写作过程中的心理体验，遏制了学生写作中的创造性，使他们产生盲从的心理。这显然颠倒了写作教学中的师生地位，而且也很容易使学生在写作过程中的构思、行文和情感体验上出现雷同现象，写作创造能力得不到真正的提高。

4. 批改方法缺乏有效性

作文批改的方式方法也是写作教学中存在的一个显著问题。很多教师在批改作文时，重点仍然放在纠正拼写、词汇以及语法等方面的错误上，而忽略了对学生在写作过程中的思维能力的培养，这使学生过分在意写作时的语言正误，而忽视了对文章结构、逻辑层次的把握。

另外，教师对学生作文的批语也同样重要。有的教师一味指责学生写作中的错误，而缺少鼓励，这会制约学生写作的主动性，导致他们消极应付、望而生畏，对自己写作中出现的错误不能很好地改正。

（三）英语写作教学环境现状

1. 课程设置不合理

除英语专业外，我国部分英语写作教学是被纳入英语整体教学的，而并未被独立出来。这就很容易因为课时有限而无法花费较多的时间来组织学生写作。久而久之，学生也会误以为写作学习是不重要的。如此一来，不仅写作教学本身得不到时间上的保障，学生也会产生轻视写作的思想。

2. 缺乏相关的教材

目前我国的英语教材大多是集语音、词汇、语法、听、说、读、写、译于一体的综合性教材，关于“写”的专门教材相对较少。即使在英语整体教学中，虽然几乎每个单元都会涉及写作的练习，却并未形成一个科学的系统，同时也缺乏一定的指导，学生的英语写作练习也多处于被动地位，这对英语写作学习而言是极为不利的。

3. 教学改革滞后

随着英语教学改革的不断深入，英语教师对英语写作教学也有了一定的新认识。尽管如此，英语写作教学方面的改革仍然相对滞后。学生英语思维能力的多方位、多角度、发散性、创造性、广阔性和深刻性仍然没有得到足够的重视。除此之外，作为英语教学的一部分，写作应和阅读、口语、听力、翻译等方面的教学有机地联系起来。而在实际的英语教学过程中，教师并未真正把英语写作教学与其他方面的教学融合在一起，而是孤立地教授写作，既不利于学生对英语学习的全面认识，也不利于学生对写作学习的深入了解。

三、英语写作教学策略

（一）选题构思方法

文章写作的各个过程都离不开构思，构思是写作的基础。选题构思常用的方法有自由写作式（free writing）、思绪成串式（clustering）、五官启发式（using five senses）等。

1. 自由写作式

自由写作式是指在看到文章题目之后就在大脑中进行思考，并将思绪无限拓展，然后将所想到的观点和信息都记录下来，最后再返回阅读所记录的内容，从中选取认为有用的信息，剩余的则可直接删去。这样的构思方式不受限制，思路可完全打开，而且写作的框架也就自然形成了。例如，要写一篇题为“How should we spend our spare time”的文章，思路可以像下面这样打开。

How should we spend our spare time? Go to a park, go fishing, play basketball, sports, do homework, read books, newspapers, magazines, visit friends, go to movies and play computer games? No, it’s not good. Waste time. We’d better finish the work first. Do some homework...

2. 思绪成串式

思绪成串式是指先将主题写在纸中间的一个圆圈里，然后将所能想到的与主题相关的关键字写下来，圈起来，接着对所写出的关键字进行总结归纳，最后确定写作思路。

3. 五官启发式

五官启发式就是从看到的、听到的、闻到的、尝到的、触摸到的几个方面去思考，搜寻与题目有关的材料和信息，但这些方面也没有必要面面俱到。例如，要写一篇题为“My Best Friend”的文章，就可通过以下方式进行。

视觉： He has a round smiling face. He walks slowly for he enjoys talking while walking. He likes to swing his pen in his hand when he has nothing to do with his hands in class.He often makes faces when he’s happy. He does his homework quickly and often helps others and me with math problems.He likes to play ping-pong with me.

听觉： He whistles a tune when he is alone.He can talk on and on about computer games. Whenever he understands something, he is always saying, "Oh, I know, I know."

嗅觉： I could smell his feet and sweat in summer. This shows he enjoys sports very much in a way.

触觉： When we play ping-pong， I can feel his toughness and strength. And he is quite good at it.

通过五官寻找与主题相关的材料，思路会逐渐打开，最后的写作思路自然也就很容易确定了。

（二）文章开篇方式

通常情况下，一篇文章会由三部分组成，即开头、中间和结尾，但往往一篇文章的开头最引人注意。在英语测试中，如果文章有一个出彩的开头，那么获得高分的概率就很大。因为在有限的阅卷时间内，文章的开头部分首先映入阅卷教师的眼帘。通常，文章开篇的方式有以下几种。

1. 开门见山式

开门见山式就是在文章的一开始就提出观点，突出文章主题，明确陈述见解。这种开篇方式又称“事实陈述法”或“现象陈述法”。例如：

As food is to the body, so is learning to the mind. Our bodies grow and muscles develop with the intake of adequate nutritious food.Likewise, we should keep learning day by day to maintain our keen mental power and expand our intellectual capacity. Constant learning supplies us with inexhaustible fuel for driving us to sharpen our power of reasoning, analysis, and judgment. Learning incessantly is the surest way to keep pace with the times in the information age, and reliable warrant of success in times of uncertainty.

2. 下定义式

下定义式就是在文章的开头给出必要的解释说明，以帮助读者理解。例如，题为“Financial crisis”的作文，可采用以下方式开头。

Financial crisis, also known as financial tsunami, refers to the dramatic deterioration of the financial indicators of a certain country or several countries and regions in the world（下定义）.It can be classified as currency crisis, debt crisis, banking crisis, sub-loan crisis, etc.The feature of the crisis is that people are pessimistic about the economic future because of monetary depreciation occurring throughout the region. The causes for the crisis are complicated with multiple reasons, mainly from three aspects: the U.S. consumption habits of borrowing, the idea of free economic management, and the economic environment and specific policy instruments.

3. 描写导入式

描写导入式就是以描写背景为切入点，进而导入正题。例如：

Nowadays college students are seen waiting on tables, cleaning in stores, advertising in streets, tutoring in families and doing whatever work they can find.（描写导入）It has become fashionable for college students to do some odd jobs in their spare time.（中心思想——打工的普遍性）

4. 以故事引入式

以故事引入式就是以故事作为文章的开头，然后引出下文。这种开篇的方式很容易吸引读者的注意力，激发读者继续阅读的兴趣。例如：

Most of us may have such experiences: when you go to some place far away from the city where you live and think you know nobody there, you are surprised to find that you run into one of your old classmates on the street, perhaps both of you would cry out: "What a small world! "（通过故事，最终引出自己的观点）

5. 问答式

问答式就是用英语的五个“W”和一个“H”开头的问句提问，尽量多问一些问题，尤其是多问一些人们想知道的问题，然后根据这些问题确定写作思路。以问答开篇可以取得与以故事开篇一样的效果，也可以有效吸引读者的注意力，激发读者的阅读兴趣。例如，写一篇题为“The Spring Festival”的文章，就可采取以下方式开始。

What is the Spring Festival?

What is the importance of the Spring Festival? Who celebrate the Spring Festival?

When do people celebrate the Spring Festival? Where do people go for the Spring Festival? What do people do during the Spring Festival? Why do people do those things?

Why do people celebrate the Spring Festival? How long does the Spring Festival last? How do people feel about it?

What are the symbols connected with the Spring Festival? （先提出问题，然后给每个问题一个简短的回答）

The Spring Festival is the Chinese New Year.

The Spring Festival is the biggest Chinese traditional festival.

We Chinese people celebrate it.

We celebrate it either in January or in February according to the Chinese Lunar calendar.

People hurry home for the Spring Festival.

During the Festival, people like to wear new clothes, have a big family dinner, give lucky money to children and visit relatives and friends. In the past people would fire cracks to drive away evils. Now people like to stay at home watch CCTV Spring Festival Special Programme.

People do those things to show love and care to each other, and to wish for a happy new year.

People celebrate it because the Spring Festival is the beginning of a new year.

The Spring Festival lasts 15 days from the Spring Festival Eve to the Lantern Festival.

People feel very happy and enjoy the Spring Festival very much.

The symbols connected with the Spring Festival are the character of fortune, the lucky money, the couplets, etc.

下面内容的写作思路就可以以这些问答为依据不断展开。

6. 数据式

数据式就是在文章的开头引用权威性统计数字，以增强文章的说服力。数据式有先主题后数据、先数据后主题之分。这里以先主题后数据为例。

As is reported that cell phones are becoming increasingly popular within China.（引出主题）In 1999, the number of cell phones in use was only 2 million, but in 2002, the number reached 5 million. And in the year 2005, the number had suddenly soared to 9 million.（引出数据）

（三）段落展开方法

段落展开方法多种多样，在这里主要介绍以下几种段落展开方法，即按时间展开、按空间展开、按定义展开、按过程展开、按分类展开、按因果关系展开。

1. 按时间展开

按时间展开是指文章按照事件发生的时间顺序展开叙述，先发生的事情先写，后发生的事情后写。这种方法多用于记叙文中。例如：

By the time he was fourteen, Einstein had already taught himself advanced mathematics. He already knew what he wanted to be when he grew up. He wanted to study physics and do research. The problem was that Einstein's family did not have enough money to pay for his further education. Finally they managed to send him to a technical school. Later they were able to send him to an important technical college in Switzerland, which he entered in 1896 at the age of seventeen. He studied hard and received his degree at the end of his course. He wanted to study for a doctor's degree, but he did not have enough money. The question was how he could find enough work to support himself. First he worked as a teacher. Later he got a job in a government office.This work provided him with enough money to live on. Also he had enough time to study. He went on studying and finally received his doctor's degree in 1905.

2. 按空间展开

按空间展开就是文章按照一定的空间顺序和方位展开叙述，如从上到下、从左到右等。这种方法常用于描述景物或一个地方。例如：

One of the most interesting places to visit in Singapore is the bird park. It's located in the industrial area of Singapore, called Jurong. The bird park is about twelve kilometers from the center of the city, and it's easy to get by bus or taxi. It's one of the largest bird parks in the world. The birds are kept in large cages, and there are hundreds of beautiful birds from many different parts of the world, including penguins, parrots, eagles, and ostriches. There's a large lake in the park, with a restaurant beside it. There's also a very large cage. You can walk into it to get a closer look at the birds.

3. 按定义展开

按定义展开就是针对某一个含义复杂、意义抽象的词语或概念具体展开阐述。通常情况下，在下定义的同时还可以运用举例子、打比方的方法以使读者对定义有一个更清楚的了解。这种方法常用于说明文中。例如：

Poetry is a branch of literature which explores ideas,emotions, and experiences in a distinctive form and style.（给诗歌下定义）Poetry, sometimes called "verse", depends greatly on the natural rhythms and sounds of language for its special effects. Poetry,even more than prose (all other writings), depends on precise and suggestive wording.In other words, a poem says much in little space. Poetry differs from prose in obvious ways,also. Most often the first word of every line begins with a capital letter,even in the middle of a sentence.Poems sometimes contain theme, and often they have a particular rhythm, like music.

4. 按过程展开

按过程展开就是文章依照事情发展的经过、顺序逐项展开说明。这种方法常用于记叙文，多叙述如何做一件事情。例如：

Many people like to read the latest news in the newspaper. But how is a newspaper produced so quickly?

Every morning the chief editor holds a meeting with the journalists. After that, journalists are sent to interview different people. Usually they have a face-to-face interview with them. Sometimes they do telephone interviews. At the same time, photographers are sent to take photos which will be developed later. Sometimes they use old photos from their library in order to save time and money. After the reporters hand in their stories, the chief editor will choose the most important news for the front page. Other editors read the stories and make some necessary changes. They also write headlines for each story.Finally, when the newspapers are printed, they are delivered to different places as soon as possible.

5. 按分类展开

按分类展开就是将要说明的事物按照其特点进行分类，然后逐一进行说明。这种方法多用于说明文。例如：

WORLD MUSIC

In Africa most music is folk music. It plays an important part in people's lives, especially for work, and at festivals and weddings, when people dance all night long.

Indian music is not written down. There is a basic pattern of notes which the musician follows. But a lot of modern music is also written. India produces more films than any other country in the world. It produces musicals too, that is, films with music, and millions of records are sold every year. In the Caribbean the slaves who were brought from Africa developed their own kind of music.West Indians make musical instruments out of large oil cans. They hit different parts of the drum with hammers to produce different notes. This type of music has become very famous in Britain and is very good music to dance to. Jazz was born in the USA around 1890. It came from work songs sung by black people and had its roots in Africa. Jazz started developing in the 1920s in the southern states. Soon it was played by white musicians, too, and reached other parts of the USA.

6. 按因果关系展开

按因果关系展开主要包含三种形式：第一种是按结果—原因展开，也就是在文章开头先描写结果，然后再分述原因；第二种是先给出原因，然后再叙述结果；第三种是既分析原因又分析结果。这种方法常用于说明文。例如：

I prefer to live in the city for the following reasons. First, I can enjoy colorful life in city. There are always many performances and exhibitions through which I can learn a lot. Second，I can enjoy good services in the city. It is convenient for me to go everywhere, by bike or by bus. Department stores and shops, small or large, can offer me whatever I want. Third, I can have more job chances in the city if I am not satisfied with the present job. It is easier for me to transfer to another.

四、多元文化背景下的英语写作教学

（一）英汉写作中的文化差异

汉语与英语是两种截然不同的语言符号系统，中国学生在学习英语时因受汉语的影响，习惯用汉语思维。无论从词法、句法、篇章结构上还是思维模式上，他们的作文都难免带有汉语的痕迹。

1. 词法方面

每种语言的词汇都可以反映使用这种语言的社会面貌、制度和习俗等。如果不了解该语言所处的特定文化背景，就难以理解词汇的准确意义。另外，英语中有些词类的划分与汉语也有所不同。例如，英语中名词分为可数名词和不可数名词，动词分为及物动词和不及物动词，形容词分为表语形容词和定语形容词。在英语的写作过程中，学生应该特别注意英语词汇的特征。

（1）词汇的虚实。汉语思维是整体、综合的，而英语思维是分析、独特的。这种思维差异表现在语言上就是：汉语往往偏好种概念的词，即泛指，用词概括而模糊；而英语偏好属概念的词，即特指，用词具体而细腻。

（2）词性的差异。汉语对词性的界定相对宽松，词语的词性往往在句子中才会彰显。如果单独呈现，则难以判断词性。而英语大部分词在放入句子之前一般都有较明确的词性。由于受汉语的影响，中国学生对英语词语的词性把握相对缺乏严谨性，在用英语写作时只注意词汇的词义而忽视了其词性，结果导致了许多语言错误。例如：

Many people against the plan.（将介词against误用为动词）

I'm regret to inform you that the sports meeting has been cancelled.（将动词regret误用为形容词）

（3）词语的搭配。由于文化背景不同，英语词语搭配存在一定的差异。比如，汉语中某些词语在不同的语境中会有不同的英语表达方式，而且这些表达是约定俗成的，如果忽略了这种差异就会出现语言错误。

比如，许多学生习惯把“学习知识”说成“learn knowledge”，这显然是错误的，正确的表达应该为“acquire knowledge”。如果按照汉语的习惯来构建英语表达就会导致搭配不当的语言错误。

（4）词义的文化差异。中西文化背景以及思维方式的差异导致英汉两种语言所包含的文化内涵也存在差异。例如，龙（dragon）在中国人眼里是吉祥的象征，而在西方却象征邪恶。若将“望子成龙”译为“to hope one's son will become a dragon”，西方人士会感到奇怪。但译为“to hope one's son bright future”，西方人士可以获得与汉语读者相近的或相同的理解。

2. 句法方面

英语与汉语在句子结构方面最基本的差异是：汉语句子重意合，英语句子重形合；汉语句法关系主要靠词序和语义关系表达，并不追求形式上的完整，往往只求达意，而英语句法重句子结构形式上的完整和逻辑上的合理。具体来讲，英语中有语态、时态、人称和数等多种形态变化，英语句子一般都有一个明确的逻辑中心，不论句子中的附加成分多么复杂，总与中心的成分保持清晰的逻辑关系，从而形成了以主谓宾结构为核心，用各种从句、短语进行修饰、扩展的句法结构。

（1）句子的词序。词序是指单词在句子中的排列顺序。汉语和英语都有严格的词序要求，但两种语言在结构上有所不同，在词序方面也存在差异。具体来说，汉语的词序排列是由远及近、由大到小、由重到轻、由普通到特殊、由主观到客观、由整体到个体，而英语则恰恰相反。因此，不少中国学生在英语写作中会出现词序错误。例如：

汉：我还记得发生在我和他之间的一切事情。

英：（误）I still remember everything that happened to me and him.

英：（正）I still remember everything that happened to him and me.

析：这一例子的错误是汉英词序不同的典型反映。汉语里一切从"我"开始，而英语则恰恰相反，"我"永远在最后。

（2）句子的时态。不同的语言有不同的时态，有的语言很少甚至没有时态。汉语基本上就是借助词汇来表示各种时间和动作的。汉语中除了"着""了""过"的若干说法与英语中的进行时、完成时、过去时相对应外，再无其他与英语相对应的时态形式。而英语不仅有时态，而且种类繁多（共有16种时态），区分细微。英语通过这些时态将事物的状态或动作进行的过程描写得准确而精细，有时甚至能表达说话人的感情色彩。例如：

英：You are always asking me such questions!

汉：你怎么老问我这样的问题！（用现在进行时表示厌烦）

（3）句子的语态。汉语中被动语态极少使用，即使使用也大多表达一些对主语而言是不如意或不希望发生的事情，如"被打""受罚""挨批"等。但是，英语中被动语态使用的频率较高，尤其是在科技英语文献和英语新闻报道中。另外，汉语中如果不强调动作的执行者，且主动意义和被动意义不至于发生混淆时，一般不使用被动语态。而英语中只要具有被动意义的句子一般都要使用被动语态。汉语和英语在语态使用上的差异经常导致学生犯语态方面的错误。例如：

（误）This book is his father gave him.

（正）This book was given by his father.

（4）句子的结构。中式英语还经常表现在句子主语的选择上。一般来说，汉语句子的主语可以很长，而英语句子的主语则应尽可能简洁，以使句子结构保持平衡。中国学生经常因忽略这一差异而出现错误。例如：

汉：明天天黑前能否找到帮手并完成工作是我们必须面对的问题。

英：（中式）Whether we can find helpers and finish the work by tomorrow evening is the problem we have to face.

英：（英式）The problem we have to face is whether we can find helpers and finish the work by tomorrow evening.

（5）句子的衔接。英语句式具有多变性，而汉语句式则较为固定。英语的句子常以主谓宾结构为其核心，用各种连词、短语和从句进行修饰、扩展，句子结构复杂，但读起来形象、生动。由于受汉语句式影响，中国学生在英语写作中往往会使用一连串简单句或句式雷同的复合句，造成句式单一，读起来单调、乏味。例如：

汉：社会发展很快，学生了解外面的世界很重要。

英：（误）It is important for the students to know the world outside the campus. Because now the society is developing quickly.

英：（正）With the fast development of the society, it is important for the students to know the work outside the campus.

3. 篇章结构方面

英语民族崇尚理性，重视形式逻辑和分析思维，他们的思维方式可形象地称为“直进式”。而中国人重悟性，注意辩证思维，思维方式是螺旋式。反映在写作上，英语写作强调结构清晰、篇章连贯、逻辑性强，要求开门见山。英语文章常常把主题放到句首，且每段只有一个主题，然后围绕这个明确的主题用扩展句进行层层论证或说明。而汉语文章受到中国传统文化和思维的影响，开篇一般不点题，而是经过反复论证后才将最重要的信息呈现出来。这种由于思维方式不同而导致的语篇差异，使学生写的英语作文常出现前后不一致、层次不清、逻辑性差、缺乏必要的过渡和连贯性等问题。请看下例：

We haven’t got time for sports or movies. We don’t have enough time to read after class. The teachers give us too many exercises and we are busy finishing the homework when class is over.We have no method. The teachers can change the situation...

从英语写作的角度来看，这段文字除了句式缺少变化、句与句之间缺乏衔接外，整个语篇的信息分布以及展开方式与英语的行文习惯不符。

（二）文化差异对写作的影响

学习和使用英语必须了解与英语密切相关的文化以及中西方文化之间的差异。下面仅从汉英两种语言在措辞、造句、文体三个方面的区别来探讨中西方文化差异对大学生英语写作的影响。

1. 措辞

同一个事物或概念，在某些语言中可能只有一个词语来表达，而在另一种语言中可能有几个或更多的词语来表达。中西方两种文化背景的人在进行交际时，有时会产生理解的困难。比如，英语中“Mary’s sister married David’s brother.”这句话就很准确地难翻译成汉语，因为我们不知道句中“sister”是指Mary的姐姐还是妹妹、“brother”是指David的哥哥还是弟弟。其实在汉语中，用这种称呼来指各种具体的关系的词语有很多，在这儿就不一一列举了。但从这个例子中我们知道，对中国学生来说，要想进行英语写作，并提高英语写作能力，首先要在用词上多下功夫。可以说，用词准确是写作的基本功，因为词汇是语言的基本要素，是语言赖以生存的基础，所以文化差异在词汇方面表现得最为突出。例如，人们往往认为汉语中的“请”相当于英语中的“please”。但是在实际英语的应用中情况却不是这样的，比如，让其他人先上车，实际上不说“Please.”，而是说“After you.”；再如，当请他人一块儿用餐的时候，在餐桌上可能说“Help yourself.”，而不是简单的一个字“Please.”。所以用词准确是写作的基础，而用词的技巧又是提高写作质量的关键所在。

词汇所表达的意思是由它的内涵（denotation）和外延（connotation）构成的。而成语、谚语和格言是一个社会的语言与文化的重要组成部分，尤其是成语，不仅很难理解，更主要的是很难运用得当。如果运用得不好或者错误，就会让人产生误解，甚至造成对方的不快。比如在邓炎昌和刘润清所编的《语言与文化》中有这样一个例子。一个在美国学习的外国学生坐在窗前看书。她听到有人在喊“Look out！”（当心！），她以为人家说“往外看”呢，就把头伸到窗外去看。上面掉下一块板子，差点儿砸到她。她又生气，又害怕，往上一看，见一个人正在修屋顶。那个人说：“Didn’t you hear me call 'look out'？”（你没有听见我喊“look out”吗？）。她回答说：“Yes, and that’s what I did!”（听见了呀，所以我才向外看呀！）。

再者，英语的词语与汉语的词语尽管在分类上有相同之处，但从词的功能角度分析又与汉语的词语存在着不同之处。比如，在应惠兰教授主编的《新编大学英语》第三册有一篇文章的开头有这样一个句子：

I am sitting in a local restaurant offering takeout home style meals, surrounded by exhausted but happy shoppers, families out for Friday night dinner, and students taking a break from college exams.

译为汉语即为：我坐在邻近的一家餐馆里，该餐馆提供具有家庭风味的外卖饭菜，并围满了人，有疲惫且快乐的购物者，有周末夜晚就餐的一家人，还有考完试休息一下以便再战的大学生们。

汉语句子中动词用得很多，像“坐”“提供”“围满”“购物”“就餐”“考试”“休息”“再战”等一系列动词形成了动态现象，构成了独特的汉语写作方式。而英语句子中名词用得很多，形成了静态现象，体现了英语写作的严密性和庄重性。所以，在英语写作中，如果学生能注意到中英文在用词方面的差异，灵活运用所要表达的词语，会对其英文写作有很大的帮助。

2. 造句

英语句式多为句尾开放的树式结构，语义重心在前；汉语句式为句首开放的竹式结构，语义重心在后。西方人惯于开门见山，往往采用主句在前、从句在后的语序。中国人惯于先介绍外围信息进行铺垫，再层层逼近主题，倾向于偏句在前、正句在后。比如，“能在有生之年，为国家做些事，乃是我最大的愿望和追求”的英语译文是“The wish and pursuit of my life is to do something for my country.”。

再者，英汉句子中，成分与成分或分句与分句之间的连接方式是不同的。英语句子多靠形合，“以形统神”，非常注重句子的结构完整，外在逻辑形式严谨规范，句间连接依赖于各种语言形态手段，因而句子显得紧凑有序，其关联照应手段是显式的；汉语句子多靠意合和悟性，句间连接主要靠语义和内在的逻辑关系，连接标记的有无关系不大，句子的形态就会显得很松散，其关联照应手段是隐式的。例如：

汉：太阳光催开了那些小指儿模样的嫩叶，现在都有小小的手掌那么大了。

英：The rays of the sun forced to open the tender, finger like little buds.They had already grown to the size of a small hand.

汉：坚持干下去，你一定会成功。

英：You're sure to succeed as long as you keep at it.

由此可见，英语句子能够形成紧凑严密的树型结构，是因为各种连接词起到了黏合剂的作用。汉语句子的线型结构灵活流畅，是因为没有过多的“黏合剂”，句段之间可以不用任何连接符号，而靠语义上的联系结合在一起。据此，我们可以把一个英语句子比作一棵大树，主谓好比是树干，而各种附加和连带成分就好比是树干上的枝丫，句子成分的复杂化则如同树上的树枝和树叶。中国学生未熟练掌握英语句法的内在规律时，很难摆脱母语的思维定式，这无疑影响了学生英语写作的发挥。

3. 文体

首先应该指出，用汉语和英语写作有相同之处：深刻地了解主题，周密地考虑内容，慎重地选择材料，真诚而简洁地表达思想。尽管汉英写作具有相同的特征，但是二者之间还是存在着一些差异。这主要有两点：首先，在叙述与描写时，与英语文体相比，汉语文体中常因过多使用形容词而显得矫揉造作。当然一篇好的文章里要有形容词，它们可以使文章生色、人物栩栩如生。但是如果使用不当，效果则相反——读者失去兴趣，感到厌烦。而英语文体则直截了当。下面就是选自托马斯·佩因《危机》中的一段文字。

英：These are the times that try men's souls. The summer soldier and the sunshine pariot will, in this crisis, shrink from the service of their country, but he that stands it now, deserves the love and thanks of man and woman...

汉：这是触及人们灵魂的时刻，在这次危机中，那些和平盛世的士兵和处于安逸顺从环境的爱国者将畏缩不前，不为祖国效力；那些经得起考验的人将赢得人们的爱戴和感激……

还有一篇文章，那就是亚伯拉罕·林肯最著名的演说《葛底斯堡演说》（*Gettysburg Address*），也是美国历史上为人引用最多的政治性演说。

英：Four score and seven years ago, our fathers brought forth upon this continent a new nation, conceived in liberty and dedicated to the proposition that all men are created equal...that this nation, under God, shall have a new birth of freedom; and that government of the people, by the people, and for the people, shall not perish from the earth.

汉：87年前，我们的先辈们在这个大陆上创立了一个新国家，它孕育于自由之中，奉行一切人生来平等的原则……我们要使国家在上帝福佑下得到自由的新生，要使这个民有、民治、民享的政府永世长存。

（三）多元文化对英语写作教学的启示

1. 文化导入

为了尽量减少汉语对学生英语写作的负面影响，在英语写作教学中，教师应鼓励学生通过多种渠道掌握中西方文化的差异以及这种差异带来的英汉写作上的不同，提高学生实际运用语言的能力。

中国学生的英语学习处于汉语文化环境中，思维、表达、写作无不受到汉语文化的影响，这对学生了解和使用英语思维、表达，写出地道的英语作文而言是十分不利的。因此，在英语写作教学中，教师可以利用图片、音频、视频等教学手段为学生创造有利的英语学习环境，让学生多了解英语文化背景；还可以安排学生和外籍教师、学者等沟通交流，让学生了解英语文化的方方面面。通过多种渠道的了解和接触，学生开阔了视野，加深了对英语的感知力，提高了英语使用能力，久而久之，就可以逐渐学会用英语思考、表达和写作，从而避免了中国式英语。

2. 英汉写作对比分析

文化差异使英汉语篇写作各具特色。对此，教师不妨有意识地剖析英汉语篇在遣词造句、文章结构等方面的差异，使学生了解这种差异，从而在写作时有意识地避免汉语思维的影响，写出更符合英语表达习惯和英语文化的作文。例如，在精读教学中，教师可通过细致地分析课文使学生了解和掌握各种题材与体裁文章的写作技巧、注意事项，如课文是如何发展主题、组织段落、完成连贯的，帮助学生对正确的英语语篇结构形成一个立体的、综合的认识。

另外，教师在批改作文时应指出学生写作中不符合英语表达习惯的语句，并可将其和地道的表达方式加以对比，使学生更清楚地看到差别，并在不断的修改过程中逐渐学会用英语思维进行思考，形成正确的表达。

3. 读写结合

俗话说："读书破万卷，下笔如有神。"由此可见，读和写有着密切的关系，读是写的基础。作为语言输入的一种方式，读能够为作为语言输出的写积累语言材料，不仅能够使学生知道写什么，还能使他们知道如何写。因此，在英语写作教学中，教师应让学生通过阅读大量题材广泛、体裁各异的英语材料来了解英语国家人士的思维方式、思想情感、价值观念、道德标准、社会文化、历史传统等各个方面，为英语写作积累素材，培养语感。此外，教师还可以让学生学习名家写作技巧和经验等。

需要指出的是，要想充分发挥读的作用，教师要让学生养成边读边做读书笔记、读书心得的良好习惯，从而为拓宽思路、吸取经验、模仿写作做铺垫，这样学生才能更快、更有效地提高写作水平。

4. 仿写训练

中国学生在写英语作文的时候不自觉地会遵循中文思维，一边想汉语是如何说的，一边将其翻译成英文写出来。这样近乎"汉译英"的写作模式不仅效率低下，还很难避免汉语思维和表达习惯对英语写作的负迁移作用。为使学生摆脱这种机械、低效的写作模式的影响，写作教学中，教师可引导学生仿写英文材料。仿写的英文材料既可以是教材里的课文，也可以是文学名著。仿写时允许学生使用词典等工具书。通过仿写，学生不仅能够积累一定的写作素材，还能清楚、快速地了解地道的英语语篇是如何开展的，从而培养良好的英语语感和写作习惯。

第七章　多元文化背景下的英语翻译教学研究

第一节　英语翻译教学的目标、内容与教学现状

一、英语翻译教学的目标

下面主要以大学英语教学为例，进行英语翻译教学研究的论述。

大学阶段英语翻译教学的三级目标如下。

（一）基础目标

能借助词典对题材熟悉、结构清晰、语言难度较低的文章进行英汉互译，译文基本准确，无重大的理解和语言表达错误；能有限地运用翻译技巧。

（二）提高目标

能摘译题材熟悉，以及与所学专业或未来所从事工作岗位相关、语言难度一般的文献资料；能借助词典翻译体裁较为正式、题材熟悉的文章，理解正确，译文基本达意，语言表达清晰；能运用较常用的翻译技巧。

（三）发展目标

能翻译较为正式的议论性或不同话题的口头或书面材料，能借助词典翻译有一定深度的介绍中外国情或文化的文字资料，译文内容准确，基本无错译、漏译，文字基本通顺达意，语言表达错误较少；能借助词典翻译所学专业或所从事职业的文献资料，对原文理解准确，译文语言通顺，结构清晰，基本满足专业研究和业务工作的需要；能恰当地运用翻译技巧。

二、大学英语翻译教学的内容

大学英语翻译教学的内容主要包括翻译基本理论、英汉语言对比、常用的翻译技巧。

（一）翻译基本理论

翻译的基本理论知识主要涉及对翻译活动本身的认识，对翻译的过程、标准的了解；翻译对译者的要求；工具书的使用等。

（二）英汉语言对比

英汉语言的对比，既包括语言层面内容的对比，又涉及文化层面和思维层面的对比。在语言层面上，主要是对英汉语言的语义、词法、句法、文体、篇章进行比较，发现它们的异同。对英汉文化、思维的比较，有利于更加准确、完整、恰当地传达原文的信息。

（三）常用的翻译技巧

翻译中的常见技巧有语序的调整、正译与反译、增补省略语、主动与被动的互换、句子语用功能再现等。

三、英语翻译教学现状

（一）学生英语翻译学习的现状

1. 学生对英语国家文化背景了解不深

如前所述，语言是文化的产物和外现，无论是从社会观还是从语言的基本符号来看，语言都带有非常明显的文化特征。语言作为特殊文化背景下的特殊载体，只有在特定文化范围内才具有其本质的意义。语言和文化相互影响、相互作用。著名翻译理论家尤金·奈达曾说："翻译是两种文化的交流。真正成功的翻译，熟悉两种文化比掌握两种语言还重要。因为词语只能在其相应的文化背景下才能体现出其真正的意义。"所以如果学生不能很好地熟悉英语国家的文化，就无法精准地理解原语言包含的深刻内涵，甚至是习惯于用我们的思维模式来对英语进行分析和理解，这样一来，很容易导致翻译中出现常识性误译，一些错译、漏译现象也便不足为奇了。

2. "的的不休"

在实际的翻译操作中，中国学生每每看到英语形容词就自然而然地将其翻译成汉语的形容词形式，即"……的"，导致译文"的的不休"，读起来很别扭。例如：

英：The decision to attack was not taken lightly.

原译：进攻的决定不是轻易做出的。

改译：进攻的决定经过了深思熟虑。

英：It serves little purpose to have continued public discussion of this issue.

原译：继续公开讨论这个问题是不会有什么益处的。

改译：继续公开讨论这个问题没有益处。

3. 语序处理不当

如前所述，英语句子通常开门见山地表达主题，然后再逐渐补充细节或解释说明。有时要表达的逻辑较为复杂，则会借助形态变化或丰富的连接词等手段，根据句子的意思灵活安排语序。相比之下，汉语的逻辑性较强，语序通常按一定的逻辑顺序（如由原因到结果、由事实到结论等）逐层叙述。这种差异意味着将英语句子翻译成汉语时必须对语序做出适当的调整。而很多学生意识不到这一点，译文也大多存在语序处理不当的问题，读起来十分别扭。例如：

英：The doctor is not available because he is handling an emergency.

原译：医生现在没空，因为他在处理急诊。

改译：医生在处理急诊，现在没空。

4. 不善于增减词

由于语言、文化等方面的差异，翻译时不可能也没必要完全拘泥于英语形式，即逐字逐句地翻译原文。事实上，由于原文含义、翻译目的等方面的不同，译文可以根据实际需要适当增减词。而很多学生并不明白这一点，因而其译文大多烦冗啰唆。例如：

英：Most of the people who appear most often and most gloriously in the history books are great conquerors and generals and soldiers...

原译：在历史书中最常出现和最为显赫的人大多是那些伟大的征服者和将军及军人……

改译：历史书上最常出现、最为显赫者，大多是些伟大的征服者、将军和军人……

5. 不善于处理长句

英语中不乏长而复杂的句子，这些句子大多通过各种连接手段衔接起来，表达了一个完整、连贯、明确、逻辑严密的意思。很多学生在遇到这样的句子时往往把握不好其中的逻辑关系，也不知如何处理句中的前置词、短语、定语从句等，因而译出的句子多不符合汉语表达习惯。例如：

英：Since hearing her predicament, I've always arranged to meet people where they or I can be reached in case of delay.

原译：自从听了她的尴尬经历之后，我就总是安排能够联系上的地方与人会见，以防耽搁的发生。

改译：听她说了那次尴尬的经历之后，每每与人约见，我总要安排在彼此能够互相联系得上的地方，以免误约。

（二）英语教师英语翻译教学的现状

1. 高校许多英语教师未能达到英语翻译教学的专业要求

在国内英语四、六级考试中，翻译题的分值比例明显很小，且与其他语法、词汇掌握的考查相比，明显比重偏小，这也导致了国内英语课程设置方面未能将翻译放到足够重视的位置。由于一直未能真正重视英语翻译，高校许多英语教师的实践能力、翻译理论素养及翻译教学水平也明显不能满足新时期英语翻译教学的需求。除此之外，国内高校近年来一直在扩招，高校学生不断增加，高校教师更多的是忙于授课，根本无暇顾及自身翻译水平能力的提升，也无暇顾及对英语教学方式的改革和优化。尤其是随着语法翻译教学被替代，以及交际教学地位的不断提升，英语课程的讲解更趋向于对学生阅读理解和听说能力的培养，更加压缩了英语翻译教学的生存空间。再加上课堂时间有限，教师对翻译的讲解往往仅限于课后的翻译练习题。对翻译的讲解往往只是一笔带过或是照本宣科，通常是浅尝辄止、稍作发挥，使得英语翻译教学形成一种可有可无的尴尬局面。

2. 传统教学模式带来的束缚

传统的英语翻译教学往往不以学生为主体，而是以教师作为学生翻译的仲裁者，学生往往将教师的参考译文作为一种神圣不可侵犯的东西，对其不敢有任何质疑和改动。这种古板的教学模式，显然束缚着学生翻译的创造力和表达的积极性。除此之外，当前外语界被广为接受的交际教学法，给英语翻译带来了新的误区：英语教学更崇尚盲目的单语化，甚至对翻译和母语持一种完全排斥与否定的态度。经常可见一些高校英语教学中，教师在课堂上采用全英式的教学，目的就是为学生创设一种所谓的英语氛围，以此来提高学生的听说能力。然而这种做法却没能将学生的实际情况很好地融入课堂，而且在实际的英语教学中，教师的讲解也更多地局限于课本之内，不能真正给学生创设英语的交际氛围和环境，课堂中教师说出来的英语也并非都规范，更增加了学生理解的困难。另外，由于高校英语教学以阅读理解和听力的训练、培养为主，所以教师在教学过程中不能系统地对一些翻译技巧、翻译常识进行讲解。

3. 对翻译教学的重视程度不够

对翻译教学的重视程度不够主要体现在以下几个方面。

（1）翻译教学中，教师往往不注重翻译基本理论、翻译技巧的传授，而仅仅是将翻译作为理解和巩固语言知识的手段，将翻译课上成另一种形式的语法课、词汇课。

（2）学生做完翻译练习后，教师大多只是讲解答案或者对翻译材料中出现的课文关键词和句型等进行简单的强调，而缺乏对学生进行系统的翻译训练。

（3）就时间而言，教师花在翻译教学上的时间很少，通常是有时间就讲，没有时间就不讲，或只当家庭作业布置下去，由学生自己学习。

（4）英语教学大纲中对翻译能力培养的要求不够具体。

（5）英语考试中虽然包含翻译试题，但其所占的比重远远不如阅读、写作等。

以上这些问题最终致使英语翻译教学质量迟迟得不到有效提高。

（三）英语翻译教学环境现状

从当前国内各高校所使用的英语教材来看，存在的主要问题是没有设置英语翻译技巧和方法以及翻译理论基础知识的讲解板块。当前精读教材在每个单元后也会设置几个相应的汉译英句子，但这些练习往往以巩固文中所讲的语法、词汇、句型、短句为目的。从严格意义上来讲，这种翻译练习，并不能真正满足学生英语翻译学习的要求。

另外，目前国内较为重视的英语四、六级考试，其题型内容已从原单句汉译英调整为段落汉译英。翻译内容涉及中国的历史、文化、经济、社会发展等。由此可以看出，英语翻译教学也应一步步贴近社会。

第二节 英语翻译教学策略

一、结合语境教学

众所周知，语境对于词语、句子的含义有着深刻的影响。翻译要想准确，首先就要理解准确；理解要想准确，就必须结合语境。因为译者对原文的理解和译文的表达都是在具体的语境中进行的，词语的选择、语义的理解、篇章结构的确定都离不开语境，语境是正确翻译的基础。因此，在英语翻译教学中，教师务必使学生重视语境，结合语境理解和翻译。

需要指出的是，语境不仅包括语言的宏观环境，也包括语言的微观环境。宏观语境是话题、场合、对象等，它使意义固定化、确切化；微观语境是词的含义搭配和语义组合，它使意义定位在特定的义项上。学生只有兼顾了这两种语境，才能确定话语的含义，使译文忠实于原文。

二、引入图式教学

图式是人类脑海中对外部世界知识的组织形式。人类与外部世界的一切交往都会在脑海中形成模式，这些模式就包含了相关事物、情境的系统知识。当人们遇到类似的事物时，就会激活大脑中相应的知识片段（图式），从而轻松地理解该事物；而当人们的大脑中没有与所遇事物相关的图式时，就很难理解该事物。由此可见，图式对于理解有着重大意义，而以准确理解为基础的翻译活动，自然也受到了图式的巨大影响。

鉴于上述内容，教师应首先使学生认识到图式的重要性，并在教学中多为学生提供一些需要激活图式才能正确理解的语言材料，使学生积极运用图式，重视图式的积累。

需要指出的是，有时学生所拥有的认知图式不一定都是对事物的正确反映，因而在英语翻译实践中（尤其是文字表达比较含蓄的时候）经常出现图式应用错误的情况。对此，教师应帮助学生形成正确的图式并调动相关图式，从而弥补学生语言知识上的不足，为学生正确理解原文、做好翻译提供保障。

三、引导推理教学

推理是根据已知的内容或假设运用逻辑得出结论的过程，也是实现认知的一个重要方法。在英语翻译学习中，学生总会遇到一些生词，如果个个都查词典，就会浪费大量的时间。如果学生掌握了推理技能，就能快速理解很多生词。另外，推理策略的运用有助于把握事物间的联系，促进语言的理解。因此，在英语翻译教学中，教师应培养学生推理的意识和能力。

然而，这里的推理并不是译者凭空想象做出的，而是根据文本内容、结构得出的。具体来说，学生看到文本的内容后，可以依据已有的经验以及原文的结构、逻辑连接词、上下文等做出推理，这些推理往往可以为学生提供一些额外的信息，这样学生对原文的理解也会更深刻、更全面，译文质量也会提高。但需要指出的是，无论哪一种推理技巧，都必须建立在正确识别语言结构的基础上，否则推理就变成了毫无根据的想象，脱离了原文，译文的可信度也就无从谈起了。

四、引导猜词教学

词汇是构成语篇的基本单位，学生的词汇量以及对词汇的掌握程度都会影响概念能力的形成。何少庆曾指出，“所谓概念能力是指在理解原文过程中对语言文字的零星信息升华为概念的能力，是原文材料的感知输入转化为最佳理解的全部过程”。由此可以得出这样一个结论：词汇影响概念能力的形成，而概念能力又会影响理解，理解最终影响了翻译的质量。因此，对词汇的掌握程度以及猜测生词的能力成为提升翻译能力的关键。在英语翻译教学中，教师应为学生介绍一些常用的猜词策略。

（一）结合实例猜测词义

有时下文中列举的例子会对上文提到的某个词语进行说明、解释，这就为学生提供了猜词的线索。

（二）根据构词法猜测词义

英语词汇的构成是有规律可循的。掌握了这些规律，学生就能很快猜出部分生词的含义。因此，教师应传授学生英语构词法的知识。

（三）利用信号词猜测词义

所谓信号词，就是指在上下文中起着纽带作用的词语，这些词语对于生词的猜测有着重大的意义。

（四）通过换用词语猜测词义

英语语篇有时为了避免用词的单调、重复，会使用意义相同或相近的词语来表达相同的含义，这时，学生就可以利用相对简单的那个同义词或近义词来推测生词词义。

五、讲授翻译技巧

（一）直译法

直译法要求在不引起错误联想、符合译语语言规范的基础上，按照原文字面意思进行翻译。这种方法的优点在于它不仅保持了原文的内容，还保持了原文的形式，特别是保持了原文的形象、地方色彩等，因此是英语翻译中最常使用的技巧。例如：

英：Beef prices is almost ten times of that in 1978.

汉：牛肉价格几乎是1978年的10倍。

英：In the afternoon, you can explore the city by bicycle.

汉：下午你可以骑自行车游览这个城市。

英：Tom did something, and the police...well, now he is staying at the correctional center.

汉：汤姆做了点什么事情，警察……哦，现在他正待在纠错中心。

英：The bankruptcy of Lehman Brothers causes a chain reaction of financial crisis in the global world.

汉：雷曼兄弟公司的倒闭在全球范围内引起了一系列经济危机连锁反应。

英：Smashing a mirror is no way to make an ugly person beautiful, nor is it a way to make social problems evaporate.

汉：打碎镜子不能使丑八怪变得漂亮，也不能使社会问题烟消云散。

英：After Margaret Thatcher was elected as Britain's first-ever woman prime minister, she prescribed a dose of new kind of medicine to cure the"Britain disease".

汉：玛格丽特·撒切尔当选为英国有史以来第一位女首相以后，便开出了一剂治疗“英国病”的新药。

（二）意译法

英语与汉语都有各自的词汇、句法结构和表达方式，这就意味着只靠直译法有时是行不通的。英语翻译时若无法通过直译来表达原文含义，或直译过来不符合汉语习惯时，则可采用意译法再现原文含义。意译的优点在于能正确地表达原文含义，却不拘泥于原文形式。例如：

英：He was smooth and agreeable.

汉：他待人处事八面玲珑。

英：It's a Greek gift for you.

汉：这是谋害你的礼物。

英：Do you see any green in my eye?

汉：你以为我是好欺负的吗？

英：Don't cross the bridge till you get to it.

汉：不必自寻烦恼。

英：This man is the black sheep of the family.

汉：这个人是家庭中的害群之马。

英：Nixon was smiling and Kissinger smiling more broadly.

汉：尼克松满面春风，基辛格更是笑容可掬。

英：After that, the special missions became frequent occurrences.

汉：从此以后，特殊任务就司空见惯、习以为常了。

英：Ruth was upsetting the other children, so I showed her the door.

汉：露丝一直在扰乱别的孩子，我就把她撵了出去。

英：Our son must go to school. He must break out of the pot that holds us in.

汉：我们的儿子一定得上学，一定要出人头地。

英：It's not easy to become a member of that club—they want people who have plenty of money to spend，not just every Tom, Dick, and Harry.

汉：要参加那个俱乐部并非易事——他们只收手头阔绰的人，而不是普通百姓。

英：Up Broadway he turned, and halted at a...glittering cafe, where are gathered together nightly the choicest products of the grapes, the silkworm and the protoplasm.

汉：他拐到百老汇大街，在一家灯火辉煌的饭店前停下来，每晚都有上好的美酒、华丽的衣服和有地位的人物汇聚在这里。

（三）音译法

音译法是根据词语的发音采用发音相同或大致相同的目的语词语来表达的一种翻译方法。有些词语表示了其所属文化下的某些新兴、特有或最早出现的事物、概念等，这些事物、概念在译语文化中一开始并不存在，翻译时也就无法找出与之对应的词语，这时就可以采用音译法来翻译。

需要指出的是，音译法不能胡乱使用。如果学生一遇到不理解的词语就音译，就无翻译可言了。因此，教师在教授音译法时，应告诉学生音译法的使用范围，即多用于地名、人名、机构名称以及一些流行语的翻译，目的在于保留源语的异国风味，减少翻译过程中的文化遗失和语言误解，既能快速、准确地传播文化，又能丰富本国语言。例如：

英：Her diet restricts her to 1, 500 calories a day.

汉：她的规定饮食限制她每天摄入1500卡路里的热量。

英： We all know we are the product of our genes, what are all the steps from gene to us?

汉： 我们都知道基因决定了每个个体，但基因是如何使我们成为现在的我们的呢？

英： Finally, it had to be secure, even in the hostile hacker and virus filled environment of the Internet.

汉： 最后，它必须是安全的，哪怕是在到处是心怀敌意的黑客和病毒的互联网络环境中也如此。

英： The coming of General Blücher at Waterloo turned the day against Napoleon.

汉： 布吕歇尔将军到达滑铁卢，使得拿破仑兵败如山倒。

英： I lived most of my life in Tustin, California.

汉： 我一生大部分时间都住在加利福尼亚州的塔斯廷。

英： Scarlett O'hara was not beautiful, but men seldom realized it when caught by her charm as the Tarleton twins were...

汉： 斯佳丽·奥哈拉长得并不美，但是男人一旦像塔尔顿家孪生兄弟那样被她的魅力迷住往往就意识不到这一点……

（四）转译法

转译法是一种涉及词类转换的翻译技巧。由于英汉表达习惯不同，译文中不可能使每个词语的词性都与原文词语保持一致，这时学生不妨适当转换词性进行翻译，如把原文中的名词转换为动词、把原文中的副词转换为介词等。

常见的词类转换翻译有以下几种。

1. 名词类转译

名词类转译主要有以下三种形式。

（1）名词转译为动词。例如：

英： Cameras in operation.

汉： 车载监视器在工作。

英： The book is a reflection of Chinese society in the 1930s.

汉：这本书反映了20世纪30年代的中国社会。

英：Peter doesn't like Jack's participation in the activity.

汉：彼得不想让杰克参加这次活动。

（2）名词转译为形容词。例如：

英：The blockade is a success.

汉：封锁很成功。

英：There is no immediate hurry.

汉：这件事不急。

英：The security and warmth of the destroyer's sickbay were wonderful.

汉：驱逐舰医务室的安全和温暖令人惊叹。

（3）名词转译为副词。例如：

英：The new mayor earned some appreciation by the courtesy of coming to visit the city poor.

汉：新市长有礼貌地来看望城市贫民，获得了人们的一些好感。

英：The boy in the seat is eyeing the old woman beside him with interest.

汉：那个坐着的男孩好奇地打量着他身边的老妇人。

2. 形容词类转译

形容词类转译主要有以下三种形式。

（1）形容词转译为动词。例如：

英：I feel certain of his finishing the task on time.

汉：我确信他会按时完成任务。

英：They were not content with their present achievements.

汉：他们不满足于现有的成就。

英：Doctors said that they are not sure to they can save her life.

汉：医生们说他们不敢肯定能否救得了她的命。

（2）形容词转译为名词。例如：

英：They took good care of the wounded.

汉：他们精心照料伤员。

英：The more carbon the steel contains, the harder and stronger it is.

汉：钢的含碳量越高，强度和硬度就越大。

英：They have done their best to help elderly people of no family.

汉：他们尽了最大的努力来帮助孤寡老人。

（3）形容词转译为副词。例如：

英：We must make good use of our time.

汉：我们必须很好地利用时间。

英：Standing on the teaching platform, Alexander took an apprehension look at the students.

汉：亚历山大站在讲台上，忧虑地看着学生。

英：You should give your TV set a thorough examination to see if there is really something wrong with it before you get it repaired.

汉：送修之前，你应当彻底地检查一下你的电视机，看看它是否真的出了问题。

3. 副词类转译

副词类转译主要有以下三种形式。

（1）副词转译为动词。例如：

英：Now, I must be away, the time is up.

汉：现在我该离开了，时间已经到了。

英：When the switch is off, the circuit is open and electricity doesn't go through.

汉：当开关断开时，电路就会中断，电流就不能通过。

英：Mom opened the window to let fresh air in.

汉：妈妈把窗子打开，让新鲜空气进来。

（2）副词转译为名词。例如：

英：He is physically weak but mentally sound.

汉：他身体虽弱，但智力正常。

英：It is officially announced that the unemployment rate will get lower next year.

汉：官方宣称明年失业率会有所降低。

英：They have not done so well ideologically, however, as organizationally.

汉：但是，他们的思想工作没有他们的组织工作做得好。

（3）副词转译为形容词。例如：

英：The sun rose thinly from the sea.

汉：淡淡的太阳从海上升起。

英：His work was well finished, so his manager praised him.

汉：这一次他的工作完成得很好，因此受到了经理的表扬。

英：I was deeply impressed by the great changes in my hometown.

汉：家乡的巨变给我留下了深刻的印象。

4. 动词类转译

动词类转译有以下两种形式。

（1）动词转译为名词。例如：

英：Western people think differently from Chinese people.

汉：西方人与中国人的思维方式不同。

英：In the wedding ceremony, the rings symbolize the union of the two partners.

汉：在结婚仪式中，戒指是结为夫妻的象征。

英：We think that your act is a violation of the principle of peace talk.

汉：我们认为你们的这一行动违背了和平谈判的原则。

（2）动词转译为形容词或副词。例如：

英：More and more people dream of furthering their education abroad.

汉：越来越多的人梦想去国外深造。

英：Only after they had done hundreds of experiments they succeeded in solving the problem.

汉：在做了数百次试验以后，他们才成功地解决了这一问题。

英：Several kinds of brands are available within the price range.

汉：在这个价格范围内有几种牌子可供选择。

5. 介词类转译

英语中的部分介词经常翻译成汉语的动词。例如：

英：His car barreled straight ahead, across the river.

汉：他的车笔直向前高速行驶，穿过河流。

英：The president took the foreign guests around the campus.

汉：校长带着外宾参观校园。

英：Lincoln wanted to establish a government of the people, by the people and for the people.

汉：林肯希望建立一个民有、民治、民享的政府。

（五）套译法

英语和汉语尽管差异巨大，但对某些事物的认知却是相同的。因此，英汉语言中存在一些语义相同或相近、说法相同或不同的成语、习语。这些成语、习语的翻译就可以采用套译法。例如：

英：Strike while the iron is hot.

汉：趁热打铁。

英：Many hands make light work.

汉：众人拾柴火焰高。

英：One swallow does not make a summer.

汉：一花独放不是春。

英：Better be the head of a dog than the tail of a lion.

汉：宁做鸡头，不做凤尾。

英：One boy is a boy, two boys half a boy, three boys no boy.

汉：一个和尚挑水喝，两个和尚抬水喝，三个和尚没水喝。

英：Miss Andrew serves as a good secretary, for she is as close as an oyster.

汉：安德鲁小姐可以当个好秘书，因为她守口如瓶。

需要指出的是，套译法要求学生必须熟悉英语习语的确切含义，切忌望文生义，否则就会造成误译。

（六）综合译法

前面介绍了很多英语翻译技巧，但在实际的翻译中往往很难只用一种方法就译出高质量的译文，而需要仔细分析原文的内部结构、各成分之间的逻辑关系，使用多种翻译技巧，将原文含义用通顺、自然的译语表达出来。例如：

英：She was born with a silver spoon in her mouth who thought that she could do whatever she wanted.

汉：她生于富贵人家，认为凡事皆可随心所欲。

英：People were afraid to leave their houses, for although the police had been ordered to stand by in case of emergency, they were just as confused and helpless as anybody else.

汉：尽管警察已接到做好准备的命令，以应付紧急情况，但人们还是不敢出门，因为警察也和其他人一样不知所措且无能为力。

第三节　多元文化背景下的英语翻译教学

一、英汉翻译中的文化差异

文化是一个复杂的整体，其中包括知识、信仰、艺术、道德、法律、风俗、宗教以及人作为社会成员中的一分子所获得的任何技巧与习惯。它是人类后天习得的，并会一代一代传承下去。正是文化的这一特点使得不同地区、不同国家的人们在后天的习得过程中，由于地域、气候、群体组织形式和生态环境的不同而引起在价值观、人生观、道德观、思维方式、宗教信仰、风俗习惯等方面产生了巨大差异，即文化差异。而文化差异在两种语言中所造成的理解障碍，往往比语言障碍本身更严重。因此要在两种语言之间进行翻译，除了通晓两种语言之外，还必须深刻理解两种文化之间的异同点。

（一）地理位置的迥异对文化差异形成的影响

我国位于北半球，亚洲大陆的东南部，东临太平洋，西北深入亚洲大陆。全国约有90%的土地处于温带和亚热带，气候具有鲜明的大陆性季风气候特点。而英国地处西半球、北温带，气候则是海洋性气候，这决定了每年给英国人带来春天讯息的是西风。所以对于英国人来说，西风是温馨的，雪莱的《西风颂》正是对春天的讴歌。而中国文化中，西风则不免给人萧瑟、悲凉、伤怀之意，如“昨夜西风凋碧树，独上高楼，望尽天涯路”（《蝶恋花》晏殊）；东风则是春天的象征，如“等闲识得东风面，万紫千红总是春”（《春日》朱熹），故人们总是将东风视为吉祥之兆，如“万事俱备，只欠东风”。

在中国，自古至今，南面为王，北面为朝，南尊北卑的传统认识一直盛行，人们常把“南”的方位放在前面，如“南来北往”“从南到北”等。而英国人理解汉语中的“从南到北”则用“from north to south”来表达，“北面的房间”在英语中则说成“a room with a southern exposure”。

（二）习俗文化差异

习俗文化指的是由贯穿于日常社会生活和交际活动中的民族风俗习惯形成的文化。例如，在中国结婚是喜庆的事情，新娘总是喜欢穿大红色的衣服，因此红色在中国习俗中是吉祥、如意、喜庆的意思。而在西方，婚礼上新娘往往穿着白色的婚纱，白色在西方表示圣洁无瑕，而在中国只有家中有人故去才会披麻戴孝，身穿白衣。又如在中国尽人皆知的传统京剧中，画上白脸的人物，往往是奸佞的小人，而英语中“a very white man”则表示非常忠实可靠的人。英汉习俗的差异中比较典型的例子是对狗、猫的认识。在中国，狗往往使人联想到低级的、龌龊的东西。在西方英语国家，狗则被认为是人类最好的朋友，如“help a lame dog over a stile”（雪中送炭）、“top dog”（最重要的人）等。与此相反，中国人十分喜欢猫，认为猫可爱、温顺，用“馋猫”比喻嘴馋的人，常有亲昵、撒娇的意味。而在西方文化中，猫是魔鬼的化身，因而“the women is a cat”的真正含义是“她是一个居心叵测的女人”。鲁迅笔下曾赞美中国人“俯首甘为孺子牛”，这正说明了中国人对牛的感情和态度。“老黄牛”是中国人心目中憨厚、老实、勤恳的代名词。而与我国大部分农耕都靠牛不同，西方都靠马，所以西方人对马情有独钟。他们觉得马能吃苦耐劳，是为他们带来收成的保证，故他们将“力大如牛”翻译成“as strong as horse”。

（三）宗教文化差异

不同民族在崇拜和禁忌方面表现出来的不同体现了人类文化中极为重要的一部分——宗教文化。对中国影响深远的三大宗教是儒教、道教和佛教。道教中的玉皇大帝、佛教里的阎王在欧美文化中都是不存在的。而在西方，基督教认为是上帝创造了世界，并且世界上所有的事物都是按上帝的旨意安排的。

对于中西宗教文化方面存在的差异，在翻译时尤其要注意，这种误解往往会造成重大的理解偏差和不当，严重者会伤害宗教者的感情。例如，《红楼梦》中刘姥姥说的"谋事在人，成事在天"，有人把这句话译为"Man proposes, God disposes"，似乎神形兼备，但译文却使信奉佛教的刘姥姥有了改变宗教信仰之嫌。于是，可以看出该翻译中的"天"与"God"并不能完全互换。如果用"Heaven"来代替"God"或许能减小这种差异。

（四）历史文化的差异

对历史典故的误解和费解往往是由于对这个国家和民族历史文化的不了解而产生的，要进行恰当的翻译，首先应了解它们的历史背景。例如，"八仙过海，各显神通"可以译为"Like the Eight immortals crossing the sea, each showing his powers"，并在后面注明"the Eight immortals: the eight immortals of Taoism in Chinese folk lore"。又如，"东施效颦"这一成语典故，在中国几乎是家喻户晓，但对于对中国文化知之甚少的西方人来说，光从字面翻译是无法了解其文化内涵的，故将其翻译成"Tang Shih imitates Hsi Shih"，还要在后面注明"Hsi Shih was a famous beauty in the ancient kingdom of Yueh. Tang Shih was an ugly girl who tried to imitate her way."。

（五）思维方式的差异

不同的思维角度决定了语言的不同表达方式和风格。中国人的思维模式是因果循环式，而西方人的思维模式是线性单向式。例如，在中国很多人认为两个人结为夫妻是前世有缘，所以今生才相聚。而在西方，结婚只是两个人相爱的延续，不存在原因和结果。在中国，传统文化一向崇尚"以人为本”，《孝经》提到“天地之性人为贵”，荀子也强调“人有气、有生、有知，亦且有义，故最为天下贵也”。这种将人置于自然之上又融于自然的文化观念，潜移默化地影响了汉语言。所以，汉语习惯以动作的执行者作为句子的主语，而英语则常把陈述的重点放在行为、动作的结果或承受者上，并以此作为句子的主语，所以英语中的被动语态要比汉语中的多。例如：

英： English has been studied for 3 years off and on at the spare time school.

汉： 我们已经在学校里断断续续地学了三年英语了。

英： Plastic bags full of rubbish have been piled in streets.

汉： 人们把装满垃圾的塑料袋子堆放在街上。

在这些句子中，英语的表达都是以动作的承受者为主语，句型为被动语态，而翻译成汉语则应遵守汉语习惯，以动作的执行者为主语，使用主动语态。这种现象正好印证了中国“以人为本”的思维模式。在英汉语言的翻译中，明白此思维模式的不同，就可以使译文地道而又自然。中西思维方式的不同还体现在表达方式上，英语民族重直线思维，在表达思想时直截了当，要点放在句首说出，再补进次要内容。而汉语民族重曲线思维，习惯于从侧面说明、阐述外部的环境，最后点出中心。在语言表达上表现为英语句式结构多为重心在前，头短尾长，如“Research had been centered on the improvement of natural building materials before synthetics were created.”。而汉语句式结构多为重心在后，头大尾小。同样是这句，汉语则可译为“合成材料造出之前，研究工作集中在改进天然建筑材料上”。

综上所述，两种语言之间的翻译不仅是两种语言传递互换，更是两种文化的碰撞。作为语言工作者，除了要熟练掌握两国语言文字，还必须对两种文化有深入的研究和理解，这样才能使翻译工作不只停留在字面上，而是提高到文化意义层面，使翻译在语言上更精准，在文化上更贴切。

二、文化差异对翻译带来的影响

翻译不仅是一种语言间的转换活动，更是一种文化之间的信息交流活动。从某种程度上来说，译者对英汉文化差异的正确解读与否对翻译的成败起着至关重要的作用。概括来说，文化差异对翻译的影响主要体现在以下两个方面。

（一）翻译空缺

翻译空缺就是指任何语言间或语言内的交际都不可能完全准确、对等。英语和汉语分属不同的语系，翻译的空缺现象在英汉语言交际中表现得尤为明显，给翻译的顺利进行带来了障碍。在英汉翻译教学中，教师应该提醒学生注意这一现象。英汉翻译中常见的空缺有词汇空缺和语义空缺两大类。

1. 英汉词汇空缺

尽管不同语言之间存在一定的共性，但同时也存在各自的特性。这些特性渗透到词汇上，就会造成不同语言之间概念表达的不对应。这和译者所处的地理位置、自然环境，所习惯的生活方式、社会生活等相关。

有些词汇空缺是因生活环境的不同而产生的。例如，中国是农业大国，大米是中国南方主要的粮食，所以汉语对不同生长阶段的大米有不同的称呼，如长在田里的叫“水稻”，脱粒的叫“大米”，而煮熟的叫“米饭”。相反，在英语国家，不论是水稻、大米还是米饭都叫“rice”。

语言是不断变化发展的，随着历史的前进、科技的进步，新词汇层出不穷。例如，1957年10月第一颗人造地球卫星发射成功后就出现了“sputnik”一词，而该词随即也在世界各国的语言中出现了词汇空缺。再如，1967年7月，当美国宇航员登上月球后，英语中首次出现了“moon craft”（月球飞船）、“moon bounce”（月球弹跳）、“lunar soil”（月壤）、“lunar dust”（月尘）等词，这也一度造成了各国语言的词汇空缺。

因此，教师在英汉翻译教学中要特别注重词汇空缺现象的渗透，要求学生认真揣摩由词汇空缺带来的文化冲突，指引其采用灵活的翻译方法化解矛盾，翻译出优秀的文章。

2. 英汉语义空缺

英汉语义空缺是指不同语言中表达同一概念的词语虽然看起来字面含义相同，但实际上却存在不同的文化内涵。以英汉语言中的色彩词为例，它们在大多数情况下都具有相同的意义，但在某些场合，表达相同颜色的英汉色彩词却被赋予了不同含义。因此，教师在日常的翻译教学中要不断引发学生对语义空缺现象的注意，遇到空缺时尽量寻求深层语义的对应，而不是词语表面的对应。

需要说明的是，语义空缺还表现在语义涵盖面的不重合，即在不同语言中，表达同一概念的词语可能因为语言发出者、语言场合等的不同而产生不同的含义。例如，英语中"flower"除了做名词表示"花朵"以外，还可以做动词表示"开花""用花装饰""旺盛"等含义，而这种用法是汉语中的"花"所没有的。相应地，汉语中的"花"做动词时常表示"花钱""花费"等含义，这也是英语中的"flower"所没有的。可见，英语中的"flower"和汉语中的"花"表达的基本语义虽然相同，但在具体使用中，二者差别极大。因此，教师应引导学生注意词语在语言交际中产生的实际语义，从而在翻译时实现语义空缺的弥合。

（二）文化误译

文化误译是由文化误读引起的，是指在本土文化的影响下，习惯性地按自己熟悉的文化来理解其他文化。文化误译是中国学生在英汉翻译中经常出现的问题。例如：

英： It was a Friday morning. The landlady was cleaning the stairs.

误译： 那是一个周五的早晨，女地主正在扫楼梯。

正译： 那是一个周五的早晨，女房东正在扫楼梯。

英美国家有将自己的空房间租给他人的习惯，并且会提供打扫卫生的服务。房屋的男主人被称为"landlord"，房屋的女主人被叫成"landlady"。所以该例中的"landlady"应译为"女房东"，而不是"女地主"。

英： John can be relied on, he eats no fish and plays the games.

误译： 约翰为人可靠，一向不吃鱼，常玩游戏。

正译： 约翰为人可靠，既忠诚又守规矩。

该例中用到的短语"eat no fish"与"play the game"的字面意思为"不吃鱼，经常玩游戏"，但在这句话中显然是讲不通的。实际上，这两个短语都有其特定的含义。英国女王伊丽莎白一世规定了英国国教的教义和仪式，部分支持此举的教徒便不再遵循罗马天主教周五必定吃鱼的规定，于是“不吃鱼”（eat no fish）的教徒就被认为是“忠诚的人”；而玩游戏的时候总是需要遵守一定的规则，因此“play the game”也意味着“守规矩”（follow principles）。不了解这些文化背景，想要正确翻译是不可能的。

可见，在英汉翻译教学中，教师应引导学生不断地扩充英语文化背景知识，要求学生在英汉翻译时根据具体语境，并结合文化背景，准确地理解原文的含义，然后选择恰当的翻译技巧进行翻译，切忌望文生义。

三、多元文化对英语翻译教学的启示

（一）多元文化意识的培养

1. 重视不同文化背景知识的传授

当前的英语翻译教学中，教师如果只从词汇、语法、句法等字面层次来教授翻译内容，忽视从文化差异方面进行分析和判断，往往会导致学生学习翻译效果不佳，甚至出现误解和误译。

例如，在翻译“I got a photo from Jack with his John Hancock behind as a token of our friendship.”时，学生可能不假思索地翻译为“杰克送了我一张背面写有约翰·汉考克的照片作为我们友谊的信物”。实际上，学生的误译在于他们对“John Hancock”这个人名的历史文化背景不了解。John Hancock是美国独立战争时期的一位领袖人物，他在《独立宣言》上第一个签下了自己的名字。为了表明自己反对英王统治和建立一个独立国家的政治立场，他的签名粗大且醒目，比宣言的主要起草人Jefferson和Franklin等人的签名大两倍还多。由于他是《独立宣言》的第一个签名者，而且签名又独具特色，后人便用他的大名“John Hancock”作为“亲笔签名”的代称。因此，这句话的正确译文应为“杰克送了我一张背面有他亲手签名的照片作为我们友谊的信物”。

2. 进行不同文化差异对比

在英语翻译教学中，教师除了加强对其他国家文化背景知识的传授外，还可以采取通过对不同国家之间文化差异的对比来提高学生的多元文化意识。例如，在翻译“这位小姐，德行温良，才貌出众，鲁老先生和夫人因无子嗣，爱如掌上明珠”时，可以翻译为“I know the young lady, and she is virtuous, gentle and beautiful.Because Mr.and Mrs.Lu have no son, they treat her like the apple of their eye.”。古时候人们注意到眼睛的瞳孔像苹果，便把瞳孔称为“apple of the eye”，由于它是人身上宝贵的东西，所以英语用它来指代珍贵或宠爱的人或物，与汉语“掌上明珠”的含义类似。虽然apple与明珠形象不同，但英语读者对“the apple of one’s eye”非常熟悉，所以翻译时应充分了解不同语境中的文化差异，通过对比教学来增强学生的多元文化意识。

3. 进一步加强对本国语言和文化的学习

英语翻译教学的一个重要目的是促进对外交流的平衡发展，学生不仅能将本国优秀的文化通过翻译介绍给外国人，同时还能将外国的文化和事物，用准确的表达介绍给国人。比如在旅游英语翻译中，旅游景点的介绍经常涉及中国的历史、地理、宗教信仰以及民族风情等各个方面，这就要求译者具有丰富的文化背景知识，对翻译中涉及的中国传统文化元素能够准确、适当地传达给受众，让外国游客领会旅游景点的文化内涵，同时也向外国游客传播中国的文化。因此，在英语翻译教学中，教师应鼓励学生加强汉语表达能力，增强对中华文明的学习和认知，进一步培养学生对本国文化的认同感和自豪感。

（二）注重翻译中的跨文化意识

如今，文化全球化的深入使以前无法翻译的文本都能流畅通顺地译出。从翻译技巧角度看，倘若翻译者能够挖掘某些语句的文化内涵而不是逐字翻译，便能从整体上把握原文要义，译文文本能使读者一目了然。

1. 表达意义的融合

语言中存在不同的意象。然而，面对同一个意象，来自不同文化的人们观点未必一致。比如，汉语可能会用“鼠”作为喻体形容胆小的人，正如成语“胆小如鼠”一样。在英语中，同样形容胆小的喻体却是“chicken”（鸡）或“hare”（野兔），因而翻译时可以用“chicken-hearted”或“as timid as a hare”形容胆小懦弱的人。

2. 文化渗透和语言适应

随着政治、经济、社会和人类生活的发展，文化渗透现象已经普遍存在，并对语言的语法、句子结构和语篇构成产生了深远影响。正如语言适应理论所述，语言应用的过程就是持续选择的过程，在此期间，语言的应用必须适应沟通交流的社会语境。要适应语境，则需考虑多方面因素，主要包括心理素质、社会情境和物质世界状况等。

（三）积极开展网络教学与第二课堂教学

从目前来看，我国的英语翻译教学仍沿用着传统的教学策略和教学工具。在科技、经济、生活发生巨大改变的今天，传统的教学策略与工具已经无法更好地提升学生的翻译能力。基于此，教师应积极主动地探索新的翻译教学策略与教学工具并身体力行。

互联网是一种信息技术，是信息传播、整理、分析、搜寻的一种技术，其主要任务是传递信息。互联网中存储着海量的信息，且这些信息、资源的更新也非常及时。因此，在翻译教学中教师应充分发挥互联网的优势，将网络作为翻译课堂教学的补充，这样学生既可以实现由教师现场指导的实时同步学习，也可以实现在教学计划指导下的非实时自学，还可以实现通过使用电子邮件、网上讨论区、网络通话等手段的小组合作型学习等。

另外，由于翻译课堂时间十分有限，所以教师还应在课下开展一些有益学生增加文化知识、提高翻译水平的活动，如要求学生阅读英文原版书籍、杂志，观看英文电影、电视，听英文广播等。

（四）对翻译教育者的启示

跨文化翻译中的错误的出现都有其缘由，也都能为翻译教学提供相应的启示。

一方面，学生习惯于逐字翻译。这点似乎很普遍，教师应运用多种方式增强学生的跨文化意识。例如，教师可以有意识地在课堂中增添文化素材，如创设模拟情境等，并采用有效的文化对比策略，培养学生的跨文化交流能力。

另一方面，无法准确理解英语语言的结构是导致翻译不当的一大原因。因此，教师有必要引导学生阅读一些外文文章或外国文学作品等。这样，学生将会自然而然地习惯于英语的语言结构。

值得注意的是，一些学生缺乏对文化差异的理解也会导致翻译不当。教师需要引用更多丰富且实用的跨文化素材，使学生不仅能从书中习得翻译知识及技巧，还能够切实行动，从做中学。

第八章 多元文化背景下的英语教师角色定位

第一节 英语教师应着力提升自身素养

一、注重语言素养和文化素养的提升

英语教师的素质和发展是眼下讨论较多的一个话题。归纳起来，其视点主要集中在两个方面：一是合格的英语教师应该掌握和驾驭哪些学科知识和教学技能，二是合格的英语教师的理想模型。但是，对教师在日常教学行为中应该以什么样的具体实践去实现这样的理想却很少谈及。目前的教师培训和教师研究中，关注的中心多是在专业理论学习和教学法培训上，一个最基本的问题却一直被忽视：教学大纲和课程标准中要求学生掌握的知识和技能、希望学生达到的教育目标，教师自己是不是真的已经做得很好了？

（一）提高教师的语言素养

有的教师，特别是精读课教师，仍旧采用传统的教学方法。他们讲解课文不甚得法，沿袭三部曲的老路——朗读、释义、翻译。教师成为课堂教学的“主角”；授课没有难点和重点；整个教学活动鲜有启发性的问题供学生

思考和讨论；既不讲授语言点，也不讲授文化点；至于文章的中心思想和段落大意更未涉及。课堂产生这种现象，主要有以下两个原因。

一是上述对课文的处理方式，即被称为“只见树木不见森林”的教学方法，是语言教学的一种积弊。这种英语教学方法过分强调在句子水平上组织教学，忽视在语篇水平上组织教学。但我们应该掌握语篇分析的方法。语篇分析是从语篇的整体出发，对文章进行理解、分析和评价。它不但重视语言形式，而且重视语言功能，同时还注重文章涉及的文化背景知识和相关知识，以培养学生的理解能力和分析能力。语篇由若干句子构成，语篇的理解以句子为基础，语篇的整体意义是由其句子意义有机地结合起来的。语篇与句子是互补的关系，而非相互排斥。强调语篇教学并不排斥必要的句法学习，离开了语言用法教学也就谈不上语言使用能力的培养。内容是语言表达的目的，语言是思维表达的手段，重形式轻意义不能达到交际的目的；反之亦然。

二是目前我们处在现代英语教育观念与传统英语教育观念的交替过程中。有些教师英语教学观念陈旧，仍然自觉或不自觉地认为自己在课堂上的主要角色是“语言讲解者”、“语言示范者”和“知识传授者”，这不符合现代英语教育所提倡的教师角色的定位。现代英语教育所提倡的教师角色应该是指导学生英语学习方法和培养英语能力。

因此，英语教师应该不断学习，了解英语教学发展的趋势。现今，英语教学研究发展的一个重要趋势是研究的对象从客体逐渐过渡到主体。客体指的是语言、教材、教法等，主体就是学生。两者协调配合便可促成英语教学的成功。我们应该明确英语教学发展的趋势，顺应潮流，做好教师角色转变的工作。

要培养学生的语言能力，英语教师自身必须具备扎实的专业知识和专业技能。英语教师不仅必须具备英语语音、词汇、语义、语用方面的知识，同时必须具备较高的英语听、说、读、写的技能。坦率地说，现在部分教师的语言能力还有待进一步提高。例如，有的教师把“in no time”误认为是“at no time”（前者的意思是“立即”，后者的意思是“不论什么时候都不，绝不”）；有的教师英语口语基础较差，用英语组织课堂教学的能力不够；有的教师给学生的短文加评语时，谓语动词单数第三人称的一般现在时不加

"s"；还有的教师板书不规范，字迹潦草，学生无法辨认。这些情况说明我们的基本功还不扎实。教师自己的基本功不扎实，又怎样去要求学生，又怎样培养学生的语言能力呢?

这里还有个学风问题。好的学风主要体现在"严谨"和"求是"上。两者均来自严肃的治学态度。实践证明，凡是学风好的地方，必然有好的教风；反之亦然。学问这东西来不得半点虚假。我们应该在"严谨"和"求是"上狠下功夫。特别是年轻教师一定要克服急功近利、不求甚解、自我感觉良好的陋习。要少一点浮躁，多一点沉稳；少一点急功近利，多一点踏踏实实，做一名合格的英语教师。

以高职高专英语教学为例，高职高专教育培养的是技术、生产、管理、服务等领域的高等应用型专门人才。高职高专学生学习英语，不是为了进行科学研究或学术交流，而是为了从事有关的涉外业务工作，故其英语教学不仅应打好基础，更要注重培养其实际使用语言的技能，特别是使用英语处理日常和涉外业务活动的能力。教育部高等教育司颁布的《高职高专教育英语教学教学基本要求》明确指出："高职高专教育英语教学的教学目的是：经过180—220学时的教学，使学生掌握一定的英语基础知识和技能，具有一定的听、说、读、写、译的能力，从而能借助词典阅读和翻译有关英语业务资料，在涉外交际的日常活动和业务活动中进行简单的口头和书面交流，并为今后进一步提高英语的交际能力打下基础。"它以培养学生实际运用语言的能力为目标，突出教学内容的实用性和针对性，强调以业务英语为核心的语言应用能力。

如果我们拿这张交际范围表的技能目标逐项对照来考核英语教师，未必所有教师都能熟悉并掌握与业务知识相关的英语。这些目标如果教师自己都不能很好地做到，在教学中就很难有说服力，教学效果就难以保证。所以，面对新的要求，每个教师首先应从知识和技能方面对自己提出更高的要求，切实加强语言文化修养，给学生做出好的榜样。

（二）提高教师的文化素养

教师的文化素养同样值得强调。特别是当下多元文化融合的社会背景下，教师必须注意文化素养的提高。

人们把文化分为两类：一类是正式文化，包括文学、艺术、音乐、建筑、历史和哲学等；另一类是普通文化，包括人们的风俗习惯、社会习俗等。现在，语言教学工作者在英语教学上有一个共识，除了对学生进行听、说、读、写四项基本技能训练外，还要加上文化导入。在论及语言与文化的关系时，人们都承认语言是文化的载体。语言与文化有互为影响、互为补充、互为依附的密切关系，因此语言教学离不开文化的传授。文化导入应贯穿英语教学的始终。这样做不仅可以活跃课堂气氛，使学生提高对学习英语的兴趣，同时也使学生不断积累文化的知识，从而能正确理解、准确使用这一语言。

文化导入有三个层次。这里只谈与大学英语教学有直接关系的第一层次文化导入。第一层次文化导入的目的在于消除英语学习中影响理解和使用的文化障碍。在这一层次里，英语教学以讲授目的语的语言结构知识为主。在教学过程中对有碍理解和交际的词汇、短语和句子从文化的角度尽可能地导入必要的文化知识。国内学者认为，影响语言理解和语言使用的文化因素多半隐含在语言的词汇系统、语法系统和语用系统中，所以，在这一层次的导入过程中要求遇到什么问题，解决什么问题。其重点是导入有关词汇的文化因素和有关课文内容的文化背景知识。

由于语言和文化的密切关系，英语学习就不可避免地要涉及文化学习，英语学习也必然离不开对英语国家文化的学习与理解。由于学习英语的主要目的是交际，英语学习也就自然要涉及不同文化之间的交际，这是一种跨文化的交际。

美国语言学家海姆斯（Hymes）曾提出交际能力的四个要素，即语法性、可行性、得体性和现实性，后两个因素直接和文化有关。得体性主要是讲在谈话的对象、话题、场合、身份等不同的情况下，要能够使用不同的得体的语言。这里就涉及文化背景的问题。现实性主要是指要使用真实、地道的英语。这已经不是靠语言知识就能解决的问题了。因此，教学必须包括文化知识的传授，教师要帮助学生了解世界、了解中西方文化的差异，拓宽视野，培养爱国主义精神，形成健康的人生观。

过去，英语教师非常重视英语语言知识的灌输，却常常忽略了跨文化意识的培养，结果使我们的学生成了做题的机器、中式英语的传播者。语言是文化的载体，语言是文化的反映，学习语言的同时必须注重源语文化的学习。英语教师要有较强的跨文化意识，使源语文化贯穿于长期的教学活动中，否则英语教育和文化脱节，这种语言教育是不完整的教育，是有缺陷的教育。

二、强化日常行为修养提升

课程改革的核心理念是全面实施素质教育，强调促进每个学生的充分、全面、多元的终身发展和最优发展。除了基础知识和基本技能的学习和掌握，它更加突出强调以下几个方面：激发学生的学习兴趣和自信心，培育学生各方面的积极情感态度，发展学生有效的学习策略，提高学生的自主学习能力和综合实践能力，培养学生的合作意识，培养学生的创新意识，奠定学生终身学习和发展的基础。以前的好教师可能是能够把学科知识高效地传达给学生的教师，但现在仅做到这一点已经远远不够了，除了传道授业，教师还必须加强多方面的自身修养，言传身教，从一言一行中给学生做出具体榜样，逐步实现教师角色新的转变。

（一）兴趣和信心

在着手培养学生的学习兴趣和自信心之前，教师应该首先反思一下自己对教学工作和教学对象的兴趣和信心：真的热爱英语教学工作吗？对英语语言文化有足够的兴趣吗？爱自己的学生吗？对学生的爱附加了条件吗？是发自内心地关注学生的成长，还是仅仅把学生当成自己的工作对象？是把自己的工作当成太阳底下最光辉的事业来做，还是仅仅当成谋生的手段来做？面对教学任务和求知若渴的学生，总能出色地完成各种教学任务吗？对教书育人工作有没有持久的热情和追求？对以上问题的不同回答，不仅会对教师的教学带来截然不同的效果，而且会对学生的学习信心和兴趣造成不同的、潜移默化的影响。

（二）积极的情感态度

教学改革的一个重要方面就是要培养学生积极的情感态度。要培养学生的积极情感态度，教师自己首先要有积极的情感态度。作为社会的组成部分，教师对人生、社会、工作、学校与他人的一般认识和态度，都会在不知不觉中传达给学生，并对学生情感态度的发展产生巨大的影响。如果一个教师自己的心理世界是灰暗的或是扭曲的，即使主观上再重视学生的情感教育，也不可能收到好的教育效果。教师的积极情感中最重要、对教学影响最大的一点就是是否热爱教学工作、是否热爱学生。教师对学生无条件的关爱和信心，会极大地促使学生的情感朝着健康的方向发展，而且会同时促进学生学业成绩的进步。从“赏识教育”到“理解教育”等种种教育实践，其核心思想是一致的，就是教师用自己的积极情感去感染学生的积极情感，用思想去点燃思想，用爱去催生爱，用信心去激发信心，用个性去创造个性。教师应经常反思：对教师工作和教育现状能正确理解吗？能正确处理与领导、同事的关系以及生活中的各种矛盾吗？在教学工作中面对学生的各种表现，无论是期望的和不期望的，满意的和不满意的，都有公正的理解和评价态度吗？能够做到对所有学生不论学习成绩、家庭背景、性格特征，都发自内心地热爱吗？能够正确对待生活和工作中的挫折和不如意吗？能在工作中始终保持良好的精神状态吗？

（三）教学策略和自我发展策略

大学教师的教学是个动态过程。优秀的教师总是善于反思、积累、改革、突破，在不断的探索和反思中逐渐形成自己的教学思想和教学风格。教师不妨经常静下心来想一想自己的教学目标是否明确；是否能根据学生的兴趣、需要和心理特征及时调整自己的教学策略；是否习惯于进行教学反思，并经常做教学日记，进行阶段性总结；能否经常自觉关注与自己工作有关的学术动向和前沿的教学思想，跟上本专业的最新发展；能否经常反思自己教学中存在的问题，并能客观分析、自我调控，找出改进教学策略的途径；是否善于利用期刊、报纸、图书、网络和其他信息手段得到自己需要的资料；

是否经常与同行交流；有没有研究与探索的习惯；等等。此外，教师的自我发展策略中还有一点也很重要，那就是教师不要“述而不作”。实践的东西往往有待于提炼上升到理论后才更系统、更精确，也容易实现更大的价值。被实践证明有效的方法，自己在教学中成功的体会，应提炼出来与别人交流，这是一个双赢策略。大家都这样做，就会形成良性循环，整个教师队伍素质的提高就会较快。

“以学生为中心”的教学方法越来越受到人们的重视，这一趋势纠正了以往传统教学中以教师为中心、忽视学生的主观能动性和语言创造力的倾向。但是，我们不能因此而低估教师的作用。英语教师要想充分发挥一个“组织者”的作用，其个人素质是完成教学任务的保证。联合国教科文组织对外语教学质量提高提出了“五个因素和一个公式”。五个因素指国家对外语教学的环境、学生的来源和质量、教材的质量、教学环境与条件、教师的素质。一个公式是：教学质量＝［学生（1分）＋教材（2分）＋教法（3分）＋环境（4分）］×教师素质。从公式中可以看出，教师素质的分值越大，乘积越大，教学质量则越高。在影响教学质量的诸因素中，教师素质起着举足轻重的作用，因此，可以说提高英语教师的整体素质是提高英语教学质量的关键。要激发和培养学生学习英语的兴趣，教师应该首先具备英语学习策略知识，帮助学生学会学习，为他们的终身学习打下基础；应具备较为扎实的语言素质的本体知识；应具备实现有目的的行为中的课程情境知识及与之相关知识的实践性知识；应具备了解教育学和心理学知识的条件性知识；应具备跨文化意识以及教师的自我反思能力。

（四）自主学习和实践能力

教师不仅要以发展的眼光看待学生，还要以发展的眼光看待自己，不断充实和提高自己，实现自身的持续发展。教师希望提高学生的自主学习能力和实践能力，但是教师自己是不是也在自主学习？教师自己的实践能力又如何呢？是否在不断进修、不断探索，自我加压、自我监督，不断提高业务水平？能不能把所学教学法知识、教育心理学知识、学生心理发展知识以及教学策略和教学技巧等理论不断地应用到教学中去？能不能在教学中不断检验这些理论的可靠性？能不能提出自己的一些见解？下面将介绍几种在教学中必需的知识类型，以有助于英语教师在授课时融入进去。

1. 学习策略知识

学习策略是指学生在发展第二语言或英语技能中，促进学习而使用的具体的行为步骤或技巧。研究表明，成功的语言学习者有一些共同的特点：他们是积极的语言实践者和运用者，对语言使用具有强烈的愿望；他们不但注意语言的形式，同时也重视语言的意义；他们能利用语言知识对自己的语言表达进行监控，发现错误会去改正；他们有自己的学习策略，不是见到不懂的语言就束手无策，而是能通过各种语言线索去猜测意义，解决矛盾，创造性地学习。这种策略训练符合现代教学理念，从“以教师为中心”转到“以学生为中心”，从重视教师的教转到重视学生的学。如果我们的英语教师将那些成功的语言学习者所采用的学习策略归纳总结出来，并以适当的方式将这些策略传授给其他学习者，会有助于他们改进学习方法，提高自主学习的能力，并获取良好的学习效果。研究者指出，第二语言学习行为的策略系统包括以下几个方面：元认知策略（诸如集中注意力、有意识地寻找练习机会、制订学习计划、自我评价学习的进步以及监控错误等）、情感策略（如减低焦虑、自我鼓励等）、社会策略（如质疑，与目标语的本族语者的接触和文化意识等）、记忆策略（如归类和意象等）、一般认知策略（如推理、分析、概括和操作等）、补偿策略（如根据上下文猜测意义以及迂回表达等）。研究者认为，“语言学习策略是学习者采用的一种行为或行动，从而使语言学习更成功，自主意识更强，学习过程更为其乐无穷”。

尽管学习是人类生存很自然的一部分，但自主学习和策略的使用是一种有意识的技能，必须通过训练才能提高。如果语言学习者期望达到一个相当水平的交际能力，需要采取积极主动的姿态，而不是靠被动的填鸭式的灌输。要想使学习者的策略得到训练，英语教师首先应具备学习策略知识。研究表明，了解学习方法可以使教师更好地把握教学方法的有效实施。

2. 本体知识

本体知识是指教师所具有的特定的学科知识，如语文知识、数学知识等。对英语教师而言，本体知识就是语言技能和语言知识。听、说、读、写是学习和运用语言必备的四项语言基本技能，是学生进行交际的重要形式，是形成综合语言运用能力，即培养用英语这一重要载体获取信息和处理信息的素质的重要基础和手段。语言技能包括听、说、读、写四个方面的技能以及这四种技能的综合运用能力。语言知识是指语音、词汇、语法、语调等英语知识。教师的语言技能和语言知识在英语教学中相辅相成，相互促进。

教师应帮助学生通过大量的专项和综合性语言实践活动，形成综合语言运用能力，为真实的语言交流打基础。根据英语教学的目标和内容，英语教师在听、说、读、写、译等方面应具有较高的水平，力求语音纯正、词汇丰富、语法正确、语言得体，应具有较强的语篇理解能力和分析能力。扎实的语言基础更是有效英语教学所必需的。任何一种语言都是一种符号系统，它由形式和意义两部分组成。形式反映意义，意义通过形式得到体现。两者的结合构成语言系统，语言系统内部又由语义、语法和语言等分支系统组成。各分支系统既相互独立又相互依赖，其中语义系统是核心，它通过语法系统以语音系统中的语音形式得到体现。语言是一个按一定规则组成的复杂的系统网络，整个语言系统离不开语言规则，即语言中客观存在的规律性。因此，精通英语的系统结构，掌握英语的语言规则，是英语教师专业素质的标志之一。

3. 实践性知识

实践性知识是指教师在面临实现有目的的行动中所具有的课程情境知识及与之相关的知识，具体地说就是教师积累的教学经验，专业化教师必须具备的从事教育教学工作的基本技能和能力。在关于教师技能和能力的研究中存在着诸多的概念表述，如教师基本功、教学技能、教学技巧、教学能力、教学才能等。这些概念有的在意义上非常接近，有的则在层次上有所差异。

不同的人对教学技巧有不同的分类。一般而言，一个具备较高素质的教师应具备下列技巧。

（1）动力技巧。包括加强学生行为，多样化刺激，鼓励学生参与，接受并支持学生的感受，表达温暖热情以及认识并满足学生的需求。

（2）讲授及交流技巧。包括解释、戏剧化、阅读，使用视听教学辅助器具，恰当地终止或使用沉默，鼓励学生反馈，澄清、表情、速度以及有计划的重复。

（3）提问技巧。包括反复集中与指导、引导高难问题、歧异性与多样性问题，以及激发学生主动性。

（4）小组个人辅导技巧。如组织小型小组工作，培养学生独立学习能力，鼓励合作活动，正向激发学生间的相互作用。

（5）培养学生思考技巧。如鼓励探索性学习，指导发明，制定概念，使用刺激手法，使用角色和游戏刺激思维，培养学生解决问题的能力，鼓励学生进行评价与判断并培养其批判性思维。

（6）评估技巧。包括认识与评价学生的进步，确定学生学习上的困难，提出补救办法，鼓励学生自我评估，以及组织评估讨论。

（7）课堂管理与纪律。包括认识专心与否的行为，监督课堂小组工作，鼓励以任务为目标的行为，给予指导并解决多重问题。

4. 条件性知识

条件性知识是指教师所具有的教育学和心理学知识。一个教师如果仅仅具有本体知识和实践性知识而缺乏条件性知识，那么他很难成为一个具有较高素质的教师。一个具有较高素质的教师应该了解和把握学生的心理变化过程，注重情感教学。解决情感问题有助于提高语言学习的效果。消极情感如焦虑、害怕、羞涩、紧张、愤怒、沮丧等都会影响学习潜力的正常发挥，如果学习者受消极情感影响太大，再好的教师、教材、教学方法也无济于事。与此相反，积极情感如自尊、自信、移情、动机、愉快、惊喜等能创造有利于学习的心理状态。另外，解决情感问题也是促进人的发展的一个重要方面。从这个意义上说，情感已经不是语言教学的问题，甚至不是教育本身的问题，而是人的发展的问题。英语教学的任务之一就是培养学生的爱国主义精神，形成健康的人生观。

教学工作是一种培养人的专业工作，仅通晓本学科并非能必然地使他成为该学科的好教师，学者未必是良师。一个教师要成功地扮演好自己的角色，在所教学科知识够用的基础上，更重要的是具有教育科学方面的知识，教师的专业领域毕竟是教学，而不是其任教的学科。

（五）教学工作中的合作意识

大学教师的合作意识表现在上下级合作、同行合作、与学生的合作等几个层面。

合格的教师应该以主人公的身份主动与校长和各级领导合作，主动承担工作，及时沟通、主动参与并对学校的发展和教学工作提出建设性的建议和意见，而不是简单地执行指令、完成任务。

同事之间的合作要求教师能够调整好自己的心态，积极促进同事间既竞争又合作共进的良好关系的形成，养成经常互相听课评课、研究切磋、取长补短、实现资源共享的习惯。同事合作的延伸形式是对外交流。好的教师不应闭关自守，而要有开放的眼界和心态，经常把自己的教学心得与校内外的同行切磋，经常阅读学术刊物，积极参加学术研讨会、观摩会、交流会，善于充分利用本校或者兄弟学校教师之间的合作。优秀教师的课要听，一般教师的课也要听；本学科的课要听，其他学科的课也要听。后者往往被忽视，比如英语教师完全可以在语文课上甚至数学课上得到很多启发。教师之间的真诚合作可以使教师的整体教学水平水涨船高，实现互助双赢。

教师的教学合作中还有一点需要强调，就是教师要善于与自己的学生合作。道理很简单，学生是教师工作的目的和归宿，而学生又是有着自己思想情感的能动个体。教师的工作能否生效，与学生在整个过程中是否主动配合直接相关，所以教师需对传统的师生关系进行调整。要以学生为中心而不是居高临下，共建“民主大家庭”而不是“一言堂”，做学生的朋友而不是权威。

（六）教学创新

要发展学生的创造力，教师首先就要有创新意识。虽然教师的创新不是发明创造什么产品，但教学中有没有创新意识，对学生的影响是不一样的。很多教师的课堂教学模式和程序是多年不变的，想当然地认为自己的课就应该这么上。这种格式化的思维定式对教师的成长是个极大的障碍。一个长期用同一种方法处理教学内容的教师就不容易让学生养成创造性的思维习惯。教师是不思进取、满足现状，还是不断地对自己的教学提出更高的要求；能否创造性地理解和改善师生关系；能否创造性地组织教学；能否创造性地使用教材，并立足实践需要对教材进行删减、增补和调整，创造性地开发课程资源；能否探求新的教学途径，尝试寻找更有效的方法；能否创造性地对学生进行测试评价……所有这一切都直接影响着教学效果、学生的成长和教师自身的发展。

创造需有冲破传统的自信和勇气。拿教学法来说，迄今为止世界上没有哪一种教学法是公认最好的、最有效的，某一种教学流派中的具体教学方法，如功能法、任务教学法等，不同教师在实践中的具体操作也不尽一致，甚至相去甚远。人们习惯于按照自己的理解和需要对相关的理论和技术进行改造，以适应具体的需要，这本身就是理论联系实际的一种表现。许多教学法都是从普通教师的教学实践中汲取营养逐渐凝练而成的，所以教师在教学创新时大可不必担心自己的做法没有理论依据、不够经典。其实只要实践证明是有效的方法，应该说就是好的方法。今天的成功实践就有可能成为明天的经典。当然，创新也需要有立足实践的严谨态度，也不是无目的无方向的随意乱来，一定的理论指导和预先计划总是必要的。

（七）终身学习的意识和实践

终身学习首先应从教师做起，教师应率先成为终身学习的楷模。一个人不是从师范院校毕业就可以成为一名合格的教师的，合格的教师需要不间断地实践、反思、学习、提高。学生要终身学习，教师也要终身学习，教学内容、教学方法常年不变的教师很难受到学生的欢迎。就是那些成熟型教师，如果停滞不前，不经常更新知识、调整策略，过一段时期后也会变得不再适应学生的需求。随着教师职业专业化程度的提高，教师的行业准入门槛也会相应提高，这就要求教师时时更新学科知识，不断学习新的教学思想、教学方法和教学技术，只有这样才能适应教学目标和学生需要的新变化。我们常说的“教学相长”，里面也有这样一层含义，合格教师是一个动态发展的概念。

教师素质和教师发展是一个宏大的课题，涉及的因素远不止这些。从学科和专业修养到相关学科的知识储备，从教育学、心理学的基本原理到学科教育学、学习心理学、发展心理学、认知心理学等相关学科的一般知识，从学科教学法的研究到课堂教学策略的实践，从教学的组织调控到各种教学技术和方法的运用，从学生个性特征的把握到教师自身教学行为的反思，从教学实践和教学研究到教育创新，从教师的教育哲学和教育史的修养到个人教育思想的形成等，都可以成为教师发展研究中的课题。教师发展是一条有起点没有终点的路，这里涉及的只是这条路的起始阶段。路是没有尽头的，所以终身学习才有必要。

在对自身知识结构进行完善时，教师还应多对自己的课程情况进行反思。教师的反思是指教师在教育实践中，对自我行为表现及行为依据的“异位”解析和修正，进而不断提高自身教育教学效能和素养的过程。其主要特征，一是实践性，指教师教学效能的提高是在具体的实践操作中。二是针对性，指教师对自我“现行的”行为、观念的解剖分析。三是反省性，指教师对于自身实践方式和情境的反思，立足于自我以外的多视角、多层次思考，是教师自觉意识和能力的体现。四是时效性，指对当下存在的非理性行为、观念的及时觉察、纠偏、矫正和完善，意即可以缩短教师成长的周期。五是过程性，一方面指具体的反思是一个过程，要经过意识期、思索期和修正期；另一方面指教师的整个职业成长要经过长期不懈的自我修炼。传统的教师只是一个技术员，是用别人设计好的课程达到别人设计好的目标的知识传授者，而反思型教师不仅具有课堂教学知识技能等，而且具有对自己的教学方法、教育内容进行反思、研究、改进的能力，具有对教育的社会价值、个人价值等更广阔的教育问题进行探究、处理的能力。

第二节　支持英语教学改革

21世纪是国际化、信息化的时代，经济和社会将以更高的速度向前发展。英语作为吸收和传播世界文明成果、对外开放和搞活经济的重要工具，在21世纪将起着特殊而重要的作用。因此，我们必须从时代和国际竞争需要的高度来思考大学英语教学改革问题。

为了促进大学公共英语教学改革，进一步提高大学生的英语实用能力，教育部决定采取以下三项措施：在公共英语教学中广泛采用先进的信息技术，推动基于计算机的英语教学改革；改革单一的大学英语教学大纲，由过去的以阅读理解为主向综合实用能力为主转变，研究并制定适应各学科门类的大学英语最低教学要求；在以上工作取得进展的基础上，进一步改革大学四、六级英语考试，充分发挥其引导高校英语教学改革的作用。

综合以上信息，大学英语教学的改革方向为实用英语教学，提高大学生英语综合能力。随着高等学校的不断扩招，在校学生人数剧增，而大学英语教学的课时少了、班级人数多了，因此，大学英语教学的改革势在必行。教师的教学重点应由知识传授转变为学习方法上的指导，将有限的课堂时间用来答疑解惑，帮助学生解决在学习方法上遇到的疑惑和问题。要达到这一目标，首先要使学生的学习态度由被动接受转变为主动学习，学习方式由知识输入为主转变为输入、输出并重。这对大学教师提出了更高的要求。教师不能再简单地依照传统的方式进行“填鸭式”教学。如果仅满足于学生课堂认真听讲，教师讲什么，学生就听什么，离开教师讲解，学生就不知做什么，那么，既无法培养学生的学习技能和解决问题的能力，又阻碍了学生主观能动性的调动和发挥。这种脱离实践、脱离实用技能培养的教学，显然与当今教学改革和社会人才培养的要求是格格不入的。

大学英语教师是教学改革的具体实施者。教师对大学英语教学工作的认识水平，关系到能否顺利实施教学活动。完成教学任务需要教师具有较高的综合素质，要求教师将各种知识和各种能力进行有机的组合。

一、大学英语教学改革须纠正的错误观点

要顺利地进行大学英语教学改革，首先必须认清以下观点。

第一，教学方法不是越时髦越好。“教无定法”，各种教学方法都有其优势和不足。大学英语教学有其自身特点和规律性，作为教师，应根据实际教学条件和教学环境寻求最佳的教学方法，以期取得最佳教学效果。

第二，教师课堂讲解不是越多越好。课堂讲解的多少应根据教学实际来决定，教师的课堂应以学生为中心。杰里默·哈默（Jeremy Harmer）认为在第二语言教学中，教师应尽量减少三“T”（Teacher's Talking Time），即教师讲课的时间。

第三，课堂板书不是越多越好。传统教学大多以教师为中心，教学模式为教师讲学生记，由此形成了学生被动接受的模式。大学英语课堂中的学生应是活跃的、积极的和主动的，应该让他们通过自己的手、耳、口、脑并用来学习和掌握语言。

第四，应试训练不是越多越好。教学与考试的关系：教学是中心，是根本；考试是教学的反馈，是调节教学的手段。后者应为前者服务。只有注重能力培养才能取得好的考试成绩。由此可见，那种脱离能力培养的应试教学是无源之水，无本之木。

第五，课堂教学语言不是一概用目标语为好。课堂上学生听不懂、听不进教师的讲解是课堂教学的一大失误。因此，大学英语课堂教学语言应在学生所能接受的前提下不断增加新内容和提高目的语的难度，以激发学生的学习兴趣、学习积极性和学习热情。

教学语言不仅具备知识传授的功能，还具有语言使用的示范功能，因此应尽量靠近目标语，尽量避免双语的互相干扰。

对教学活动的科学认识，是教学改革实施的基本条件，改进大学英语教学的方法和手段则是推动教学改革迈上新台阶的必要环节。

当前，制约英语教学质量提高的一个重要的因素就是教学方法改革滞后。如果不能大面积地改进教学方法，提高英语教学质量就很难落到实处。把知识、能力、素质协调发展、综合培养作为大学英语教学的目的，必然要求教学方法与之相适应。因此，优化教学方法是目前大学英语教学改革的重点之一。教学手段现代化对提高教学质量起着重要的作用，当今以推行多媒体为主的现代化教学已成为英语教学手段改革的标志，而完善教学手段更重要的还在于人，现代化的教学手段离不开熟练掌握现代教育技术的大学英语教师。在实际的教学中，教师应非常了解学生现有的知识水平，那就是：学生的英语水平普遍偏低，且部分学生的学习目标不明确，没有意识到学习的重要性，学习方向不明确。解决这个问题，需要教师的引导和学生的配合。就目前的教学状况来说，教师通常采用的是传统的讲授方式，方法单一，不能调动学生的积极性，真正用到多媒体教学的时候并不多。这与学生希望的多媒体授课方式有出入。因此，在引导学生自主学习的同时，教师也应积极采取多媒体授课的形式。合理利用信息资源，不仅可以扩大课堂教学的信息量，增强教学的直观性、形象性，还有利于激发学生的学习激情，培养他们的学习兴趣，使学生学到更多的知识。

实施素质教育，进行大学英语教学改革是当前课堂教学系统改革的主旋律。课堂教学素质化以面向全体学生，发展学生全面素质，让学生主动、生动活泼地学习为主要特征。教师的课堂教学设计决定着课堂教学的行为，从某种程度上讲，有什么样的教学设计，就有什么样的课堂教学行为。落实课堂教学的素质化必须从课堂教学设计入手。课堂教学设计包括教学目标、教学重点和难点、教学策略、教学媒体等因素，课堂教学不能仅限于扩大学生的语言知识，应注意加强和提高学生的语言应用能力，培养自主学习能力。为此，必须着力改变多年来英语传统教学中形成的“黑板+粉笔+录音机”的枯燥、单一的教学环境，尽量让学生置身于一个英语世界中，从而激发学生的兴趣，最大限度地调动学生学习的积极性和主动性，达到较好的学习效果。兴趣也是一个人追求和扩充知识的一种精神力量，对个体能力的发展十分重要。一个人在掌握了2500个单词之后的英语学习是一个很困难的过程，因为能力提高的速度很慢，很不明显。大学英语恰好处在这个阶段，如何在教学过程中激发学生的学习动力与兴趣便成为教师必须探索和解决的问题。在教学中，教师要营造一种有利于英语学习的气氛，尽量运用多种方法，如幽默故事、逸事以及例句、名言、谚语等，促使学生产生浓厚的兴趣，激发他们的学习热情。另外，营造良好的气氛、协调师生关系也是非常重要的。在学习方面，最重要的因素就是一种积极的态度。如果我们在教学实践中满腔热忱地组织教学，注意调动学生的学习积极性，让学生感受到真诚的关怀和挚爱，感受到热切的期待和赞许，感受到可亲的信赖和鼓舞，他们就能愉快地接受教师的指导和教诲，教学便可以达到以情导知、情知相融的境界。

注重用英语进行教学是维系英语教学系统中的主体（学生）、客体（英语）和环境三要素的纽带。在教学过程的一切活动中，英语是媒介，教师与学生使用英语正好构成了最基本的课堂英语环境。浓厚的英语气氛能更好地调动学生的学习积极性和激发学生的学习兴趣，有助于学生在课堂这个小环境中养成用英语交流的习惯。用英语教英语还有利于化解训练的矛盾。教师的讲，实际上也是学生练（听）的实践。在教学实践中，教师应使用简明易懂的英语，辅之以适当的非语言手段，围绕教材分阶段地进行听、说、读、写、译的全面训练。同时要研究学生的情商因素，关注大学生关注的热点问题，精选课堂谈话主题，根据不同的课堂教学内容适当采用“情境教学法”，设计典型谈话场景，科学分组，让每个学生都参与模拟角色对话，使教学生活化，让学生在运用中体会到学习的乐趣，唤醒学生的学习欲望，以求取得较好的教学效果。

建设一支具有较高素质、相对稳定的大学英语教师队伍是提高英语教学水平、保证大学英语教改顺利实施的关键。英语教师观念落后，知识老化，教学手段陈旧是摆在教育战线面前的严峻现实。同时，各高校英语教师数量严重不足，教学任务十分繁重，教师工作超大负荷。当然，广大英语教师也应积极加强专业知识的继续教育，通过报考助教进修班、定向研究生、在职研究生、在职申请学位等多种途径，全面提高自身素质和业务水平。此外，应强化网络教学意识，充分利用计算机和网络的特性，弥补英语常规教学的不足，让计算机辅助语言教学成为掌握英语这门语言的最有效手段。综上所述，英语教师进行教学改革必须具备信息时代所要求的各种能力：对教学活动有科学的认识；注重培养较强的教学能力，包括向学生传授知识的能力、培养学生学习技能的能力、指导学生掌握学习方法和学习技巧的能力、组织学生学习和运用英语的能力、帮助学生进行自主学习的能力；在教学中注重创造性和表现力的发挥。我们可以预期，有了英语教师的勤勉努力，在不久的将来，大学英语教学能够走出“费时低效”的怪圈，取得良好的效果。

二、提倡的做法

未来人才流动的全球化、人才标准的国际化将日益明显，市场对人才的要求也因此不断提高，能否运用流利的英语与外界交往成为考察工作能力的必要指标。高等学校作为人才培养的主要基地，英语教育备受人们的关注，而英语作为国际通用语言更使其教学成为人们关注的焦点。随着教育环境的不断开放，高校英语教学将面临新的压力和挑战，这无疑给高校英语教师提出了新的要求和新的挑战。时代的发展要求高校英语教师审时度势，转变教学观念，更新教学思想，创新教学手段，培养时代所需的高素质的英语人才。

（一）审时度势，更新教学观念

1. 建立平等互重的新型师生关系

在教育创新时代，当我们以新的眼光来看待“师者，所以传道、授业、解惑”时，难免会想到，传统意义上的师生关系不仅是教育者与受教育者的关系，而且是领导者与被领导者的关系。与创新教育相适应的新型师生关系的核心则是把教师和学生看成价值平等的主体。教师要更新教育观念，就要彻底摒弃把知识储藏与传授给学生知识比之为“一桶水”与“一滴水”的陈旧观念。师生在共同活动中都要有一种主人翁的地位和意识，平等相处。学生不仅是“教育的主体”，更是有创造性的权利主体，教师不仅要使学生学到更多的知识，更重要的是开发学生的潜在能力，要以培养学生的创新能力为己任。

2. 遵循以学生为主的教学原则

高校英语教师应当树立培养学生能力的教学思想，树立以学生为中心的教育观念，一改“翻译式”“灌输式”的课堂教学方式为“启发式”、“诱导式”和通过解决问题来学习的“研究式”。提供学生运用语言的机会，鼓励学生发散思维、创新思维，最终超越具体结构和功能，创造和丰富语言的深刻内涵。高校英语教师应当指导学生成为语言学习的主体，不断启发、引导学生积极运用英语交流，积极思维。教师对教学活动的设计既要结合培养目标又要考虑学生兴趣，同时也给学生提供参与教学设计的空间和机会，改变“填鸭式”的教学方式，使学生变被动吸收为主动参与，形成以学生为中心的民主性学习局面。在整个学习活动中，教师只是一名顾问，一名交换意见的参加者。教学内容是教师“带着学生走向知识”，而不是“带着知识走向学生”。这样，学生学习起来身心愉悦，才能为创造性思维提供可能的机会。促进学生的创新思维，教师应首先有创新意识，善于创设开放的教学情境，营造积极的思维状态和宽松的思维氛围，并调动学生的非智力因素，尽力培养学生对英语学习过程本身的兴趣。教师的角色不要总是当“裁判”，而要做交际活动的组织者、合作者和调控者。只有在充满激励与自信的气氛中，教师才能从学生的思维火花里发现创造的苗头。

3. “应试教育”向“应用教育”模式转变

中国加入世界贸易组织后，同世界各国的经济合作与贸易往来日益增多，高校英语教学中培养出的“应试型”人才已经不能满足社会的实际需要。因此，我国高校英语教学必须适应社会发展的要求，从“应试教育”模式向“应用教育”模式转变。高校英语教师应摒弃把考试视为英语教学终点的错误观念，用开放的思维和眼光来看待和迎接教育的变革，树立全新的教育思想。注重向学生灌输国际竞争意识，培养其参与国际合作与竞争的能力；注重培养学生的自主创新精神，转变重考试的教育观念，培养全面发展、自主创新的人才；重视学生的非语言思维和形象思维，培养学生的发散思维和非逻辑思维。同时，人才培养还必须立足于全球化市场，高校英语教师在树立创新的教学观念过程中，要更新传统的教学模式，重新调整知识结构，把高校英语教学的重点由传授语言知识转变到语用能力的培养，即实际运用英语语言进行交际的能力培养上来。

（二）更新教学方法，创新教学手段

1. 充分利用多媒体教学手段

传统的“一支粉笔、一本书、一本教案”的陈旧教学模式已落后于时代，远远满足不了当今学生求新求异的要求。教师可以充分利用录音机、实物投影机、电脑、语音实验室等现代化电教媒体，编制计算机辅助教学课件，创造出图文并茂、生动、逼真的教学环境，创造出超越时空的课堂。教师可参与网上课程讨论区的讨论、辅导、答疑。多媒体现代化的教学手段有利于培养学生主动获取知识和运用知识的能力，激发学生学习兴趣。

2. 营造良好的课堂外英语学习氛围

教师除了要求学生在课堂上用英语交流，用分组讨论、短剧表演、背景简介等形式为学生提供锻炼机会之外，还应特别注意营造良好的课堂外英语学习氛围，使英语教学从单一的班级教学转移到以校园为主的英语学习的大课堂，形成一个学习氛围更浓厚、范围更广大、参加人数更多的英语学习环境。教师应引导学生充分利用图书资料和网络资源，学会独立获取知识、分析问题、解决问题的能力。教师一定要加强对学生课外学习和实践活动的组织和引导，鼓励学生多参加英语角、演讲赛、辩论赛等课外活动，多形式、多渠道、多手段地提高学生的英语学习兴趣，锻炼和展示英语语言的应用能力。学生的课外学习和课外实践活动对于培养学生的综合素质和创新能力有着重要的意义，是课堂教学的延伸和扩展。课外实践活动是培养学生的组织能力、交际能力、思维能力和创新能力的极好机会，应鼓励学生人人参加。

（三）与时俱进，提高自身素质

新时期高校英语教师肩负着培养跨世纪人才的重任。为了使自己掌握的专业知识和技能更有效地转化为学生的能力，教师应未雨绸缪，从提高自身素质入手，不断充实自我，改进教学方法，积极应对变化，只有这样才能不断完善英语教学，为教育事业的发展作出自己的贡献。在瞬息万变的信息时代，知识也在以前所未有的速度更新。即使受过高等教育，教师也要时刻意识到，在知识经济时代，如果不精通专业知识，不掌握学科的新动向、新发展，就不能有效发挥教学中的主导作用，也无法指导学生解决实际问题。

因此，教师必须与时俱进，随时随地充实自己，做到“活到老，学到老”。另外，英语教师应努力提高自身素质和修养，将英语教学看作一门艺术，除了需要精通英语，掌握它的基本规律，科学钻研自己的教授方法，做到口语流畅、纯正、地道，同时还应该具有文学、历史、艺术等多方面的修养，对英语国家的文化、历史背景有较为全面的认识。也就是说，一名优秀的英语教师需要具备较高英语水平和良好教学方法，并能将二者完美结合。现代的教师不再是“教书匠”，除了要具备扎实的专业知识外，他们还要考虑自己是否敬业、尽职、关爱学生、善于教学相长；是否能有效地策划、分配、组织课堂活动；能否做到随机应变，解决教学中的疑难问题、学生的提问等。这使教师处于一种极富挑战性的环境之中，教师所掌握的知识和技能也不会持久不衰，如果光是“吃老本”、停留在数年以前的水平上就会在教学中力不从心，很难得到大的提高。因此，教师应有一种不进则退的紧迫感，有意识地去接受各种培训。只有自身素质得到提高，才能使知识犹如源头活水，也才能使学生的水平得到相应的提高。

教育是全社会创新的先导和基础，教育创新已是教育改革历史发展的必然和新时期教育的必然抉择。高校英语教师一定要打破传统教学观念的束缚，不断探索、尝试论证新的教学理念，实现知识创新、方法创新，以优异的素质主动适应创新教育，以丰富多彩的教育实践培养学生的创新能力，迎接新时代的挑战。

第三节　英语教师教学的必备要素

近年来，国内外英语教学与研究的发展有了很大的变化。在课程总体目标上，从以单一的学科教育为目标向以全人教育为目标转变，从升学教育向终身教育转变；同时，从重视英语学习策略和能力的传授向语言知识与语言技能并重转变，特别强调交际能力的形成和培养。在教学模式与方法上，从以教师为中心的教学模式向以学生为中心的教学模式转变，强调学生的参与和体验，强调采用多种形式的教学活动。在课程评价上，从单一的针对语言知识掌握程度的知识性测试向关注学生综合语言运用能力的多样化评价方式转变。在教育焦点上，从教什么向如何教转变，从学什么向如何学转变。在这种新趋势下，英语教师只有具备良好的素质，才能成为新时代需要的合格的英语教师。

一、有效传递教学信息

短短的一节英语课，仅有几十分钟，作为教学信息传递者的教师，为了有效地与学生一起完成教学任务，应做到以下几点。

（一）具备较高的教学能力

教学能力是教师为达到教学目标、顺利从事教学活动所表现出的一种心理特征。它由一般能力和特殊能力组成。一般能力是指在英语教学活动中所表现出的认识能力，如了解学生英语学习情况和个性特点的观察能力，预测学生发展动态的思维能力等。特殊能力指教师从事英语教学的专门能力，如把握教材、运用教法的能力，深入浅出的语言表达能力，教学的组织管理能力，完成英语教学必备的诸如听、说、读、写、译的能力等。研究表明，教师的表达能力、组织能力、诊断学生学习困难能力，以及授课的条理性、系统性、合理性等与教学效果有密切关系。

（二）具有独特的教学风格

教学风格是教师在教学过程中体现个人特点的风度和格调，是教师教学思想、教学艺术特点的综合表现。有的教师循循善诱，巧于设疑；有的教师语言风趣，富有幽默感等。教师教学的独特风格，可给学生留下深刻印象，对学生各种心理的发展具有潜移默化的作用。

（三）具有一定的教学艺术

教学艺术是教师达到最佳教学效果的知识、方法、技巧和创造能力的综合表现。它是教师运用教育学、哲学、社会学、心理学、美学以及语言艺术的综合体现，表现在教师不仅能传播知识，还能通过自己的语言艺术和激情，激发学生的求知欲、学习兴趣和思维的积极性，把形与理、知与情结合起来，使学生的知识、能力、情感、意志和思想品德得到和谐发展。

（四）具有真挚强烈的情感

情感是有效传递知识的关键，没有真挚的感情，教师就不可能把课上得成功。教师的感情，犹如一切艺术家强烈的创作欲望，他对每节课付出感情，产生灵感，激活课堂气氛，以便产生最佳教学效果。教师走进课堂，就像演员走进摄影棚一样，立刻进入角色，用自己的热情和对学生的关心、对知识的热爱、对教学的责任感，去激发学生相应的情感，使他们有良好的情绪去学习英语知识，这样的学习效果也特别好。所以，情感是学生乐学、爱学、勤学、巧学的内在动力。

因此，教师在组织课堂教学中要注意教学各组成部分之间的前后衔接，教师只有讲得引人入胜，学生才能听得津津有味。

二、正确运用体态语言

体态语言可谓教师在课堂教学中使用的非语言手段，是教师本人在学生心目中直观性和表率性最强的整体形象。服装整洁、仪态大方、洒脱自如、温文尔雅、精神饱满、动作从容、可亲可敬，这是教师给学生的直接感受。亲切的目光、含蓄的微笑、轻松的表情、和蔼的态度，是每位教师须具备的取胜武器。教师的一举一动乃至一个眼神都应表达出对学生的喜爱、关心、信任和期待。因此，体态语言是教师内心修养的外在表现，在很大程度上，决定着学生对英语教师和所授课程的喜爱与否，直接影响教学的成败。研究表明，相互沟通通过各种方式的大致比例为：语调38%，表情55%，语言7%。由此可见体态语言的重要性。

教师语言是教师的教育、教学语言。教师在传授知识和进行思想品德教育时，语言的运用直接影响教育、教学工作的效果。高超的语言艺术是课堂教学取得成功的重要因素。语言是英语教师完成教学任务的主要手段，每位英语教师要自觉地注重自己对语言表达能力的训练，使自己的语言做到准确通俗、逻辑性强，要追求语言的艺术性。教师要善于运用自己的语调，准确、生动地表达自己的思想和感情，令学生赏心悦目，在潜移默化中受到陶冶、激励和鼓励。教师要善于用艺术化形式和方法将语言诉诸学生的感观，使其入耳、入脑、入心。课堂上，教师要多用礼貌用语或委婉语体，如“Please”“Thanks”“Sorry”“Could you...？”“Would you...？”等。诸如此类的表达方式能给学生以文明礼貌的感染和对美好人际关系的体验。

三、调节教学过程

教学过程是师生在共同实现教学任务中的活动状态变换及其时间的流程，由相互依存的教和学两方面构成，是在教师指导下学生的一种特殊的认识过程。在课堂教学中，教师要有高度的灵活性，能敏捷、果断地处理问题；有高度的智慧，能巧妙、精确、发人深省地给人以引导、启示和教育；要善于根据课堂情况变化进行创造性教学。教师要在教学过程中选择能够在规定时间内最顺利地解决既定任务的教学方法、手段和组织形式，采取区别教学和个别教学方法对待不同学习能力的学生，随时调整和校正教学过程的进程。如课堂教学活动进度过快，学生可能会跟不上；进度过慢，学生又可能会感到厌烦。因此教师应根据学生实际情况，及时调整课堂教学计划，随时发现问题，及时进行调整与弥补，扎扎实实，一步一步向前进。

课堂气氛是师生在课堂上共同创造的心理情感和社会氛围，是课堂教学中师生所呈现的一种心理状态。它要求师生情感交融，产生更多的相互作用和影响，学生对学习表现出极大的兴趣和愉快，无紧张和畏惧感，有更多的表达机会等。教师的作风和行为对形成一定的课堂气氛具有重要的作用。研究表明，具有指令、命令或持否定态度行为特征的教师，易引起学生的敌视、畏惧、冷淡和攻击性行为，甚至可以引起学生情绪分裂。具有接纳、肯定等行为的教师，易使学生减轻焦虑、行为统一等。因此，好的课堂气氛应该是教师精神饱满、生动传情，学生情绪高涨、注意力集中，师生都沉浸在一种轻松愉快的气氛之中。一堂课应有疑问、有猜想、有惊讶、有笑声、有争议、有沉思、有联想，师生积极开启智能的机器，共同探索知识的奥秘。

四、巧用教学微技能

教学微技能指教师在课堂教学中采取的教学手段，主要包括启发与演示、操练与强化、设疑与解难和创造教学情境等。

（一）启发与演示

启发是指教师在课堂教学过程中，强调学生是学习的主体，在学生掌握知识、技能、技巧的同时，发展其智力与能力，注重教的方法和学的方法结合。因此，在教学中，教师要充分调动学生学习的自觉性、积极性，引导他们通过独立思考获得知识、发展能力。具体要求主要有引起学生的学习动机，激发学生的积极思维活动，使学生学会思考问题的方法，发扬教学民主，形成良好的师生关系、生动活泼的课堂气氛。

演示是教师通过展示实物、模型、图片、幻灯、录音等直观、电化教学手段，使学生获得直观性知识和标准的英语语音语调。演示总是与讲述介绍相结合，也经常作为问答等练习的辅助手段，以及用作教师讲解课文、生词、语法等语言知识的手段。真实的形象和图画有助于学生充分理解语言容。

（二）操练与强化

操练与强化是指教师在课堂教学中，根据不同的教学内容和不同年龄学生的特点，采取多样化的方式，有效地进行训练。要培养学生综合运用语言的交际能力，就必须采取听、说、读、写共同发展，使学生善于发现错误并明白错误出在何处，培养学生的自我鉴别能力，使其学会在口头表达中做到语言准确。注意加强教师的主导作用，坚持以学生为主体进行训练。训练中，教师要尽量让学生多参与，学生是演员，而教师作为导演要随时把握训练的进程，随时注意学生的学习状态，采取有效的办法引导学生按教师的计划进行训练，切不可使训练放任自流，虽满堂热闹却收效甚微。

（三）设疑与解难

设疑是指课堂提问，是启发式教学的一种重要形式。学生的学习过程实际上是一个不断提出问题和解决问题的过程。课堂提问有设问、追问、互问、直问和反问五种类型。教师在提问时，要注意问题的科学性，要有助于学生思维的发展，要遵循量力性原则（针对不同水平的学生提出不同深度的问题）、阶梯性原则（问题由浅入深、由简到繁）、整体性原则（围绕课文中心，提出相辅相成、配套贯通的问题）、学生主体性原则（引导、鼓励、欢迎学生善于发现和提出问题，发表创新见解）、精要性原则（提问要精简数量、直入重点）、趣味性原则（提问要有情趣、意味和吸引力，使学生在愉悦中接受教学）、启发性原则（学生回答机会均等，防止偏向）、激励性原则（说一些赞扬的话，如“Good”“Well done”等，加以鼓励）。只有这样，课堂提问才能启发学生领会教学内容，检查学生掌握知识的情况，培养学生的创造思维，调动学生的积极性。

难点是学生感到不好理解、难以掌握或是唯独英语有而汉语没有的现象。对于教学难点，教师要采用灵活多样的教学方法，帮助学生克服种种困难，扎扎实实地学好语言知识，为进入更高阶段的学习创造成功的条件。如在词汇学习中，学生普遍感到单词难记、词义难学、词汇难用，故教师应始终将词汇作为重点来抓。

（四）创造教学情境

创造教学情境是教师运用具体生动的场景以激起学生主动学习英语的兴趣、提高学习效率的一种教学方法。它是以口语为基础，借助环境氛围、动作表演等使学习内容与相应的情境相结合，有助于学生从整体上感知和把握学习内容。它要求教师认真细致地备课，匠心独运地安排，以诱导学生进入情境中，使学生对所学知识易于理解、印象深刻，做到学以致用，更好地提高听、说、读、写、译的能力。在教学中，教师要尽量设置情境，借助实物、图片、动作、表情等非语言手段创造较为真实的语言环境。这不仅可以帮助学生理解语言知识，做到学用结合，还可大大活跃课堂气氛，提高学生的学习兴趣，产生良好的教学效果。

第九章 多元文化背景下的信息技术与英语教学整合

第一节 信息技术与英语教学整合概述

一、信息技术与课程整合的背景

由于信息技术的飞速发展，多媒体和网络技术的日臻完善和普及，中小学信息技术教育水平不断提高，软、硬件环境不断完善，加之深化教育改革，全面推进素质教育，培养具有创新精神和实践能力的高素质人才和劳动者的社会需要，教育信息化得到了各阶层的重视，我国的信息技术教育进入了快速发展时期。特别是在多元化背景下以及近几年在新课程、新教法的基础教育改革中，先进的教学理念、以学生为中心的教学方式的提倡、各种形式的教师信息技术能力培训等因素的综合影响下，信息技术教育的发展应用跃上了一个新的台阶——信息技术与课程整合。广大教育工作者的观念从认为信息技术是计算机课程教育的认识飞跃到更高更深的层次，即信息技术必须融入教学，必须和学科课程相整合。信息技术与课程整合成为教育信息化进程中理论研究与实践探索中的热点问题。

迄今为止，我国基础教育信息化的发展十分迅速，教育信息化基础设施已初具规模，教师、学生的信息素养教育得到了广泛的重视，对于信息技术与课程整合的课题研究，各教学研究部门和有条件的学校都投入了较大的力量进行实践研究并已取得很多可喜的成果。信息技术与课程整合是当前教学改革的新视点，将信息技术作为改革传统课堂的有效手段，将其和学科课程教学融为一体，优化教学过程和学习过程，促进学生的全面发展、个性发展，构建数字化的学习环境，实现数字化的学习成为信息技术与课程整合努力的方向。但是这个过程不可能一蹴而就，需要广大教师和教育工作者逐渐积累成果。在这个积累的过程中，粉笔和黑板的作用逐渐淡化，多媒体和网络的应用逐渐普及；在这个积累的过程中，普遍采用的传递—接受的主流教学形式将与多元化教学形式共存，教师和学生的角色都要被重新定位，单纯性的教师讲学生听、教师问学生答的教学局面将被改变；在这个积累的过程中，学生学习的主体性地位将不断提升，学生主动学习、协作学习、发展个性，注重实践能力的意识和创新精神将不断提高。

二、信息技术与英语教学整合

信息技术与学科课程整合是信息技术运用于教育的核心信息技术与学科教学的整合，应从教育观念、学习内容、教育形式、教学手段和方法、教育资源等方面实现。

整合（integration），在英语中的主要含义是综合、融合、集成、成为整体、一体化等。最早将其作为专门术语使用的是英国哲学家赫伯特·斯宾塞，以后，整合就成为生理学、心理学、人类学、社会学、物理学、数学、英语、哲学等多学科共用的专业术语。而在不同的学科中，整合都具有独特的含义。

整合是相对于分化而言的。从系统论的角度说，整合是指一个系统内各要素的整体协调、相互渗透，使系统各要素发挥最大效益。我们可以将教育、教学中的整合理解为教育教学系统中的各要素的整体协调、相互渗透，以发挥教育资源的最大效益。

从理论上来讲，课程整合是对课程设置、各课程教育教学目标、教学设计、教学评价等诸要素做系统的考虑与操作，也就是要用整体的、联系的、辩证的观点来认识、研究教育过程中各种教育要素之间的关系。

课程整合是使分化了的教学系统中各要素及其各成分形成有机联系，并成为整体的过程。

比较狭义的课程整合通常是指，考虑到各门原本分裂的课程之间的有机联系，将这些课程综合化。相对广义的理解是：课程设置的名目不变，但相关课程的课程目标、教学与操作内容、学习手段等课程诸要素之间互相渗透、互相补充，当这些相互渗透和补充的重要性并不突出，或者已经非常自然，到了潜移默化的程度时，就没有必要提出整合；反之，就需要强调整合。

信息技术与课程整合是国内外计算机学科教学与应用长期探索、实践、反思的结果。信息技术对教育教学有重要的作用，这已成为世界普遍认同的公理；学校也都大量地投入资金进行了信息化环境的建设，但计算机却始终游离于教学的核心之外，这种客观现实的存在也成为不争的事实。显然，为了使计算机的优势真正被教学利用，在它们之间的补充、渗透没有达到自然融合的时候，强调信息技术与课程的整合是非常必要的。经过专家、学者、教师们长期的理论与实践探索，信息技术与学科课程整合的概念逐渐清晰和明朗起来了。

信息技术与课程整合的概念有不同的表述方式。何克抗教授认为，信息技术与课程整合的本质与内涵是要求在先进的教育思想、理论，尤其是主导—主体教学理论的指导下，把计算机及以网络为核心的信息技术作为促进学生自主学习的认知工具与情感激励工具、丰富的教学环境的创设工具，并将这些工具全面应用到各学科教学过程中，使各种教学资源、各个教学要素和教学环节，经过整合、组合、相互融合，在整体优化的基础上产生聚集效应，从而促进传统教学方式的根本变革，达到培养学生创新精神与实践能力的目标。李克东教授则指出，信息技术与课程整合是指在课程教学过程中把信息技术、信息资源、信息方法、人力资源和课程内容有机结合，共同完成课程教学任务的一种新型的教学方式。

信息技术与英语教学整合，就是以英语学科为中心，把信息技术与学科教学有机地结合起来，从根本上改变传统教和学的观念以及相应的学习目标、方法和评价手段。具体来说，就是要将信息技术与英语教学的教与学融为一体，追求信息技术在促进教师教学、学生学习和学生全面发展方面的实效，发挥信息技术优势，冲破传统的教学模式的缺陷和不足，革除传统课程教学中的弊端。

在信息技术与英语教学整合的实践活动中，教师应以“以人为本”的课程理念和教学思想为导向，通过教学设计，以符合学科特点和学生学习需求的方式高效益地应用信息技术，追求信息技术在促进教学、学习和学生全面发展方面的实效性。

三、信息技术与英语教学整合的发展与特性

（一）信息技术与英语教学整合的发展

根据我国学者戴正南、黄正光的研究，可以把信息技术与英语课程整合的发展分为四个时期：萌芽时期、发展时期、深入时期和网络化时期。

1. 萌芽时期（19世纪末—1939年）

我国学者普遍认为，教育信息技术辅助教学的萌芽阶段始于19世纪末。那时，“直接教学法”的倡导者们推出了“魔灯”（实际上就是一种多光源的光学投影仪），学生一面看图像，一面跟着教师说英语。这就是今天的实物投影仪，它开创了现代教育技术辅助外语教学的历史。

20世纪发明了唱片和留声机，它们在外语教学中的运用取得了很好的效果。丹麦语言学家Josperson说：“录音器（唱片和留声机）对于外语教学有不可估量的、巨大的帮助。”

1925年，日本开始了英语广播教学。

1930年，德国出版了第一部论述外语教学中使用录音的教学法论著《新语言教授中的留声机》。

1935年，苏联发行了第一套英语教学唱片。

1939年，苏联开设了第一个英语电影课程。

2. 发展时期（1939年—20世纪70年代末）

1939年，美国的高校开始使用录音带辅助语言和语言实验。它标志着教育技术辅助外语教学进入了新的发展时期。这一时期是“听说教学法”的鼎盛时期，大量的语言实验室被运用于外语教学。语言实验室所具有的功能对“听说教学法”的推广起了相当大的作用。

1954年，日本开始举办英语广播电视节目。20世纪五六十年代，“听说教学法”一统天下，语言实验室的发展也进入了黄金时代，出现了一大批好的外语教学声像资料，并广泛地应用于外语教学。

20世纪70年代，电子通信技术的发展为教育信息技术辅助英语教学奠定了更为先进的物质条件，各种不同类型的录音机、录像机、计算机等为英语教学的学习创造了更为丰富的教育手段和教学环境。

3. 深入时期（20世纪80年代—20世纪90年代中期）

20世纪80年代到90年代是以计算机、多媒体为核心的现代教育信息技术的纵深发展时期。由于计算机语言与信息技术的发展，把有声语言离散采样，进行数字编码、储存、还原、加工，集声、光、色、字为一体，大大提高了教育效果，并改进了教学模式。这有助于个别化教学，探索式学习，有利于实现人机交换的智能型教学模式的开展。

1985年，美国启动了一项“2061计划”，1989年正式公布。该报告特别强调学生应具有善于将自然科学、社会科学与信息技术三者结合在一起的思想与能力。“2061计划”将中小学12年应学会的科学文化知识重新归纳分类。在这些新分学科中，每科都力图渗透“自然科学、社会科学与信息技术”三者结合的思想。这是最早的信息技术与各学科相整合的思想。

4. 网络化时期（20世纪90年代后期至今）

20世纪90年代后期至今可以被称为网络化时期。在这个时期，教育信息技术发展强调人与教育技术的整合，强调科技以人为本。教育技术的发展重心在如何使技术更接近或模拟人的大脑，模拟人的智能。而信息技术在英语教育课程整合的运用发展的轨迹和趋势是：从单媒体到多媒体的运用，从过去的听或说转变为视听说，从视听说到英语的阅读、写作、翻译等课堂教学，从“打开机器、对对答案”的教学模式到学生自定学习步骤的个性化、智能化、交互式、合作学习，从视听说教师转换到学生的指导者、辅导者、合作者，从原来的语言实验室教学到校园网教学，从本土化的教学、大国际的网络教学到全球一体化教学，等等。所以，现在是信息技术与英语教学整合的更为广阔的创新发展时期，也是一个以现代化、网络化、数字化、智能化、系统化、多元化和一体化为主要特征的新时期。

（二）信息技术与英语教学整合的特性

1. 整合的可能性

从教师方面来看，计算机知识正在教师队伍中普及，而英语教师具有先天优势。从学生方面来看，信息技术课已列入基础教育的必修课程，信息技术的基础知识已逐渐被学生掌握。从学校的硬件设施来看，广大学校已拥有了多媒体教室、网络教室，办公也是自动化，并且计算机的数量在不断增加。走在前列的学校已办起了校园网，接通了互联网，甚至使每间教室都成了多媒体教室，每个办公室都成了课件制作室。这些硬件设施为信息技术与英语学科的整合提供了可靠的保证。现代化的教育设施为开展教育现代化打下扎实的基础。以教育信息化带动教育现代化，这是教育改革的核心任务。

2. 整合的必要性

传统的英语教学模式是以教师为中心，知识的传递主要靠教师对学生的硬性灌输，其主动性和积极性难以发挥，不利于创造性人才的培养。信息技术为英语教学注入了新鲜血液并带来了活力。信息技术能将抽象的内容具体化，使晦涩难懂的内容变得生动，很容易实现情境教学。信息技术已经在英语课堂上起到了至关重要的作用，进行信息技术与英语教学的整合显得非常必要。在英语教学中，有些教学环节运用多媒体技术可以达到事半功倍的效果。如进行词汇、语法练习时，多媒体呈现的速度更快、容量更大。又如在背景介绍、听力练习中，多媒体课件图文并茂，加上声音、动画、影像，可使学生更直观地获得感性认识和文化信息。信息技术与英语学科的整合既成功地导入了新课、优化了教学过程，又增强了学生的学习兴趣、激发了学生的求知欲望。

3. 整合的有效性

信息技术是现代教育技术的重要代表，是英语教与学中的一柄“双刃剑”，充分发挥信息技术以及多媒体网络设备的工具性功能和互联网强大的资源共享的优势，能使信息技术恰当、有效地融入英语教学，从而提高教学质量和效率。信息技术与英语教学有效整合，一方面，可以创新教学模式，增大教学容量，突出教学重点，给学生提供真实的语言情境，增强学生学习的实践性、主动性和自主性，从根本上改变传统的教学观念和模式，优化教与学的过程；另一方面，这种整合也有利于学生形成合理并有效地利用信息技术进行学习和应用英语的策略，培养学生的创新思维和实践能力，以及获取信息、处理信息、传输信息、运用信息的能力。英语教学目标通常有听、说、读、写等方面的要求，相应的教学内容应包含文字、语音和视频等不同媒体的信息。但是在传统的纸质教材中，有关语音和活动影像的内容无法与文字内容组成一体化的教材，只能以教科书、音频、视频各自独立的形式，束缚教师的手脚，限制学生的思维，与超文本方式组织的图、文、音、像并茂的丰富多彩的电子教材不可同日而语。

4. 整合的协作性

整合的协作性，首先体现在学生互相学习、师生互动、生生合作，从而得到团队的帮助和启发，共同参与完成学习任务。要强调信息技术的普遍应用，充分发挥信息技术的优势，为学生的学习和发展提供丰富多样的教育环境与有利的学习工具。其次，以多媒体计算机技术和网络技术为主的信息技术具有交互性、超文本性与网络化等特性，使个别化学习、协作式学习和发现式学习得以结合，极大地拓展了英语教学的领域，培养学生的创新精神和实践能力。

5. 整合的开放性

整合的开放性体现在探索和构建新型的教学模式上。这种模式实现了整体教学与个体指导相结合，知识传授与教学信息反馈相结合，真正实现“因材施教”。将英语的学科知识、需要的跨学科知识建成资源库，学生经过简单处理就能很快利用资源。为了方便学生到更广阔的知识海洋中去寻找知识宝藏，利用网络搜索引擎收集、检索相关信息，充实、丰富、拓展课堂学习资源，提供各种学习方式，让学生学会选择、整理、重组、再应用这些更广泛的资源。这种对网络资源的再组织，有力地促进了学生的自主学习。

四、信息技术与英语教学整合的内容与模式

（一）信息技术与英语教学整合的内容

1. 信息技术与英语教师的整合

信息技术的迅速发展和广泛使用，丰富了教学资源和教学手段，从而对英语教师提出了更高的从业要求。因此，广大英语教师必须实现教育教学意识的现代转换，构建复合的知识结构，完善人格品质。

（1）展现人格魅力。无论信息技术如何发展，始终无法代替教师作为领路人的作用，代替不了教师的人格影响。在知识传授渠道极大丰富以后，教师的价值更多地体现在人格影响方面。因此，英语教师必须树立崇高的职业理想，不断增加自我意识和使命感，要像诗人一样富有灵性、悟性和冲动，以鲜活、旺盛的创新精神和创造能力去面对每次不同主题、不同内涵的教学活动。一个人的自我评价往往是其事业是否成功的重要标志，每个教师都要善于认识自己、发现自己，并不断追求成功。此外，还必须树立团队意识，善于合作。教师人格魅力的影响对学生而言是潜移默化的，教师之间必须在竞争的基础上进行合作，在合作的基础上进行竞争。

（2）更新教育理念。教师应树立以学生发展为本的观点，在教学过程中以学生的身心发展特点和成长规律为出发点，采取有效的方式或手段，把沉睡在每个学生身上的潜能唤醒起来，培养学生正确的治学态度、科学的思维方式、丰富的精神世界和高尚的道德情操，要重在激发学生的学习与研究兴趣；作为学习的组织者和指导者，英语教师要树立学生主体的观念，应充分尊重学生主动学习的权利，给学生提供学习的条件和机会，帮助学生主动参与，鼓励学生自己发现课题、收集资料、处理信息、思考问题。在教学过程中，教师应发挥在认识问题的方法和理解问题的系统性方面的优势，培养学生的探索精神、创新精神与求异思维。在信息技术迅速发展和广泛运用的

社会中，学习方式以创新性学习为主要特征，教师被学生问倒的现象并非偶然发生。因此，教师也要向学生学习。只有确立先进的教育民主化观念，突破传统师生关系上的领导与被领导、管理与被管理的状况，建立科学、民主、平等的新型师生关系，才能更好地适应形势发展的要求。现代教育思想就是要运用现代教育理论和现代信息技术，通过对教学过程和教学资源的设计、利用、评价和管理，实现教学优化的理论和实践。英语教师作为课程的领导者和组织者，必须树立现代教育思想观念，克服传统的教育教学观念，运用现代教育技术探索、构建新型教学模式，通过构建新型教学模式促进现代教育技术环境和资源的开发，建设现代化教学体系，优化教学全过程，提高教育教学质量，为社会培养新型人才。

（3）优化教学方法。增大课堂信息容量，优化课堂教学方法，是课堂教学的中心任务。实践证明，学生英语能力的形成，靠的是自己的英语语言实践。运用教育信息技术，能充分调动学生学习的主动性和积极性，发挥学生主体参与作用，融教法、学法于一体，加快课堂节奏，增加课堂信息容量，加大语言输入量，尽量为每位学生提供更多的语言实践机会。在教学英语口语时，可以把重难点，即情景对话、图片、板书要点都设计制作成课件，大大节省了讲解和板书时间。教师可以精讲多练，加快课堂节奏，并保证讲课逻辑环环相扣。可以在进行阶段性或总复习时对已学的众多知识进行系统的整理和归纳，存入电脑，或制成可供学生自学、复习的学法指导或资料库。利用计算机的网络性，学生可以随时随地调用所需的资料，在很短的时间内便可形成一个完整的知识网络。这样就优化了教学方法，大大提高了课堂教学效果。

信息技术与英语教学的整合是一次革命性的教学观的转变，随着它在教学中的不断渗透和深化，教师的角色也由权威的指导者、知识的给予者转变为学习的促进者、协调者和监控者，教师既是学习资源的组织者，同时本身也充当一种资源。这种角色的转变需要教师善于创设平等、自由的学习气氛，以促进师生之间、生生之间充分的交流、讨论；需要教师帮助学生对自己的学习状态和学习策略进行有效监控和调节；需要教师探索更为适宜的评价方式，全面评估学生的学习过程和结果，并及时地给予反馈和鼓励。

（4）提高技术水平。信息技术作为一种技术手段和学习资源运用到英语教学中，能对学生的学习达到一举多得、事半功倍的效果，然而正确、高效地运用这些信息技术也对教师提出了更高的要求。英语教师需要将素材资源库与制作平台相结合，根据教学实际，充分利用现有条件下的教学软件，并从中选取适合教学需求的内容编辑制作使用的课件；需要灵活运用Office系列软件，如Word文档处理、PowerPoint幻灯片式图文展示、FrontPage编辑制作网页等。完全掌握这些最基础的信息技术手段对于一线的英语教师还有一些难度，需要不断地培训和学习。信息技术在教学中的应用重在信息的获得、筛选与运用，技术是获得和加工信息的工具。课程整合将信息技术看作各科学习的一个有机组成部分，它要在已有课程（或其他学科）的学习活动中有机结合使用信息技术，以便更好地完成课程目标。但整合不等于混合，它强调在利用信息技术之前，教师要清楚信息技术应用于课堂的优势和不足，以及学科教学的需求，设法找出信息技术在哪些地方能提高学习效果，使学生完成那些用其他方法做不到或效果不好的事，使信息技术成为一种终身受用的学习知识和提高技能的工具。

如何将信息合理地展示给学生，将对学生的英语学习产生很大的影响。集图形、声音、动画、文字等多种信息功能为一体的教学资源，以全方位、多层次的形式吸引学生，增加信息获取量，使英语课堂教学更为生动活泼、趣味盎然，让学生如身临其境，使学生自始至终都保持强烈的兴趣，从而易于接受与记忆新的语言材料和学习内容。要充分发挥以计算机为核心的信息技术的优势，扩展课堂容量，提高教学效率。信息技术与英语教学有效整合的关键，在于教师能否认真钻研教材，依据学科特点和教学实际，开发出适宜课堂教学实际的CAI（Computer Aided Instruction，计算机辅助教学）课件，真正发挥现代化教学设施的效益，给整合提供有力的技术支持，切切实实地提高课堂效率和教学质量。CAI课件的设计，必须结合教学实际，根据学科教学目标与教学任务，因材制作，因人施教，灵活运用。作为英语学科，CAI课件的设计应从着重培养学生的听、说、读、写的综合能力出发，创设语言情境，激发学习动机，启发、引导学生对所学内容的正确理解和运用，并且突出重点、难点，提高学生的综合语言运用能力。

（5）加强理论素养。在日新月异的信息社会里，教师必须不断“充电”才能顺应科技的进步和社会的发展。从这个意义上，教师也要做终身学习者。作为一种新的课程设计思想和教学模式，信息技术与课程整合有着很深的理论背景，主要包括心理学、知识论、社会学和教育理论。对课程整合有重要影响的心理学理论有发展心理学、多元智力理论、成功智力理论等。20世纪后期，科学技术飞速发展，信息传播快速广泛，知识更新加快，人类社会的生活方式也随之迅速变化，使得人与人之间的理解和合作更加重要。世界各国社会的民主化和多元化、经济的市场化都要求学校课程以新的内容与新的组织形式来适应这些社会变化，满足学习者个性发展的多元化需求，这些构成了课程整合的社会学基础。同时，课程整合的理论基础还应包括建构主义学习理论。建构主义学习理论主张学生是学习中心，是信息加工和意义的主动建构者。所有这些都为信息技术与课程整合的进一步发展提供了理论指导。教师要不断学习这些新的理论，努力搞好教育教学。教师是实现整合的关键。现代教育理论认为，教师不再是传统意义上的课堂教学的主宰，而是教学的组织者，学生的指导者、合作者，学习的促进者。因此，教师与技术的整合是教学中的首要问题。教师要勤于学习现代教育理论和教育技术，熟练运用各种教学所需的软件与多媒体技术，并积极、自觉地运用网络，获取最新信息，追踪英语教育理论与实践的前沿研究成果，提高自己的理论研究水平，丰富自己的教学资源，并将这些运用到课堂教学中，既可以激发学生的兴趣，引导学生自觉运用技术协助英语学习，又可以创设良好的课堂情境，为学生学习知识和锻炼语言运用能力创造条件。由于学习资源的极大丰富，教师在筛选学习资源、组织学习资源、传递学习资源方面的主导性作用特别重要，教师就是网络知识海洋中的“导航者”。

（6）提升科研能力。教师应在教学之余，通过互联网收集各种有关英语学习和教学的网站。一方面，收集积累教学和学习素材，丰富课堂教学材料；另一方面，通过较好的英语教学研究网站进行网络在线学习，拓宽自己的教学研究视野，提升自己的专业水平和业务能力。例如，基础教育英语教学与研究网站、中国计算机辅助语言教学研究网站、教育技术通讯网站、人教社英语网站等，这些都是专业的英语学习和信息技术结合的网站，一定能从中获益良多。在利用信息技术整合英语学习和教研的过程中，师生能够教学相长。许多学生掌握一定的计算机技术，能够帮助教师解决信息技术运用中的相关问题，从而提高课堂教学效率。一方面，教师向学生学习技术和应用；另一方面，学生也在应用中巩固并提高了技术和利用技术学习的能力，增强了英语学习的兴趣，不仅实现了教学相长，又密切了师生的关系。对英语教师来说，建好、用好英语网站不仅为了共享教学资源，方便自己的教学，而且要利用英语网站发布信息，在全国乃至全球范围内交流教学经验，开展合作研究，交换学术成果。英语教师可以通过互联网上的网络讨论组组织学术讨论活动或召开英语教学研讨会，把最新的教学成果推出去，让更多的英语同行和英语学习者受益。英语教师还可以把自己的优秀教案、课件等放在学校的网站上共享，扩大影响。

（7）提倡终身学习。英语教师作为课程的设计者和开发者，要使自己适应形势发展的需要，就必须不断地学习。不仅要具备普通教学的基本素质，还要具备计算机技术、视频技术、音频技术、通信网络技术、影视技术、编导理论等方面的基本知识；必须掌握多媒体网络化教育环境下进行多媒体网络教学、利用多媒体技术进行教学设计的知识技能，必须密切追踪当代科学技术、社会人文领域的最新研究动态和成果，具备基本的科学人文知识，强化网络意识和网络文化适应意识；应富有敏锐的职业洞察力、卓越的教学监控能力，高效率地解决教学过程中的各种问题。由观念适应到知识适应、技术适应乃至文化适应，英语教师应实现终身学习，全方位地加强自身适应信息化生存环境的能力，成为信息化教育中的行为主体。

2. 信息技术与学生的整合

学生是教学的中心，是学习的主体。信息技术和多媒体技术所特有的集声、光、色彩、图片、动画和影像等于一体的影音效果，使学生接受多种途径的感性刺激，有利于对知识的记忆。而通过网络所获得的有益教学的信息则是传统教学所无法比拟的，因此它能激发学生的学习兴趣，并能充分发挥学生的主体性。学生将所学与信息技术结合起来，通过探究和发现进行学习。如为准备一个课题的学习，学生利用百度等搜索引擎在互联网上搜索、筛选、选择和分析相关信息以及有关音像资料；还可以跨学科学习同一课题，拓宽视野，培养创新精神。这样，学生从传统的知识被动接受者转变为主动发现者、建构者，并养成自主学习的习惯。信息技术成为学生的认知助手和培养研发能力的工具，成为辅助英语学习的助手。

（1）培养和发挥学生的主体性。学生在教师的指导下，利用教师提供的资料或自己查找信息，进行个别化和协作式相结合的自主学习；在利用信息技术完成任务后，师生一起进行学习评价、反馈。在整个教学过程中，学生能够发挥主体性，发展个性。教师在整合教学中发挥主导作用，以各种形式、多种手段调动学生的学习积极性，帮助学生实现学习目标。这样的教学十分有利于学生的主体性的发挥和问题解决能力的培养。信息技术和英语教学整合在国内还刚刚开始，它有利于形成学生的学习和成长的优势。但信息世界也不是一块净土，比如网上有许多不健康的内容，学生上网，也有不能自控的失范行为，对此教师要善于引导学生，发挥网络的积极作用，促进英语教学。

（2）培养学生的创新精神。信息技术和多媒体技术所特有的影音效果，能使学生接受多种途径的感性刺激，有利于其对知识的记忆。而通过网络所获得的有益教学的信息则是传统教学所无法比拟的，因此它更能激发学生的学习兴趣，充分发挥学生的主体性，并培养其创新精神。

（3）培养学生的探索精神。通过信息技术，学生利用网络了解英语国家的社会环境、风俗习惯、民族心理、历史文化等，对学生的英语学习有很大帮助。教师可根据英语教学的教学内容，将所呈现的学习内容进行收集、加工、分析、处理，整理成多媒体、超文本的学习资源，为学生创设一种直观形象、生动有趣、便于理解记忆的语言环境和语言交际情境，让学生在这些情境中进行探究，从而使学生自主地发现问题，并通过自己的实践提出解决问题的方案与办法。这样做有助于学生对学习内容的理解和学习能力的提高，进一步培养学生的探索精神。

3. 信息技术与学习的整合

信息技术与学习的整合主要体现在教师对学生进行学习策略指导和学生的自主学习上。通过信息技术学习英语是一条全新而有效的途径。在以学生为主体的英语学习中，对学习策略的指导尤为必要：一方面，这是对英语语言学习规律的把握；另一方面，这涉及如何运用多媒体技术和互联网来辅助学习。可以通过课堂教学和课外学习中的讲座、讨论指导学生认识英语学习规律；还可以把平时在互联网上浏览时收集到的有助于英语学习的网站分类整理提供给学生，为他们自主学习和运用网络学习英语提供帮助。在课堂学习中，学生能较好地利用从这些网站中获取的信息拓展有限的课文内容，并通过计算机技术做成电子作品，丰富课堂学习内容，使英语学习饶有趣味。

4. 信息技术与教材的整合

与当前英语课本及其相关练习和阅读材料相比，信息技术和互联网所提供的资源的丰富程度是超乎人们想象的。信息技术和互联网已经在打破传统课堂教学模式，教师和学生可以借助网络收集与整理相关课题的资料作为教材课题的拓展学习资源，可以通过文本阅读讨论，或以幻灯片形式学习，也可以在学校主页上建立链接进行网络学习，还可以由教师把经过认真筛选的相关网址提供给学生自主学习。多种方式的学习使教学信息得到极大扩充，知识范围得以广泛拓展，课堂结构更趋开放；同时，学生的视野得以拓宽，思路更加开阔，利于创造力的培养。在传统教学中，课本就是世界，而今，世界成为课本，学习资源可以随时随地选取。这正是信息技术与教材整合的优势。

5. 信息技术与课程评价的整合

信息技术在教学评价中也大有作为，信息技术的应用丰富了评价内容，使其更加全面、更加科学。首先，信息技术使评价和反馈变得简捷，如网络课堂上教师可通过留言板监控学生的学习进程；其次，它拓展了评价内容，信息技术本身就可以作为一项标准来评价学生的电子作业，如幻灯片、网页等。对于学生评价的重点可以是课题研究计划的可行性、研究方法的有效性，学生的参与程度、协作意识，作品是否切合主题，内容的丰富性、合理性、创新性，技术的应用程度，等等。教师还可以通过英语学科题库进行测评，为评价提供参考数据。条件许可时，可以在线课堂测试检验学习效果。这些都为教师反思和调整教学内容、手段与步骤提供了必要参考。教师可以利用办公软件和校园网络，轻松地对学生的所有相关数据进行电子化管理，如学生的各种测试的成绩，行为记录和学期评价等。利用信息技术，教师的工作效率明显提高，评价内容更为丰富，教育管理也更加科学有序。

（二）信息技术与英语教学整合的基本模式

信息技术与英语教学整合，应该借助信息技术的优势，充分利用其多媒体信息集成技术、超文本技术、网络技术等，作为教师的英语教学辅助工具和学生英语学习的认知工具，构筑数字化英语学习资源，使学习者实现英语学习方式的变革，从被动接受式学习真正转变为自主学习和有意义学习。信息技术与英语教学的整合将带来英语教育观念的转变，将形成新型的教学结构，从以教师为中心的讲授，转变为学生探索发现式的自主学习、协商讨论和意义建构。

在这种整合模式下，首先，教师根据教学目标对教材进行分析和处理，并以课件或网页的形式把教学内容呈现给学生。其次，学生接受了学习任务以后，在教师的指导下，利用教师提供的资料（或自己查找信息）进行个别化和协作式相结合的自主学习，并利用信息技术完成任务。最后，师生一起进行学习评价、反馈。教师和学生在信息技术的帮助下，分别进行教学和学习。在整个教学过程中，学生的主体性和个别化得到较大的体现，这样的教学氛围十分有利于学生的创新精神和问题解决能力的培养。同时，教师通过整合的任务，发挥了自己的主导作用，以各种形式、多种手段帮助学生学习，进一步调动学生的学习积极性。

信息技术与英语教学整合的具体模式有以下几种。

1. 英语教师的辅教工具

信息技术与英语教学整合，是原来的计算机辅助英语教学理念的提升和发展。原来的信息技术教学应用更加关注辅助教学，而且将信息技术孤立于课程目标之外，不能作为教学结构的有机元素来看待，结果不能取得良好的教学效果。信息技术与英语课程的整合，并非忽视信息技术作为英语教学工具的功能，而是把其作为信息技术与英语教学整合的一个侧面来看待。信息技术作为英语教师的教学辅助工具，主要是作为知识呈现工具、师生通信交流工具、测评工具以及情境展示工具等。信息技术作为英语教学工具，将更加关注其教学设计的合理性，从英语教学目标出发，真正地把信息技术整合于英语教学之中。

2. 学生学习的认知工具

信息技术与英语教学的整合，和辅助英语教学的明显区别，就是信息技术可以作为学生强大的认知工具。在这种模式中，信息技术成了学生学习与认知的有效工具，并且根据英语学习目标，学习者能够合理地选择信息技术工具。信息技术主要作为英语学习内容和英语学习资源的获取工具、作为协商学习和交流讨论的通信工具、作为知识构建和创作的实践工具、作为自我评测的反馈工具。学习者必须根据学习环境和目标以及预期结果，选择合适的信息技术工具作为自己的英语学习工具。

3. 学习环境的构建工具

信息技术应该构建一个有效的英语学习环境。通过信息技术，可以呈现一个真实的或者虚拟的学习环境，让学习者真正在其中体验，学会在环境中主动建构、积极建构，构筑自己的学习经验。信息技术构建学习环境，可以通过其网络通信功能以及虚拟功能等方面体现，营造学习者有效的英语学习环境。

五、信息技术与英语教学整合模式所应用的环境

（一）基于多媒体教学软件的英语教学

基于多媒体教学软件的英语教学具有以下两种类型。

1. 创设情境型——创设学习情境，激发学习兴趣

英语学习需要一个良好的语言学习和使用的环境。多媒体教学软件具有形象、生动的特点，可以提供声情并茂的情境，激发学生的学习兴趣，丰富学生的学习素材，以激发学生学习英语、运用英语的积极性。运用多媒体教学软件进行英语教学，实施的出发点之一就是，力争使用多媒体教学软件创设出良好的语言学习环境，为学生提供运用英语进行听、说、读、写全方位的训练，从而提高学生学习英语的兴趣，有效地培养学生听、说、读、写的能力。

2. 学习资料型——提供学习资料，开阔学生视野

使用具有丰富学习内容的多媒体教学软件，可以为学习者提供大量的学习资料，而教学软件的图、声、文字的结合，可使学生在学习时兴致盎然。通过利用这种学习资料型的英语教学软件进行学习，不仅可以使学生的听、说、读、写能力得到训练，而且在练习英语基本功的同时开阔了视野。这种学习资料型的英语教学软件，可以是老师自行开发的，也可以是从市场购买的；学生对这类资料的应用，可以作为在课堂上使用的学习材料，也可以作为课后的学习辅助材料。

（二）基于网络资源的英语教学

在网络环境下，网络自身就是一个生动丰富的背景课堂，它不仅为每个学生提供个性化的学习空间，让学生能动地自主学习，而且教师也可以利用网络资源为课堂教学创设形象逼真的学习环境。网络英语教学具有以下特点。

1. 学习环境的形象性

多媒体教学软件可以为学生提供逼真的视听环境，通过视觉和听觉的组合优势提高教学效果。而网络英语教学则更上一层楼，它无须人为地创设一个多媒体环境，因为网络本身就是一个真实的多媒体世界。学生可以进入自然真切的情境进行身临其境的英语学习，学习效果也可以获得即时反馈。

2. 学习过程的创造性

网络英语教学选定互联网的某一站点或校园网的某一资源库作为学生取舍的素材来源，而对素材的选择、组拼、融合、消化、转换则是学生发挥想象力和创造力来完成。

3. 教学模式的先进性

网络英语教学是一种以学生为主体、以教师为主导的全员参与的“双主”模式，事先没有固定的教材，在教师的引导下，每个学生都将老师精心挑选的素材个性化地加工成了一篇短小的课文。也就是说，学生在自主学习，自己利用网络环境和资源“编制”成“教材”。毫无疑问，学生对自己成果的偏爱和认同，是任何统编教材都无法比拟的。因此，网络英语教学模

式具有无可比拟的先进性，它使学生对所学的内容产生强烈的认同感，学习积极性和学习兴趣空前高涨。

4. 学习资源的开放性

网络具有很高的开放性，它本身就是一个无比丰富的资源库。和教师事先编制的课件或印刷成册的课本相比，它更能为学生提供全方位的学习资源。首先，网上的学习资料是动态的，处于即时更新的状态；其次，它的资料丰富多彩，涵盖了社会的方方面面，为师生双方都提供了很大的选择余地，有利于培养学生的自主学习能力；最后，它的资料形象生动，图、文、声并茂，很容易吸引学生的注意力，激发学习兴趣。因此，网络英语教学将教室扩大到有“信息海洋”之称的互联网上，使网络成为学生学习英语的一个组成部分，形成了一种真正意义上的开放性英语教学。

第二节　信息技术与英语教学整合的重点与作用

一、信息技术与英语教学整合的重点

信息技术与英语教学的整合是目前英语教育教学改革的制高点与突破口。首先，要在以多媒体和网络为基础的信息化环境中实施英语教学活动，是指学与教活动要在信息化环境中进行，包括多媒体计算机、多媒体课堂网络、校园网络和互联网络等。学与教的活动包括在网上实施讲授、讨论学习、协商学习、虚拟实验、创作实践等环节。其次，要对课程教学内容进行信息化处理，并使之成为学习者的学习资源。即教师开发和学生创作并行，把课程学习内容转化为信息化的学习资源，并提供给学习者共享，而不仅仅是教师用来演示。同时，还可以把课程内容编制成电子文稿、多媒体课件、网络课程等，教师用来进行讲授或作为学生学习的资源。充分利用全球性

的、可共享的信息化资源，作为课程教学的素材资源，如将数字处理的视频资料、图像资料、文本资料等作为教师开发或学习创作的素材，整合到课程内容相关的电子文稿、课件之中，整合到学习者的课程学习之中。还可将共享的信息化资源与课程内容融合在一起，直接作为学习对象，供学生进行评议、分析、讨论。最后，利用信息加工工具让学生进行知识重构，如利用文字处理、图像处理、信息集成的数字化工具，对课程知识内容进行重组、创作，使信息技术与课程整合不仅向学生传授知识，让学生获得知识，而且能够使学生进行知识重构和创造。

（一）整合的目标

信息技术与英语教学整合的目标是促进英语学科的教学质量，促进英语学科教学目标的实现。也就是说整合追求的是促进英语学科的教学质量，提高学生学习英语的效果和效率等目标，而不应是技术方面的目标。英语课程的总体目标是培养学生的综合语言运用能力。综合语言运用能力的形成建立在学生语言技能、语言知识、情感态度、学习策略和文化意识等素养整体发展的基础上。对学生的基本要求为：有较明确的英语学习动机和积极主动的学习态度；能听懂教师有关熟悉话题的陈述并参与讨论；能就日常生活的各种话题与他人交换信息，并陈述自己的意见；能读懂相当的读物和报纸、杂志，克服生词障碍，理解大意；能根据阅读目的运用恰当的阅读策略；能根据提示起草和修改小作文；能与他人合作，解决问题并报告结果，共同完成学习任务；能对自己的学习进行评价，总结学习方法；能利用多种教育资源进行学习，进一步增强对文化差异的理解和认识。而整合就是要将信息技术的应用“毫无痕迹”地融合在课堂教学中，促进更好、更快、更多、更省地完成上述任务和要求。只有在此基础上，才能追求发展性的培养目标（培养和提高学生的信息素养，不仅限于技术操作），将发展性目标统一在基础性目标的实现过程中，并与之协调发展，而不能本末倒置。

（二）整合的前提

要想更好地完成上述目标，在信息技术与英语教学整合的过程中，其前提就是要切实结合英语学科的特点和学生的生理、心理特点。要依据英语学科特点和学生生理、心理特点剪裁和组合信息技术，安排课堂内容结构、运用教学策略和设计活动等。首先，英语教学的学习是学生通过英语学习和实践活动，逐步掌握英语知识和技能，提高语言实际运用能力的过程，其中听、说、读、写是一个有机整体。因此，在课堂中，我们应该改变传统的过分重视语法和词汇知识讲解的做法，采用任务驱动的方式，把听、说、读、写、译的各种技能结合起来，并把它们统一在具体的问题和任务中，让学生"在做中学，在做中用"。还有，教师可以根据英语学习认知过程的分析，来设计课堂教学的各个环节、步骤和活动，利用信息技术激发学生的兴趣，用任务调动学生探究热情，用个性化的学习让学生独立思考，用协作学习让学生进行交流、运用和建构。当然，英语教师还要根据学生爱说、爱动、善于模仿、记忆力强、有强烈的竞争意识和表现欲，以及喜欢尝试着把学到的语言材料随时进行对话、叙述和表演等特点，来设计开展丰富多彩的课堂交际活动，便于学生边学边练、学用结合，使所学的语言材料能够在运用中获得巩固和提高。

（三）整合的条件

信息技术与英语教学的整合是需要条件的，要在以多媒体和网络为基础的信息化环境中实施。它不同于过去研究的视听技术支持下的多种媒体在教学过程中优化组合应用的整合，而是指学与教的活动要在信息化环境中进行，包括多媒体计算机、多媒体课堂网络、校园网络和互联网络等。当然，这不是为了用技术而用技术，而是在现有的条件下，充分发挥信息技术的优势，为学生创造出理想的学习环境，促进教学方式、学习方式和教学结构等的一系列转变。实践证明，信息技术在英语教学中有以下优势。

1. 语言学习环境自然、真实

信息技术能够创设自然而真实的语言学习环境。集成性是多媒体技术的关键特性之一，它可以将文字、声音、图形、动态图像有机地集成在一起，并把结果综合地表现出来。与课本、录音带等传统教学媒体相比，多媒体能提供更为真实、更接近自然的语言输入，提供情境性更强、更生动活泼的语言教学，从而激发学生的学习兴趣和学习动机。再加上多媒体技术与网络的结合不仅可以提供来源和表现形式多样化的英语输入量，而且为学习者创造丰富、自然的目标语环境，让他们在真实的环境中学习和接受挑战性的学习任务，促进学习形态由低投入（被动型）转向高投入（主动型）。这对于学习者发现语言规律，建构自己的语言系统是非常重要的。

2. 丰富的资源有利于学生实现自主学习

多媒体与网络能够提供丰富的教学资源，引导学生自主学习。借助多媒体和网络的海量存储，每个学生都会很容易得到比以前任何时候都多的信息。各种各样的英语学习网站、各种新型教学资源，都补充、扩展了传统的教学资源，使学生获得了更多的学习机会。不仅如此，很多计算机软件能够提供友好的交互界面，能针对语音、听力、词汇、阅读、写作等提供练习任务，并给予相应的反馈和指导。通过人机对话的方式，学生可以自主地探究学习。这样，一方面可以扩大英语课堂的信息容量，从而增大训练的广度、密度和深度；另一方面也有利于因材施教和个别化的教学，有利于培养学生的学习兴趣，以使其找到获取知识的最佳途径，并获得最佳的学习效果，这是传统的课堂教学所不能比拟的。

3. 更好地体现了素质教育

信息技术与英语教学的整合使素质教育在英语教学中得到了更好的贯彻和体现。一方面，在计算机和网络所创设的真实、自然的语言学习环境中，学生不仅满足了个人兴趣，在生动活泼的氛围中感受和体验到了特定的语境与标准的语音、语调，从而更好地把握所学内容，并且陶冶了情操、开阔了视野、了解了外国的风土人情和文化，进而提高了跨文化交际能力；在和同伴的直接交流中，可以发挥创造思维能力和合作能力，让他们充分地学以致用，解决实际问题。另一方面，英语学习是多种感官的协同学习，掌握一门语言也必然是听、说、读、写和译的诸方面能力的综合掌握，信息技术与英语教学的整合不仅可以兼顾这些方面，而且可以达到比传统教学手段更好的效果，从而全面提高其综合素质。

（四）整合的关键

信息技术与英语教学的整合就是要建立一种新型的教学结构。在整合中，不仅仅是把信息技术作为辅助教或辅助学的工具，而是强调要利用信息技术营造一种理想的教学环境，通过教师—学生—信息技术—教学资源的有机融合和持续互动，建立起教师主导—学生主体的新型教学结构，以实现一种能充分体现学生主体地位的“自主、探究、合作”为特征的新型学习方式，切实促进我国英语教学的改革。这是整合的关键所在。要通过新的师生关系、新的生生关系和新的学习工具，为学生创造大量的学习、实践、思考的机会，让学生去发现和利用当前的信息和资源（包括师生、生生、生机之间的互动交流所获得的），并将其所学知识和技能用于较为复杂与真实的情境中的“开口”和“对话”，让学生实质性地参与教学过程，真正地做到“为用而学，在用中学，学了就用”。

二、信息技术与英语教学整合的作用及整合中应该注意的问题

（一）信息技术与英语教学有效整合的作用

同信息技术一样，教学也是一种手段，信息技术与英语教学有效整合的结果也仍然是一种手段。使用这一手段的目的，是充分利用现代信息技术的优势，促使教学任务的更好完成，从而推动素质教育的顺利进行。显然，这种整合模式，应该成为学生获取信息、探索问题、合作学习、解决问题和构建知识的认知工具。

1. 进行教学演示

这是信息技术与英语教学整合的最初形式，也是最基本的层次。教师利用教学软件或多媒体素材，编写自己的多媒体课件，用动画、影片等营造、创设语言情境，激起学生的学习兴趣，并且可以使教学更贴合实际。信息技术与英语教学的整合，使计算机代替粉笔、黑板等传统教学媒体，实现传统模式所无法实现的教学功能。

2. 促进主体交流

英语教学过程应该是师生之间、生生之间互动的交流过程。通过互联网、局域网的硬件环境，实现师生之间、生生之间的专题质疑、问题研讨和感情交流，以及师生与外校、外地、外界的连接，达到快速、优质、高效的目的，实现知识获取和能力培养的最大效益。该种整合模式可以实现个别辅导式的教学，既能代替教师的部分职能，如出题、评定等，还能较好地实现因材施教，解决因主体个别差异导致的质量失衡问题，并且能更有效地提高学生学习的投入性、自觉性。

3. 能增加课堂知识密度

信息技术与英语教学整合可以改变课堂教学模式，加快课堂节奏，增加教学密度，增强课堂知识的容量，扩大学生知识面。同时，还能培养学生动手、动脑的能力，促使学生积极思维，形成师生之间、生生之间的多层互动，激起学生主动学习的欲望，使学生主动参与课堂教学活动。教师在使用信息技术时，可以从实际情况出发，制作一些诸如“插播片”“片段片”“素材片”等课件。在具体教学活动中，有效地利用这些课件，使现代信息技术真正起到辅助作用，从而更好地发挥学生的主体作用。

4. 优化课堂结构，突出重点，突破难点

学生所获得的知识有80%来源于课堂，所以优化课堂结构显得尤为重要。在英语教学中，经常需要引入各种媒体，教师的备课资料和收集到的信息，包括课文、练习、问题、演示，以及相关的预备知识、补充材料等，在具体教学过程中出现的时间、方式、次数等都是动态和随机的，会受课堂教学中各种因素的影响。在常规教学手段下，各种不同的教学信息分别出现在教科书、录音机、录像带等不同媒体中，很难有效地整合在一起。利用超文本的网状非线性的信息管理方式，教师可以根据学生的思维习惯和教学要求，把所有资料连接到一起，极大地方便教学。信息技术还可以超越时空，把教学内容延伸到生动的情境中，并使其逼真地再现，使抽象的知识变得具体化、简单化、直观化，缩短了客观实物与学生之间的距离，从而降低了学习难度，使学生容易接受和理解，获得深刻、清晰的感知。

5. 有利于资源环境的生成

信息技术与英语教学的整合，可以突破课本作为知识主要来源的限制，而不断生成新的、丰富多彩的教学资源环境。如异地景观、背景材料、实物模型、重要数据等，很多是课本所不能容纳的，而这类材料却能极大地丰富教学的资源环境。以英语学科为例，其信息技术资源包括英语教学中所凭借的信息技术手段及其相应配置，还包括通过信息技术进行数字化的自然、社会、人文等方面无限丰富的资源。这种资源一旦被开发利用，英语教学的手段和条件都将发生巨大变化。类似于尺幅千里、须弥芥子、心游万仞、思接千载、异步对话、时空隧道等种种原来属于夸张范畴的内容，一旦在英语教学中成为现实，将极大地丰富教学资源，大大提高学生学习英语的主动性和创造性。

6. 提高学习效率

布鲁纳认为："在学校教育教学中，所有的教学计划在很大程度上将依赖于为达到教学目标而采用的教学媒体。"教育心理学研究表明，现代信息技术和英语教学的整合能极大地提高学生的学习效率。学生在学习时通过听觉获得的知识能够记忆15%，通过视觉获得的知识能够记忆25%，如果同时使用这两种传递知识的方式，就能够获得65%的知识。现代信息技术和英语教学的整合就是利用图、文、声来传授知识，使学生充分利用视觉、听觉接受知识，综合利用各种感官进行学习，以取得最佳学习效果。现代信息技术与英语教学的整合使学生不但使用了视觉器官，而且调动了他们的听觉器官。语言的音、形、义是一个整体，在呈现中不可能将其截然割裂开来。利用现代信息技术进行听说训练，可充分调动学生的视觉、听觉、触觉等感官作用，使其互相配合，加大语言信息的刺激量，从而大大提高学生的学习效率。

7. 促进研究性学习的发展

近年来，研究性学习已经突破了课外活动的限囿，而被提升为基本的课程内容之一。教育部颁布的新的课程标准强调，要通过课程改革，加强学生基本素质的培养，通过规范的课程教学，把学生培养成学会生存、懂得知识、掌握本领、发展能力的身心健康的新"四有"人才。研究性学习正是课程改革的重要内容之一。在教学过程中，根据英语学科内容，利用多媒体集成工具或网页开发工具，将需要呈现的课程内容，以多媒体、超文本、友好交互方式进行集成、加工、处理转化成数字化学习资源，同时根据英语教学需要创设一定的情境，并让学生在这些情境中探究、发现，这极利于学生对学习内容的理解和学习能力的提高。

8. 培养学生终身学习的态度和能力

当今“终身学习”已经由人们的单纯的愿望变成了具体的行动。时势可以铸造英才，时势也可以淘汰庸人，现实迫使人们产生了紧迫感。学会学习和终身学习，是信息社会对公民的基本要求。信息技术与英语教学的整合，迎合了时代的要求，在培养学生树立终身学习的态度上，有独特的优势。这种整合，使得学生具有主动吸取知识的要求和愿望，在付诸日常生活实践中能独立自主地学习，能自我组织、制订并实施学习计划，能调控学习过程，能对学习结果进行自我评估。这无疑在学习方法上进行了一种革命式的变革。

9. 培养学生的适应能力和解决实际问题的能力

传统与现代的英语教学方式的区别，最根本的就在于能力的掌握与否。在信息时代，知识和技术成为第一生产力，是社会生产力、经济竞争力的关键因素，知识本身发生激增、剧变、更新，而且频率加快，周期缩短。同时，知识本身的高度综合和学科渗透、交叉，使得人类的一切领域都受到广泛的冲击和影响。在这种科学技术和社会结构发生急剧变革的大背景下，适应能力、应变能力和解决问题的能力，将变得更为重要。我们必须改革英语教学方式，培养学生的上述能力，才能使其适应社会的发展。由于信息技术和英语教学的整合能够最大限度地开发学生潜力，调动学生的积极因素，因此，学生能力的培养问题将能迎刃而解。

10. 有利于培养学生的信息素养

信息技术与英语教学的整合可以培养学生的信息素养与信息利用素质。信息技术融入英语教学过程，使英语教学方式变革了，英语教学视野拓宽了，英语教学内容丰富了，学生对信息的获取、分析、加工和利用成为英语学习过程的主要内容，因而能最大限度地贴近生活实际，融入网络时代，利用信息能力解决问题。

（二）整合中应注意的问题

1. 避免直观形象教学与语言教学脱节

信息技术能提供真实的直观形象材料，使学生获得全新且充分的感知。但是，教师还必须适时加以适量的提示、强调、总结，并予以引导，不能只关注直观材料本身而忽略对学生讲解所展示的视觉材料与教材之间的内在联系，不能忽略形象材料的辅助性和课文材料文字信息的主要性，造成直观形象教学与课堂语言教学相脱节的现象。教师只有针对语言教学的重点和难点进行教学设计，把握好教学内容的深度，合理使用信息技术，才能取得良好的教学效果。

2. 把握适时、适度、适当原则

适时就是运用多媒体时要选择有利于学生掌握重点，并使教学达到最佳效果的时机；适度，就是多媒体的运用要做到既不喧宾夺主地滥用，也不能因噎废食而全然不用；适当，就是多媒体要用在关键之处，用在激发学生学习之处，用在突出重点、突破难点之处，用在利于学生内化教学内容之处。教师要注重发挥多媒体的特点与功能，找准计算机多媒体与教学内容的切入点，合理使用信息技术，以取得良好的教学效果。要确保发挥信息技术的优势和实效，必须依次考虑以下问题：信息技术是否适用于当前教学内容、学习者和教学目标的需要；信息技术在实现当前教学目标方面是否有不可替代的优势，具体体现在哪些方面；应如何通过有效的教学策略使潜在优势转变为教学实效；如何消除当前教学中应用信息技术的不利影响。

3. 把握整体性原则

在整合后的课堂教学中，教师应以“以人为本”的课程理念和教学思想为导向，通过教学设计，以符合学科特点和学生学习需求的方式，高效应用信息技术，追求信息技术在促进教学、学习和学生全面发展方面的实效性。信息技术与英语教学整合的教学设计是一个结构性的系统。因此，教师应把握整体性原则，综合考虑该系统包括的各个要素和环节，包括教师、学生、教学内容、教学目标、教学媒体和教学方法等，追求信息技术应用与教学方式变革的相互促进。教师必须明确，在整合的课堂教学中，教学策略起着核心作用，教师应追求的是每节课或一系列教学活动在教学、学习和学生全面发展等方面的实效，而不应过多考虑教学中采用的信息技术的多与少，或者所用信息技术的先进与否。

4. 信息技术与多种活动方式的综合运用

信息技术给教育和教学带来了深刻的革命，但它并不是万能的，不能代替学生的操作实践等活动，也不能完全取代教师的地位，它只是一个帮助我们认识世界的有效工具。要避免信息技术应用与其他活动方式的对立，杜绝切断学生与社会、生活实践联系的“全盘信息化”，不能为用信息技术而剥夺学生的动手实践机会。课堂活动的主要形式不能仅仅是人机互动，也是师生之间、学生之间的互动。要充分发挥教师的主导和学生的主体作用，让学生自己去加工整理、呈现信息，提高他们的主观能动性，创造良好的教学关系。此外，在充分利用现代信息技术的同时，还要注重常规媒体与教学手段的有机结合与渗透，以达到事半功倍的效果。

第三节　信息技术与英语教学整合实践

一、信息技术与英语听力课程的整合

传统的听力教学，主要是靠录音机和教师本身来完成的。这种方式方法单一、控制不便，而计算机的应用则弥补了这一不足。首先，可以利用U盘或光盘存储听力资料。因为这些存储方式具有容量大、携带方便、容易保存、复制快捷等诸多优点。薄薄的一张光盘，可存储相当于几十盘录音带的内容。而且光盘的复制比录音带的复制容易得多。其次，可以运用多媒体播放听力材料。这种方式集文字、图像、声音于一体，形象生动，可以激发学生的学习兴趣，突出、解决听力中的难点，从而有效提高学生听力水平。而

且在播放中，内容可以任意前进、后退和重复，学生如果某一句或某一段听不懂，可以迅速而准确地找到并重复听，这一点是传统教学方法所无法比拟的。最后，可以选择地道的英语听力软件，确保学生的英语口语更标准、更纯正。传统的听力教学，尤其是教师的英语授课是因人而异的，若教师的语音、语调不准确、不规范，势必给学生的听力提高造成障碍。而好的听力软件，所播放的语音纯正、地道，学生听来则是一种享受，可以确保学生的英语口语更标准、更纯正，进而有效弥补教师的不足。

二、信息技术与英语口语课程的整合

随着文化多元化的逐步加深，培养学生说的能力显得越来越重要。而对说的能力的培养，离不开环境。现代信息技术的发展，为学生提供了更为广阔而真实的空间。

首先体现在人机对话方面。学生可以选取一种软件来自主地训练自己的语音、语调和表达能力。如学生可对着话筒模仿计算机所播放的内容，计算机再对此进行反馈，形成学生愿学、乐学的情形，这样学生说的能力在不知不觉中便得到了提高。

其次，就是网上交谈。一是通过网络，学生可以和英语国家的人直接交谈。外籍教师毕竟有限，现实生活中学生也很少有机会与英语国家的人直接沟通。而通过国际互联网，学生可以用英语和英语国家的人直接交谈、沟通。二是通过网络，学生可以和国内说英语的人士交流。国内网民人数与日俱增，中间不乏精通英语的人士，因而学生和他们交流就更容易，交谈话题更多。三是通过校园网络，学生可以和教师、同学自由对话。学生可以在教师的指导下，根据各自的语言水平和爱好，选择不同的交谈内容和交谈对象。这样教师也变“授人以鱼”的教学方式为“授人以渔”，让学生主动参与学习活动，能进行自主的探索学习。

三、信息技术与英语阅读课程的整合

阅读是英语教学的核心内容之一。如何有效地提高学生的阅读能力，是英语教学的关键所在。信息技术的应用，会使英语阅读教学跨上一个新的台阶。例如，计算机辅助教学具有能集成文字、图像、影像、声音及动画等多种信息的功能，因此，它越来越受到欢迎；多媒体技术的运用可以使课堂教学容量相对增大，给学生提供了更多的语言实践机会；多媒体课件的形象生动，可以大大提高学生的英语阅读兴趣。利用多媒体网络进行英语阅读教学，是培养学生阅读能力的一条新途径。它可以有效地克服以往英语阅读教学中许多问题，如阅读题材狭窄、内容陈旧，训练方法单一、呆板等问题，因为网络具有信息丰富、题材广泛且新颖、反馈及时等特点。它可以极大地提高学生的阅读兴趣，激发他们的求知欲望，从而有效提高学生的阅读能力。

教师在选择网上阅读材料时，应大体遵循以下五个原则。一是拓展性，即从网上选取的材料是对教材内容的扩展、延伸，而不是简单的重复。二是时效性，即所选的材料内容要新，有时代感或是关于一些热点问题的。三是趣味性，即所选材料要符合学生特点，能引起他们的兴趣。四是科学性，即所选材料要真实、如实地反映客观实际。这一点要特别注意，因为网上虚拟的东西数不胜数。五是艺术性，即所选择材料要难易适中，适合学生阅读水平，对一些文章可进行适当改编。

四、信息技术与英语写作课程的整合

传统的英语写作训练方法比较单调乏味，教师一般是让学生就情景写作，或改写课文，或写英文日记。而信息技术的应用，则可使英语写作变得生动有趣、丰富多彩。首先，可以利用多媒体课件，创设写作背景。例如，教师可在屏幕上显示一些引人展开联想的画面或关键词语，或者播放一段故事，让学生观其形、闻其声，然后有所感而写。还可以设计一些有趣的练习，让学生掌握一定的词汇用法、句型及语法后，再逐步地进行写作训练。其次，教师可以利用网络优势，提高学生写作能力。例如，教师可以组织并带领学生一起通过网络收集相关信息，让学生了解关于一些写作主题的信息。最后要求学生挑选出一个自己最感兴趣的话题写一段简短的话，发电子邮件给教师或自己的好朋友，让学生充分体验成功的喜悦，增强学习英语的兴趣和自信心。教师还可指导学生结交国际笔友，发送电子邮件，让学生在日常交流中不知不觉地提高自己的写作水平。

信息技术为英语写作教学提供了更丰富的素材，更多、更迅速的实现渠道和更多、更有效的交流方式。这些渠道和方式，让每个学生都参加到教与学的活动中来，动手操作、亲自开口说、主动思考，既提高了学生的计算机操作能力，又促进了学生英语听、说、读、写的能力，达到信息技术和英语教学同步提高的双赢目的。

第十章 英语教学中学生跨文化交际能力的培养

国际交流的日益频繁以及多元文化的碰撞融合，促使社会对人才的跨文化交际能力要求不断提高。学校作为学生跨文化交际能力培养的主阵地，必须在英语教学中采取有效的跨文化交际能力培养策略，从而切实提高学生的跨文化交际能力。

第一节 跨文化交际能力的基本内涵

一、跨文化交际能力的含义

语言学习理论研究的任务之一，就是揭示语言能力和语言交际能力的构成因素及形成过程。因为只有对语言能力和语言交际能力的构成因素和形成过程有了全面认识，才能在语言教学中更加自觉、更加有计划地培养学生的语言能力和交际能力。

（一）语言能力

语言能力是一种内化了的语言规则体系，包括语音、词汇、语法等，是人们所具有的语言知识。语言分为语言能力和语言行为，语言能力是基于对“理想的说话人”在“完全同类的言语群体”中的言语行为进行的研究，这种语言能力包括语言知识和规则及语言的基本技能，而且是人类先天就具有的内在心理机制。

关于语言存在结构系统和规则的观点，在我国英语教学领域有着长期的、根深蒂固的影响。其所产生的语言结构系统知识、规则以及范式语言为教学的语言输入和学习活动提供了必要的条件，但也存在明显的不足：此种语言理论只涉及语言系统本身或内部的内容，解决的只是语言形式问题，而未能解决语言的本质，即社会交际功能的问题。

（二）交际能力

何谓交际能力？《朗文语言教学及应用语言学辞典》对交际能力进行了解释，（交际能力）是指不仅能使用语法规则来组成语法正确的句子，而且知道何时何地向何人使用这些句子的能力。一般而言，交际能力包括：①语言的词汇及语法知识；②说话规则，如知道如何开始并结束谈话，不同言语活动中谈什么话题，不同场合对不同的人用什么称谓形式；③掌握如何使用不同的言语行为，如请求、道歉、致谢和邀请，并对其做出反应；④掌握如何适当地使用语言。如果想与别人进行交际，就必须注意社会场景、人物之间的关系及特定场合中可以使用语言的类型，还必须理解书面的或口头表达出来的句子在上下文中的意思。

（三）跨文化交际能力

不难发现，语言能力和交际能力中都提及了两个要素：特定环境，有效与得体。可以将跨文化交际能力定义为在特定环境中与来自其他文化成员进行得体、有效的交际所需具备的能力，包括知识、意识与技能三方面的内容。

1. 特定环境

通常来说，能力指的是一系列的才能或者是有技巧的行为。然而，能力的判定却是随着标准的不同而不断改变的。在一种环境中被认为是有能力的行为，在另一种环境中完全有可能被认为是无能的表现。例如，在西方文化中，直截了当的说话风格能够被广泛地接受，可能被认为是有能力的表现；而在中国文化中，说话直截了当则可能不被接受，甚至会引起他人的不快，是缺乏交际能力的表现。所以，任何能力都不能孤立地判断，而是应该放在一定的环境中。许多研究者曾经试图通过研究成功的跨文化交际者的性格特征来解释在跨文化交际中所需具备的素质，如内向和外向、开放度、宽容度等。或许某些性格特征会在特定情况下对跨文化交际有所帮助，但是研究表明，没有一种性格能够使交际者在所有的交际情景中都游刃有余。即便交际者具备有利于跨文化交际的性格特征，也必须在特定环境中来考察是否具备良好的跨文化交际能力。

2. 有效与得体

有能力的跨文化交际者能与其他文化成员进行有效、得体的交际。所谓得体，是指交际行为合理、适当，符合特定文化、特定交际情境以及交际者之间特定关系对交际的预期；有效是指交际行为得到了预期的结果。有效是交际的结果，得体是交际的过程。交际者如果能达到交际目的，交际就基本成功了。但在达到交际目的的过程中，不同的人可能会运用不同的方式，有的得体，有的可能稍欠妥当。如果在达到有效的同时，又能够运用十分得体的方式，就是成功的交际。因此，一个具备良好交际能力的交际者既需要运用得体的方式进行交际，也需要达到有效交际的目的。

3. 知识、意识和技能

除了特定环境与得体有效，跨文化交际能力还必须具备知识、意识和技能。但跨文化交际能力并不是与生俱来的，也不是偶然获得的，需要一定的前提条件。语言、交际、文化的关系密不可分，语言教学的目的之一是使教学对象能够运用所学语言进行交际，即具有交际能力；文化影响语言和交际，所以教授语言的理想目标是使教学对象使用所学语言在目的语的文化语境中以符合对方文化习惯的方式交际，即培养学生进行跨文化交际的能力。

跨文化交际能力与交际能力的定义比较类似，但是跨文化交际能力除了强调交际的得体性和有效性外，更强调交际者与所处文化环境的关系。与交际能力的定义类似，跨文化交际能力的概念也历经了一些演变。文化教学的目的从最初的“熟悉外国文化”变成了“培养文化意识”，再到最后的“提高跨文化交际能力”。这三个层次是依次递进的关系。“熟悉外国文化”主要是指有关文化知识的传授；“培养文化意识”建立在掌握一定文化知识的基础上，并且已经触及了对文化的观察力以及对待其他文化的态度；“提高跨文化交际能力”则是在具备“文化意识”以后，在实际交往中的行为与表现。这三个不同的层次正好对应了跨文化交际的三个方面：知识、意识和技能。

二、跨文化交际能力的培养

（一）培养目标

跨文化交际能力的培养并非试图改变人们的基本个性和特点，而是增加其社交技巧和处理事务的技巧等，所以跨文化交际的教学目标是增加认知能力，强调情感能力，改变行为方式。同时，在确定具体教学目标之前应该了解学生的学习动机，根据具体情况制定培养目标。例如，培训在外国工作人员的目标应该是：学习该国文化的政治、经济和商务惯例；知道应对新环境的方法；了解当地的生活条件，包括学校、公共卫生设施和娱乐设施等。这些培养目标强调跨文化交际能力的认知内容。除此之外，情感内容和行为内容，即减压方法、领导技巧、交际技巧和协商技巧等也不容忽视。

对于大学英语而言，我国教育部要求培养目标应该包含培养跨文化交际能力，目的是提高英语应用能力和文化素养以适应我国对外交流的需要。而提高跨文化交际能力的目标就是要培养融语言知识、社会文化语言能力、策略能力和文化素养为一体的高素质、复合型国际化人才。更详细地说，语言知识包括语言的基础知识和篇章知识。社会文化语言能力包括语言功能知识和语言所蕴含的社会语言文化知识。策略能力则主要包括评估能力，即对交际环境和形式的评估并选择得体的语篇和语言；目标设定能力，即根据交际环境和形式确立合适的交际目标和反馈；策划能力，即根据交际情景和场合决定选用哪些合适的语言知识要素和背景知识要素来达到交际目标；语言行为控制能力，即能够自如地调出和组织所需语言知识成分。

所以，要培养一名在国际化环境中，具备跨文化素养、语言交际能力、行为得体、善于沟通的复合型国际化人才，应该在英语教学中引入文化教学，注重社会文化因素和个人情感因素在跨文化交际能力培养中的作用。

（二）培养的局限性

培养跨文化交际能力是英语教学的目标已是毋庸置疑的。可是，在实践教学中，还存在着一系列无法回避的问题。

首先，由于其应用的广泛性，英语已经成为一种世界性的语言。因此，在学习过程中难免会强调讲英语的西方国家的文化，那么学习者最终获得的很可能只是英语世界中特定文化体系的交际能力，而不是他们中许多人认为的放之四海而皆准的跨文化交际能力。在跨文化交际中，使用其中一方的母语为交际媒介，并不意味着双方所有的言语行为都要符合那一方文化的语用适当性。跨文化交际的言语行为适当性不能完全依据使用什么语言来决定，比如，到中国来的美国商人虽然在用英语与中国人交往，却不可坚持其美国文化的语用规约，至少应当在一定程度上顺应中国文化环境的交际适当性。跨文化交际应该是承认差异并容许差异共存的，其中也自然包括交际双方在语言运用上的差异，如果拿交际一方的文化作标准去消除差异，使双方达到语用上的统一，就很有可能最终解除交际的跨文化性质。这样做可以降低相互交往的难度，但是会限制跨文化交际中双方实现各自话语潜势的空间。跨文化交际的目的在于使交际双方既能够充分发出属于自己文化的声音，又能够最大限度地相互接近和理解，以获得真正意义上的沟通。

其次，过多地强调对英语文化的学习，而忽视了对自己本族语文化的了解和认识。许多学习者在完全舍弃自己母语文化的同时，换来的是对西方历史文化的了如指掌，甚至一部分英语学习者只是盲从地接受英语文化的生活方式和世界观，改变其文化认同，这样的想法和做法都是不可取的。跨文化交际能力包括认知、情感、行为等诸方面的适应能力，具备了这些能力的交际者，能够在跨文化交际中根据实际情况临时搁置或修改自己原有的文化习惯，去学习和顺应与之不同的文化习惯，并能创造性地处理交际双方之间的文化差异。因此，跨文化交际能力并不仅仅是获得英语文化知识和交际技能，深入了解英语文化，更重要的是实现两种语言和文化价值系统之间的互动作用，英语文化与学习者母语文化的鉴赏能力相互促进，学习者自身的潜能得以充分发挥。对此，跨文化能力中的文化超越问题得以提出。这主要有以下几层含义：第一，意识到文化的差异或定型的存在，但不为其束缚；第二，能够以更开放、灵活、有效的方式进行跨文化交际；第三，在跨文化交际中生产性地建构自我认同。所谓生产性，源于人本主义心理学家弗洛姆（Fromm）的理论，在英语学习中用来指对母语与目的语的掌握，对于母语文化与目的语文化的理解，以及两者之间的积极互动、相得益彰，对两种文化的认识也在质量和深度上达到新水平，促进了人的认知、情感和行为的成长。

最后，如何培养跨文化交际能力还需要英语研究者和学习者不断地进行深入探索。现在的英语教学中，对跨文化交际能力的培养以及文化的教学更多地停留在文化知识层面，而其他两个层面则分析得较少。在这些教学模式中，教师以灌输的方式为主，启发性的教学方式几乎不存在。在课堂教学中，学生一直处于一种被动接受的状态，与他们的切身体验缺乏联系。这种教学模式最明显的后果是学生缺乏文化知识的系统性，教师随意讲和学生泛泛听是因为没有一个循序渐进、条理清晰的教学模式，这根本无法满足英语教学中文化多元性和发展性的需求。

三、跨文化交际能力与文化休克

文化休克是跨文化交流过程中的一种客观存在，每个置身于新的文化环境中的人都会遇到。能否很好地应付这个问题，是跨文化交际能否获得成功的重要因素。

文化休克直接影响着跨文化交际。从个体的层面来看，它直接影响着个人能否适应新的环境，能否顺利完成跨文化交际；从组织交流或国家交流的层面来看，因为个人的原因可能直接影响组织交流和国家交流的成败。所以，多元文化背景下的文化交际，无论从个人层面，还是组织和国家交流的层面都无法回避文化休克的问题。只有解决这个问题，才能更好地实现多元文化背景下的跨文化交际。

20世纪初期，随着国际交往的增多，一些政府机构和跨国公司为使海外派遣人员更好地适应当地的生活，完成派遣的任务，开始针对派遣目的地文化展开了对海外派遣人员的培训活动，如讲授目的国自然环境、社会环境知识，教授目的国语言等。但没多久，研究者和企业就意识到仅仅向外派人员提供目的国的相关信息和传授语言知识是不够的。同时，随着文化休克、跨文化适应、跨文化交际能力等理论的发展，跨文化培训有了新的发展。即应从认知、情感、行为三个层面上来衡量，培训应更重视文化敏感性和适应性的培养，重点在使受训者充分认识目的国不同于母国的文化差异，比如生活习惯、风土人情、历史文化背景、思想观念、行为方式等，并在此基础之上对可能产生的文化冲突形成足够的洞察力和警觉性，以减少到新环境后产生受冲击的不适应感，从而适应目的国的异域环境，提高对抗异域文化的应对能力。

但必须指出的是，无论何种真实的模拟培训，通常仅能引导受训者理性地了解、应对这些差异，而很难让受训者在情感上产生真实的波动，而这种心理上、情感上的波动又恰恰是真实的文化休克的写照。此外，必须意识到，真实的文化是有生命力的、变化的，交际也是互动的，所以跨文化培训的内容永远也不可能囊括所有的文化差异，也很难再现具体的文化差异的场景，却有可能由于缺乏真实互动而使受训者走向非此即彼的文化适应两分模式。而真实的文化休克却可以使交际者在负面性的冲击中获得真正了解对方文化的好机会，是跨文化交际能力发展的开始。因此，跨文化交际者如果经历了真正的文化休克，同时能用积极的心态来应对，那么他所得到的个体成长就具有如下特征：首先，必定是理性地认识并应对这些文化差异，减缓文化休克的冲击，同时加快跨文化适应进程；其次，必定是个体跨文化意识、跨文化敏觉力的提高。简而言之，文化休克带来的“个体成长”首先是个体跨文化适应程度和跨文化交际能力的真正提高，是个体在两种文化间跨越的真正实现。

跨文化交流的深入研究有利于促进不同文化之间的交流与沟通；研究跨文化交际与文化休克有助于促进跨文化人际交流，为不同文化之间的交流提供理论指导，从而使人们在实际实践中减少不同文化之间的冲突，促进文化的融合。

实际上，文化休克研究与跨文化适应研究是无法分离的一体。文化休克代表了跨文化适应过程最明显与主要的部分，甚至是跨文化适应的代名词。文化休克不是只对跨文化交际者形成负面障碍，同时它也对跨文化交际者提出了积极的挑战，是交际者跨文化交际能力发展和个体内在成长的助推剂。因此，梳理文化休克在跨文化适应研究发展中的作用及意义有助于从积极的角度来看待跨文化适应和跨文化交际能力培养的深层次研究。

第二节 跨文化交际意识的培养

一、文化意识形成的不同阶段

在习得目的语文化的过程中，学习者从起初的持有文化定式到最终达到真正的移情，需要经历文化意识形成的不同阶段。事实上，由于文化学习者个体存在差异，其最终所能达到的层次也不尽相同。文化意识可以划分为四个层次，并且大多数的语言学习者都可以归于这四个层次。

（一）事实、定式和不足

在这一层次上，学习者感受到的文化信息包括学习者认为的目的语文化事实、对目的语文化及其中的人群持有的文化定式和学习者所认为的目的语文化具有的“不足”。例如，一些以英语为第二语言的学习者先入为主地认为：所有的美国公民都开着大轿车并且大声说话，所有的美国男性都喜欢畅饮啤酒并且喜欢穿牛仔靴，所有的美国女性的思想都很开放等。这些文化定式在不同程度上，都会对学习者真正地了解目的语文化产生阻碍。

（二）浅显的理解

在这一层次上，第二语言学习者会发现更多有关目的语文化的细微特点，并且有时可能会感觉到失望或沮丧。在这一层次，学习者对于他们观察到的事物只表现出浅显的理解，而非深入的理解。例如，有些以英语为第二语言的学习者发现有些美国人的确非常友善，他们追求真正的友谊或人际关系，而有些美国人只是表面上很友好；有些学生会发现诸如“我们什么时候聚一聚”之类的邀请有可能是认真的，也有可能只不过是礼貌性的寒暄，没有什么切实的意义。有时，诸如此类的发现会使得学习者感到迷惑，甚至恼怒，但是他们却不了解背后隐藏的真正原因。

（三）深入的理解

在这一层次上，第二语言学习者开始从文化载体本身的参考框架的角度来理解文化现象。这一层次包括学习者对文化深入的理解和其对文化接受的程度。这一层次的学生开始掌握能够与目的语文化中礼貌传统相结合的主观防御机制，进而能够理解来自目的语文化的人传递给他们的某些混杂的信息。例如，此时，以英语为第二语言的学习者开始认识到，以英语为母语国家的人们的思维角度往往受到许多不同民族和文化群体的限制，进而开始接受他们的思维角度和行为模式。

（四）移情

这一层次指的是只有通过融入某一文化才能获得的真正的文化立场的转换和对自己母语文化框架模式的超越。这被称为真正的文化适应。与之相应的文化适应模式即第二语言学习者在学习过程中要受到社会和心理上与目的语文化成员之间距离的影响。这一模式包括个体学习者与目的语文化之间的距离，认为当二者之间的距离较小时，则说明学习者已经适应了新的文化并且对这一文化感到认同。例如，有少数达到这一水平的留学生把目的语国家认同为“他们的国家”，并且往往决定留在那里开展其事业。他们大量地使用目的语中的习惯用语，有时取该国人的名字、信仰该国的宗教，甚至有时力图在遵守文化规则方面超越该国人。他们往往有意识或无意识地力图融入该国人的生活，并尝试理解、尊重、迎合该国人的期望。

一些第二语言的学习者非常渴望尽快了解目的语文化的社会，但事实上，许多学习者并不能够完全了解并适应目的语文化。有时候，在跨文化交际课堂上，虽然有的学生完成了对目的语文化某些方面的学习，但是他们往往坚持其母语文化的理解方式和行为模式，而并未做出很大的改变，甚至有些留学生的最终目标只不过是带着良好的目的语技能和较高的目的语国家学位荣归故里，而不需改变其本人的文化身份。对于陪读的家人来说，他们甚至更渴望坚持其本身的文化身份。即使这样，大多数的第二语言学习者还十分渴望通过在目的语国家学习或生活，观察他们周围的文化传统习俗，并设法适应目的语文化来开阔其文化视野。许多第二语言学习者出于继续深造和谋求好事业的需要而来到目的语国家生活并且参加相应的目的语学习课程，因此，他们更能贴近和感受目的语文化。通常来讲，他们会以自己的文化视角来看待目的语文化，但与此同时，他们又开始以新的方式来审视自己以及其母语文化，以英语为第二语言的课堂是我们所生活的世界的一个典型缩影。

以英语为第二语言的学生不仅要面对以英语为母语国家的文化，还要常常接触世界其他国家的文化。通过对英语学习过程中文化因素的系统性学习，他们会明白世界上并不是只有某一种“固定”或“正确”的解决问题的方式，而是有许多种解决问题的方式，这主要是由文化的多样性造成的。事实上，这些学生还是会觉得他们母语文化中解决问题的方式最令人感到舒服并且最适合他们。但是，他们不会再否定其他国家人民的信仰和行为，并且会明白虽然其中的某些信仰和行为与他们自己国家的信仰和行为有时会截然相反，但是这些信仰和行为对于其所在国家的人民来说，仍然是合情合理的。

二、跨文化交际意识培养的主要内容

从英语教学的性质、规律以及跨文化交际的具体要求看，培养师生所谓的跨文化交际意识，主要有以下六个方面的内容。

（一）师生双主体意识

教学的过程是作为“教”的主体的教师和作为“学”的主体的学生双向交际的过程，离开两主体的双向交际，或只局限于其中的任何一方，就难以有效达成教学目的。跨文化交际意识的培养也是如此。过去往往只调整教师主体在教学中的主导作用，而忽视另一主体学生的积极性和创造性，实践证明是有百害而无一利的。因此，跨文化交际意识应该是一种双向的意识，不但教师要有，学生更应该有，从而使教师既是语言教师，也是文化教师；学生既是学语言的学生，也是学文化的学生。

（二）交际意识

交际是语言最基本的功能，也是英语教学的实质体现。跨文化交际脱离交际这一英语教学的核心，就失去了其存在的意义。倘若教学中的师生两主体缺乏强烈的交际意识，即不从交际的目的以及交际的形式出发去理解和把握英语教学的全过程，势必削弱教学基本功能的发挥，影响学生跨文化交际能力的生成和提高。从教学内容和教学形式上看，就会有意无意地走“老路”，把注意力集中在纯语言知识的掌握或纯语言形式的教学上，而不去注重学生跨文化条件下综合运用语言能力的培养。因此，培养交际意识是首要任务。

（三）文化对比意识

文化对比意识即对目的语与母语、目的语文化与母语文化进行对比的意识。唯有对比才能发现差异，才能有的放矢地进行语言与文化知识的教学。对比不能仅限于表层的形式对比，还应该有深层的内涵对比；不仅要进行语言的对比，还要有非语言的对比；不仅要进行语言、非语言形式与意义的对比，还要做言语交际行为的形式与意义对比。对比的目的主要是发现异同，以便跨文化交流顺利进行。

（四）对文化敏锐的洞察力

语言或语言使用中包含着许多文化因素，有些是显性的，但更多的是隐性的，属深层次的文化背景知识。教学中若对此缺乏应有的认识，就难以揭示语言中深刻的文化内涵。这就要求对文化因素要有相当的敏感度，尤其是对文化相关现象的洞察，切不可被貌似相同的形式和相同的意义等表面现象迷惑。另外，洞察意识还要求正确区分出教学中两种不同功能的文化因素，即什么是知识文化，什么是交际文化，以便有针对性地进行交际文化教学。当然，是否有洞察意识还取决于师生两个主体本身文化素养的高低。因而，只有大力提高自身的文化素质，尤其是两种语言与文化的素质，才是确保具备洞察意识的关键。

（五）文化鉴别能力

文化鉴别能力包括两个方面：一是去伪存真，二是去粗取精。所谓去伪存真，就是从纷繁多样的文化因素中，去掉虚假的、表面的东西，而保留真实的、典型的东西。也就是说，对于交际文化因素要选择那些具有真实和典型意义的部分，即能如实反映所学语言国现实的材料，而不是虚假的或孤立的、属个别现象的材料。所谓去粗取精，就是通过有目的的选择，除去文化因素中消极的、糟粕的部分，而留取积极的、精华的部分。这一点至关重要。因为语言除有交际功能、文化载蓄功能外，还有其特有的教育教养功能。切不可不加分辨，一味地照搬照抄，对于西方文化应有足够的鉴别能力。

（六）存我意识

英语教学中通常会出现“文化化”现象，即自觉不自觉地用目的语文化的思维方式和表达方式来“规约”自己的言语行为。究其根本，是学习英语几乎每时每刻都要理解生活在另一种文化中的人所致。当然，单从掌握语言的角度看这是对的，也是英语教学的目的所要求的，但若从文化角度看就不一定合适了。失去自我文化而一味地追求目的语文化，绝不是正常现象。跨文化交际是语言与文化的双向交际，但完全失去“我”文化的交际岂不变成了单向文化交际？因此，英语教学中保留一定的“我”文化是必要的，大可不必去以牺牲自我文化而求取目的语文化。在这方面，教师要进行正确引导，使学生具有“存我意识”。

三、跨文化交际意识培养中文化教学的实施方式

（一）教师的讲解与展示

一般来讲，英语教师在课堂上的讲解与展示是必不可少的，但是文化教学绝不是只限于以教师为中心的教师讲解活动。学生从彼此之间或者从英语文化成员身上学习到的文化知识要远远多于其从教师处所学习到的文化知识。教师在课堂上所扮演的角色不应该是滔滔不绝的演示者，而是要成为一系列不同的文化教学活动的组织者和倡导者。

（二）欣赏音乐

音乐本身就是一种国际化的语言，它能够引导学生更好地学习新的语言并了解新的文化。课堂音乐活动可以包括唱歌、写歌、观看音乐剧、欣赏英语文化中不同类型的音乐，甚至学习演奏英语文化中的某些乐器。

（三）文化模拟

任何形式的文化模拟活动都可以帮助学习英语的学生认识并了解英语文化。这样的活动同样也可以帮助学生分析跨文化交际过程中产生的误解与隔膜。文化模拟活动可以提供给学生一个相对安全舒适的环境，他们可以在没有压力的情况下，呈现出并及时发现文化和语言上的错误。

（四）调研性的文化学习活动

这一类型的活动是由学生自行选取或设计的，可以以个人的方式进行，也可以以与他人合作的方式进行。这样的活动可以在大学层次的第二语言学习课堂中使用，是由学生自行实施的典型活动，包括讲解如何准备英语文化中的某些菜肴，对英语文化成员就某些问题进行正式或非正式的采访或调查，简要地研究英语文化中某一时期的音乐风格，欣赏英语文化中典型的体育赛事，收集有利于学生了解英语及其文化的习语、格言等。这些课堂活动一般都采取学生自行设计的形式进行，有时教师也可以给学生启发，再由其进行进一步的发挥与创新。

第三节 跨文化交际能力的基本要素

下面主要介绍不同研究者在跨文化交际能力模式中的要素划分方式。

一、斯皮茨伯格跨文化交际能力模式中的要素划分

布瑞恩·斯皮茨伯格（Brain Spitzberg）提出，跨文化交际能力的模式中含有三个系统：个人系统、情节系统和关系系统。个人系统包括个人所拥有的所有对完成有效交际有帮助的特点，主要包括动机、知识和技能三个方面。情节系统包括使某个交际者在特定交际情节下与另一交际者成功交际的特征。关系系统不仅仅对某个特定情节有帮助，而是对整个关系范畴有帮助的部分。三个系统相互联系，层层递进。个人系统是情节系统的基础，情节系统的总合构成了关系系统。交际者具备了良好的个人系统，就更有可能在

特定情节下进行成功的交际。如果在多数情境下都能进行成功的交际，那么他也就具备了良好的关系系统。

二、米迦勒·拜拉姆跨文化交际能力模式中的要素划分

米迦勒·拜拉姆（Michael Byram）针对二语/外语学习者提出了他的跨文化交际模式。他把跨文化交际能力分为五个维度，并将每个维度以学习目标的形式描述出来，这是拜拉姆模式有别于其他模式的一大特点。拜拉姆从以下五个维度对跨文化交际能力进行了描述。

（一）知识

具备本国及交流对象所属国家的社会群体及其社会产品和行为的知识，了解一般社会和个人交往过程的知识。目标包括具备如下知识：本国和交流对象所属国之间过去和现在的关系，不同文化背景的交际者产生误解的原因类型，本国重要历史事件及他国对这些事件的看法，他国重要历史事件及本国对这些事件的看法，本国的地理空间的官方表述及他国的对此界定方式的看法，交流对象所属国的地理空间的官方表述及本国对这种界定方式的看法，本国和交流对象所属国的社会化进程和制度，本国和交流对象所属国的社会阶层划分及其主要标志，交流对象所属国的社会交往过程。

（二）解读和联系的技能

解读另一文化中某一文献或事件，并能将其与本国文化中的文献或事件相联系。目标包括具备如下能力：发现文献或事件中的民族优越感，并能解释其来源；发现交际活动中的误解和障碍，并能在所涉及的不同文化系统中加以解释；对某些现象的矛盾解读进行调解。

（三）发现和交际的技能

学习新文化和文化行为的知识，并能在实时交流和互动的框架下运用知识、态度和技能。目标包括具备如下能力：能从交际对象获得关于某些文献或事件的观念和价值，并能发展出一套解释其他现象的系统；能在某文化内

或某些不同文化间发现重要引证，并得出其重要性和内涵；能发现语言和非语言交际过程中的异同点，并在特定环境中恰当应用；在实时交际过程中能恰当运用知识、技能和态度与来自其他国家和文化的人交流，并能考虑到对该国、该文化、该语言现有的熟悉程度和与本文化间的差异度；能发现本国与他国和社会的历史联系和现今的关系；实时交际中能运用知识、技能和态度在来自本国和外国文化的人之间进行调解。

（四）态度

态度是指好奇心和开放度，能兼容其他文化，不固守本国文化。目标包括具备如下态度：乐于寻求和利用机会在平等的关系中与他人交流，不以猎奇和营利为目标；不论是否熟悉，都乐于从本国和他国文化及文化行为现象中发现新的观点与看法；自发地对身边的文化行为和文化产品的价值及预设提出疑问；乐于遵守语言和非语言的交际规则与惯例。

（五）批评文化意识/民主教育

以批评的视角与明确的标准评价本国和外国文化的观点、行为及产品。目标包括具备如下能力：能在本国和他国文化的文献与事件中找出并诠释直白的以及暗示的价值观；对具有清晰社会文化观念和标准的文献与事件能做评判性分析；能根据清晰的标准进行跨文化交往和调解，在必要时，通过运用自己的知识、技能和态度协商达成双方都能接受的共识。

跨文化教育应该培养学习者强烈的文化批评意识，使其能够以开放、灵活、有效的方式进行跨文化交流，使其在跨文化交际中建构自我认同。最终的目标是使学习者能够根据来自自身文化和其他文化的外在显性标准、洞察力、实践与结果来客观评判文化问题。文化批评意识可以从教育中获得。这里指的教育既包括校内的教育，也包括校外的教育。校内的教育又分课堂教育和第二课堂的教育。要培养学生的跨文化意识和交际的能力，就要使学生能在一个模拟的多元文化环境中吸纳更多的知识。

三、贾玉新跨文化交际能力模式中的要素划分

（一）基本交际能力

1. 语言和非言语行为能力

语言能力是指交际者对语音、词汇和语法知识掌握与运用的能力。非言语行为能力是指交际者对身势语（包括姿势体态、面部表情、目光等）、人体特征、物品（项链、手表等）、环境、时间和沉默等使用的能力。

2. 文化能力

文化能力包括相关的交际知识：①与任务相关的程序；②获取信息的技能与方略；③处理不同的人际关系、扮演不同的社会角色、承担不同的社会身份、处理不同的社会情景与场合的能力；④具备交际者所必备的素质，如自我调节、对文化差异高度敏感、对非言语行为有高度的意识性；⑤（交际）文化取向、价值观、世界观、生活方式等有关知识的了解。

3. 相互交往能力

相互交往能力包括：①言语行为能力（言语的社会功能、言语对情景的适应性规则的掌握）；②交往规则或语用规则。

4. 认知能力

认知过程至少由三个相互关联的阶段构成：描述、解释和评价。如果不能正确区分这三个重要阶段，就会造成交际失误。

在交际过程中，描述是指交际者对观察到的对方的行为进行客观的叙述，不允许对其客观行为进行评价和赋予任何社会意义；解释是对所观察到的行为进行加工并赋予意义；评价则是对解释赋予积极或消极的社会意义。这里值得注意的是，对任何行为的描述都可能产生不同的解释，而对同一行为的评价也不会是完全一致的，有的评价可能是积极的，有的评价可能是消极的。

（二）建立情感和关系的能力

1. 建立情感的能力

建立情感的能力主要指移情能力。移情能力是指跨文化交际者以对方的文化准则为标准来解释和评价对方行为的能力。因此，移情者（交际者）不是以自己的经验和文化准则作为解释与评价别人行为的标准，他必须设身处地、将心比心、推己及人。

移情包括言语语用移情和社会语用移情。言语语用移情是指交际者运用语用规则和文化习惯，刻意对听话人表达心态和意图，而听话人从说话人的角度准确领悟话语之用意。社会用语移情则是指交际者完全设身处地、将心比心、推己及人地以别人的文化准则为标准来解释和评价别人的行为。

2. 建立关系的能力

（1）交际双方应能够满足彼此自主和亲密交往的需求。

（2）相互吸引的能力。相互吸引是建立良好关系的基础。交际以产生共识为前提而共识又涉及文化取向、价值观念等方面的共享，共识能进一步强化未来的交际。

（3）交际者以适应对方来代替群体或民族中心主义。第一，交际者用言语或非言语行为向对方表示关注（如目光接触、提问题、必要的体态行为等都可以用来作为适应对方的手段）；第二，齐心协力，反应敏捷及时，避免突然插话，积极提供信息反馈，话题转换顺其自然；第三，交际者尽量做到自我展示，以让对方了解自己，包容文化、情景、环境的差异；第四，交际者具有处理和解决焦急、挫折、文化冲突、社会隔离、经济危机等心理和社会障碍的能力；第五，交际者应具有在不同场合下富有创造性、灵活机动、随机应变的能力。

（三）情节协调能力

世界上几乎每种文化的成员都有一套独特的交际信号，一套向交际者表明要结束正在进行的谈话、开始转入新的话题或改变正在进行的谈话内容的信号。其中大多数信号都是约定俗成的，然而，有些则是有理有据的。如果这些信号能帮助交际者协调彼此间的行为，那么它们就具有实用意义。

关于规则和如何超越规则的讨论，可以为交际者如何协调和结束情节行为提供系列可供选择的变量。但这些规则会因文化、群体、区域、民族、性别、职业等方面的不同而有差异。在人际交往中，交际者要根据不同对象选择不同方略，以使自己立于不败之地。

（四）交际策略策划能力

策划能力是交际能力的一个重要组成部分。策划交际策略是在交际过程中，因语言或语用能力有缺陷或达不到交际目的或造成交际失误时所采用的一种补救措施。当交际者受到了语言能力或语用能力的限制，但仍然期望达到成功交际时，可采用以下策略进行补救。

1. 语码转换策略

语码转换可用于词汇或篇章方面。当用于词汇方面时，这种转换也称为转借。转换语码可以从交际双方共享的一种语言中选择。

2. 近似语选择策略

近似语选择策略是指选用语义近似的词语或语篇填补因语言障碍所造成的空白。

3. 合作策略

合作策略是交际双方共同解决交际失误或失败时所采用的策略。交际双方使用已知的语言知识、语用规则和文化知识等共同解决困难。

4. 非言语策略

非言语策略是指交际双方使用身势语等手段帮助解决交际中出现的问题的策略。

总之，在人际交往中，由于语言能力和语用能力较差或临时出现交际障碍时，交际双方可通过以上策略实现成功交际。

第四节 培养学生跨文化交际能力的方法

一、导入英语国家的文化背景知识

语言是文化的载体。通过学习一门外语，学生可以了解异国的文化与社会，有利于学生在将来的多元化社会中学会理解他人、尊重他人。语言又是文化的写照，不仅反映文化的形态，而且语言结构部分或全部地决定人们对世界的看法。语言和文化是密不可分的，人们用语言来记录和评价客观事物，语言的应用无不受到文化体系的影响和制约。因此，要掌握两种语言，必须掌握两种文化。跨越目的语国家的文化障碍，才能做到交际的得体与妥当；提高语言语用能力，才能从真正意义上实施素质教育。反之，学生会因语义、语用及思维习惯和文化习惯的差异在交际中出现失误与不得体。

在英语教学中，文化是指所学语言国家的历史地理、风土人情、传统习惯、生活方式、文学艺术、行为规范、价值观念等。接触和了解英语国家文化有益于对英语的理解和应用，有益于加深对本国文化的理解和认识，有益于培养世界意识。英语教师应根据学生的年龄特点和认知能力，逐步扩展文化知识的内容和范围，使学生了解英语国家文化及中外文化的异同；教学中涉及的英语国家文化知识，应与学生身边的日常生活密切相关，并能激发学生学习英语的兴趣。教师要通过扩大学生接触英语文化的范围，帮助学生拓宽视野，使他们提高对中西方文化异同的敏感性和鉴别能力，进而提高跨文化交际能力。

二、加强汉语文化意识的培养

成功的跨文化交际者需要首先了解自己，了解本国的文化，才能对周围的事物产生自己的见解。注重学生跨文化交际能力的培养，并不是意味着进行西方文化的单纯输入，忽视学生汉语文化意识的培养，二者应同时进行。一个人自身的文化素质水平在很大程度上决定了对第二语言的理解程度。因此，汉语文化水平的高低直接决定了英语文化水平的高低，特别是在翻译方面，如果没有一定的汉语文化功底，如何翻译出优秀的外国文学作品？只有加强汉语文化意识的培养，才能具有理解和掌握英语文化的能力。所以，培养跨文化交际能力不仅要加强英语文化意识的培养，更要加强汉语文化意识的培养。

三、增强文化认同

在英语教学中，常常出现多数学生虽然能写出并讲出符合语法规则的句子，但表达方式往往不恰当或不得体的现象。究其原因，这些不恰当或不得体的句子违反了所学语言的文化规则，导致交际失误。其主要根源是交际双方没有取得文化认同。

文化认同是指个体对于所属文化以及文化群体内化并产生归属感，从而获得、保持与创新自身文化的社会心理过程。文化认同包括社会价值规范认同、风俗习惯认同、语言认同、艺术认同等。当今世界，全球化空前地拉近了不同国家、不同民族之间的距离，每个民族在发展自身文化的同时，都在有意或无意地进行着与其他民族文化的交流和互动，人们对本己文化和异己文化的异同之处不断加深理解与认识。在这一过程中，彼此间一方面在寻找共同话语，放弃或改变原有的一些观念和行为方式，以达到求同存异；另一方面又在加固对本民族文化的认同，以求民族文化有存在的根基，这就是要加强文化自觉。在跨文化交际中，文化认同是相互的，人类需要这种相互的文化认同，以便超越文化交流的重重障碍。文化认同是人类对于文化的倾向共识与认可，是人类对自然认知的升华，是支配人类行为的思想准则和价值取向。因此，文化认同可以被认为是指导跨文化交际的语用原则。

跨文化性或多元文化主义是指关于不同文化的认识和理解，以及在国内各种文化成分之间和世界各国不同文化之间建立积极的交流与相互充实的关系。各个现代国家必须不同程度地面临多元文化现象。跨文化教育或多元文化教育要能促进对文化多样性的尊重、相互理解和丰富，这不仅为多元文化做出了权威性释义，也为人们对民族文化、世界文化的认同提供了认识方向。

坚持以多元文化观为文化认同的价值取向，其目的正是帮助学生理解自己的民族文化和享有应有的文化尊重，在认同本族文化的基础上树立平等的、包容的、尊重的文化观，并从中吸取精华部分，以便获得参与未来多元文化社会所必需的价值观念、情感态度、知识与技能，有和平共处及维护文化平等和社会公平的意识与信念。

经济全球化、文化多元化，使跨文化交际成为时代的特征，不同国家、不同民族间的交际或交流活动更加频繁。跨文化交际是在不同文化之间进行的交际，交际双方分属于不同的文化群体。这就意味着交际双方对彼此的文化身份有明确的认知，交际者非常明确“我们是谁”“他们是谁”，明确在文化群体意义上是谁在和谁进行交际。如果交际者不能确认对方属于哪一个文化群体，不能确定彼此的文化身份，就不能构成跨文化交际活动。这是由于交际主体基于对本民族文化与不同文化的价值判断，会产生对文化差异性的认识和对本民族文化的认同。交际时，交际主体会站在一定的立场上，或者说交际主体会无意识地进行文化对比，选择自己的文化立场。通过文化对比，交际主体会产生强烈的自我认同感，而恰恰是这种文化对比使文化身份认同问题得以凸显。因此，探索跨文化交际中的文化身份认同问题，对于提高跨文化交际的有效性具有十分重要的意义。

四、正确发挥英语教材的作用

英语学习的教材选择同样是一个不能忽视的方面。一部好的教材指的是既包含所学习英语的语言知识，又包含其语言的运用知识和文化背景知识。

对此，我国外语界人士都已充分认识到文化在跨文化交际语言使用中的重要性，各大高校的英语专业都相继开设了英美概况、英美文学、哲学等课程，在提高学生英语能力的同时，扩大学生的视野。但略有缺陷的是，上述所提到的文化教学大多是关于英语国家政治、历史、文学、经济等方面的知识，即“成就文化”，而对于在英语实际性的交际活动中受文化影响最大的“行为文化”涉及的是少之又少，甚至是根本不提，导致的结果是学生在跨文化交际能力的培养方面成效甚微。高校英语专业有关跨文化交际能力的课程改革已经是迫在眉睫，必须马上制定相关的课程安排，并将改变付诸课堂的实践教学中，如此培养的英语专业的毕业生才能够顺应时代和社会发展的需求。

在课堂教学的实践教学活动中，授课教师在关注教材内容的同时，也要采用切实可行的教学方法，使书本上静态的语言素材活泼起来，通过事实例句引导学生自己来发现母语和英语的相同点与不同点，认识两种不同语言中所隐含的不同文化和价值观念。在这个基础上，让学生自己总结并且真正认识到语言深层的交际是使用得体的语言形式进行交际，而不只是语言形式的交流。授课教师要时刻牢记教材是课堂教与学的基础，它是为教学服务的。通过教材提供的语言素材，师生采用教、学互动的方式，提高课堂知识输入量，在有效的时间内吸收外国优秀文化的精华。

五、消除母语负迁移，发挥母语正迁移作用

其实，从本质上来说，学习一个民族的语言，就是对这一民族的文化的学习。英语的学习，就是在对中西方文化的学习与交融过程中，以中国学生早已有的母语文化知识为基础，导入英语民族的文化知识内容，从而使其具有双语表达的能力，并且在此过程中，对于两个民族的思维方式等方面的差异性产生较为深刻的认识与理解。学生的本民族语言文化，是早已深入学生的头脑之中的，在此基础上，文化的迁移作用，必然发生在英语的学习过程中。那么，在英语的跨文化教学中营造一种合适的语言文化氛围，在突出语言知识技能的同时，也能够更好地强调其客观的文化背景、交际环境以及思

维方式等方面的差异性学习，从而使学生在真正进行跨文化交际时能够得体地使用英语进行交际，避免文化冲突矛盾与交际的尴尬，这是当前英语教学亟须解决的问题。

学生在进行学习的过程中，本身已经拥有的知识必然对其将要学习新的知识内容产生一定的影响作用，这就是所谓的知识的迁移作用。那些能够促进新知识内容学习的迁移，被称为“正迁移”；那些对于新知识的学习产生阻碍的迁移作用，被称为“负迁移作用”。语言学习者在学习过程中产生的母语负迁移，就是英语学习中犯错误或者是产生障碍的原因之一。

文化负迁移的主要表现，就是在跨文化交际过程中语言使用的不得体性。这种不得体性就是跨文化交际不能顺利进行、发生矛盾冲突的原因所在。对于母语的迁移作用应给予足够的重视，因此，在英语教学的过程中，应有意识地提升英语学习者的文化素养，对于英语民族的文化知识内容进行认真的学习与理解，从而增强语言敏感性，以消除母语文化的负迁移作用，这对于学生跨文化交际能力的培养具有重要的意义。

基于此，就需要在进行英语跨文化教学时，努力预测可能发生的母语文化的负迁移作用，在对英语民族文化同母语文化的比较分析过程中，尽量减少母语文化的负迁移作用，积极并充分地利用母语文化所具有的正迁移影响，从而提升学生的跨文化交际能力。

六、创设英语交际的文化语境

学生在运用英语的过程中经常出现这样的情况：要么对所读、所听的英语词汇并不生疏，却搞不清整个句子的确切含义；要么不知不觉地说出不符合英语习惯的表述方式。究其原因，就是学生不够了解英语交际的文化语境，不够了解英语语言所赖以存在和发展的文化背景，如传统礼仪、风俗习惯、风土人情等。学习英语的终极目的是用英语进行交际，如果不能用英语得体地表达自己的思想，促进与他人的沟通，就不能说真正学会了英语。因此，在学习英语语言知识、培养英语语言技能的同时，必须充分注意英语文化语境的作用。忽视了这一点，就难以正确、得体地运用英语。

在日常对话中，学生最容易出现语用错误，因为对话涉及交际用语的规范使用以及礼仪习俗等。因此，除了让学生记住相关的交际用语、向学生传授必要的文化背景知识外，还应该设置特定的交际语境，灵活选用适当的训练方法，鼓励学生进行言语实践活动。例如，学习如何问路时，教师可以将所在市区的主要街道、商店、车站、邮局等建筑物画成形象直观的示意图，让学生分别扮作旅客和民警，进行问路、指路的情境对话；在教授如何购物时，可以将教室布置成文具店、鲜花店、水果店、服装店等，让学生扮演顾客、店员等各种角色，从中体验人物的情感活动；在教授圣诞节的庆祝活动时，可以在教室中间放上圣诞树，四周挂上彩色气球、艳丽鲜花、卡片等，在墙上贴上"Merry Christmas"等图片，以烘托节日气氛。在这样的英语语境中，学生自然会潜移默化地获得跨文化交际的语言能力。

七、增加学生课堂互动的机会

培养跨文化交际能力最直接的方式就是口头言语的直接来往，这样的交际不仅要考验学生的语言知识储备，同时也是对学生临场应变、思维转换语境选择、交际身份判断等能力的考查。一直以来的英语教学中，学生的语言知识储备都是强调的重点，所有的教学活动都围绕语言知识开展，由此便形成了灌输式的英语教学模式。虽然这种教学模式对语言知识掌握有较好的帮助，且积累了众多经验，但是这对于学生各种跨文化交际能力的培养并没有给予足够的帮助。在这种教师主导、学生被动学习的教学模式中，教师是主导角色，课堂教学基本是"一言堂"，师生之间很少互动，学生和学生之间的实际演练也很少，跨文化交际能力所涵盖的语境选择、交际身份判断等知识更多的是教师的知识灌输。

语言知识要输入，更要输出，通过输出相关语言知识才能内化为学生自身的知识素养，并和学生原有的知识结构有机结合。当前英语教学中的学生互动参与不足，意味着学生所学的知识难以在互动中增加体验，不利于学生对相关知识的理解和掌握。要促进相关跨文化交际能力培养必然要在教学中增加学生的互动，使学生真正参与教学活动，而不是被动地识记各种语言知识信息。增加英语教学中的学生互动，一般可以通过以下两种方式来实现：第一种，教师在组织教学活动时，引导学生更多地参与教学活动，而不是充当教学活动的旁观者；第二种，在课堂教学中鼓励学生与其他学生互动。由于在课时有限、学生人数众多的情况下，很难使所有的学生都能够参与教学活动，因此，可以通过学生与学生之间的互动来增加互动机会。

八、积极开展英语课外活动

课外活动是英语教学的一个有机组成部分，也是英语教学改进的有效途径。相较于英语课堂教学的知识传授，英语课外活动更多的是相关语言知识的应用。英语学习的目的就是交际应用，通过英语课外活动的开展可以有效培养学生的学习积极性，同时也能使学生在语言应用方面的能力得到提升。在这一点上，英语课外活动和跨文化能力培养目标是一致的。英语课外活动多种多样，做好课内教学和课外教学的结合是课外活动的关键。课外活动的开展主要是形成各种各样的语言环境，这一点和情境模拟有区别也有共同点。创设多样化的模拟情境是通过对西方文化中的各种情境进行模拟，使学生足不出户便可感受到西方文化情境。开展各种各样的课外活动不仅包括对西方文化情境的模拟，同时也有对现实各种情境的创新。例如，各种英语朗读比赛、单词接龙比赛、说英语比赛等，形成了新语言情境。在这些新的情境中，学生需要充分调动自己的知识储备，灵活运用各种语言技巧，有效培养学生的知识应用、情境选择等方面的能力。英语课外活动形式多样，各种形式的课外活动不仅有助于英语听、说、读、写能力的提升，也有助于各种英语跨文化交际能力的培养。

虽然当前英语教学中也会开展一些课外活动，但是相较于跨文化交际能力培养的需求而言，现有的英语课外活动在数量上显然是不够的。因此，积极开展英语课外活动也是跨文化交际能力培养导向下英语创新的应有之举。另外，由于过去语言知识能力培养的教学目标导引下的英语课外活动主要是为学生的语言知识能力提高服务，在活动形式和活动方法上还有一定欠缺，因此，基于跨文化交际能力培养的英语课外活动还需要在形式和方法方面进一步解放思想，灵活创新。

九、细化跨文化交际能力的考核评估

考核评估有评定、甄选等功能。教学目标是教学评价的依据，教学目标是方针，考核评估则是引领。由于考核评估涉及教学成果评估、人员选拔等重要事宜，因此，考核评估涉及的事项都是学科教学中被重视的内容。由于之前英语教学被视为语言知识学习，英语教学的考核评估自然也是相关英语知识技能的掌握，如当前书面考核和听说考核主要是以语言知识和语言能力为主，因此，当前较为强调的写作考核主要是对语言词汇的连贯使用进行考核，而听力考试则是对学习听说能力的考核，各种方式的考核都是以语言知识能力的掌握为依据。当前，英语教学评价体系对于语言知识的重视是由于之前英语教学的语言学习定位所致，因此，随着跨文化交际能力培养成为英语教学的主要任务，英语评价考核也需要随之进行调整，才能和教学目标相呼应，更好地发挥评价的导向、反馈、激励、鉴定等功用。

跨文化交际能力内涵丰富，包括语境选择能力、转变思维能力等，从认知、情感到行为，跨文化交际的多样化和多种形态表现，意味着在考核评价体系中对各种能力的考核也需要有针对性地设置各种评价指标和标准，使各种能力都能得到具体、真实的评价。科学、合理的评价可以推动跨文化交际能力的培养；相反，笼统、宽泛的指标设置不但不能体现教学对跨文化能力的真实状况，同时也不能形成真实的信息反馈，无法有效促进教学过程的改进，最终影响学生跨文化交际能力的提升。从跨文化交际能力培养的目标出发，英语教学的评价体系必须进行合理调整，扩展评价内容，使跨文化交际能力的相关能力都成为评价体系的一部分。另外，还要根据跨文化交际能力的不同能力方向，采用灵活的评价方式，使学生的各种能力都能得到合理、客观的评价。

参考文献

[1] 蔡玲. 大学英语教学实践探索 [M]. 长春：吉林文史出版社，2020.

[2] 陈夺. 基于跨文化交际的英语教学研究 [M]. 长春：吉林出版集团股份有限公司，2021.

[3] 程丽娟，姚晓盈，王慧. 英语教学与模式创新 [M]. 哈尔滨：哈尔滨出版社，2020.

[4] 丁煜. 大学英语教学多维探究 [M]. 武汉：华中科技大学出版社，2021.

[5] 谷萍. 跨文化视野下英语教学研究 [M]. 北京：现代出版社，2019.

[6] 何树勋. 跨文化交际下的大学英语教学改革模式研究 [M]. 成都：四川大学出版社，2019.

[7] 霍然. 跨文化英语教学研究 [M]. 长春：吉林出版集团股份有限公司，2019.

[8] 李清. 高校英语跨文化教学研究 [M]. 长春：吉林人民出版社，2020.

[9] 李婷. 跨文化交际研究与高校英语教学创新探索 [M]. 北京：九州出版社，2019.

[10] 刘婕. 大学英语跨文化教育模式研究 [M]. 长春：吉林出版集团股份有限公司，2019.

[11] 刘梅，彭慧，仝丹. 多元文化理念与英语教学研究 [M]. 延吉：延边大学出版社，2018.

[12] 曲琳琳. 跨文化视野下英语教学研究 [M]. 天津：天津科学技术出版社，2020.

[13] 谭竹修. 多元文化教育视域下大学英语教学理论探索［M］. 天津：天津科学技术出版社，2018.

[14] 王岚，王洋. 英语教学与英语思维［M］. 长春：吉林人民出版社，2019.

[15] 王欣平. 英语跨文化交际教育与教学实践研究［M］. 长春：吉林人民出版社，2019.

[16] 王怡. 多元文化视角下英汉翻译策略研究［M］. 北京：北京工业大学出版社，2019.

[17] 夏丹. 文化与英语教学研究［M］. 北京：中国纺织出版社有限公司，2021.

[18] 许丽云，刘枫，尚利明. 大学英语教学的跨文化交际视角研究与创新发展［M］. 北京：中国商务出版社，2020.

[19] 杨海芳，赵金晶. 多元文化与当代英语教学［M］. 天津：天津科学技术出版社，2018.

[20] 杨俊光. 基于跨文化交际视角的英语教学研究［M］. 长春：吉林大学出版社，2019.

[21] 杨雪飞. 多元文化视域下的大学英语教学研究［M］. 北京：北京理工大学出版社，2019.

[22] 臧庆. 英语教学与文化融合［M］. 北京：北京工业大学出版社，2020.

[23] 郑侠，李京函，李恩. 多元文化视角下的大学英语教学研究［M］. 北京：知识产权出版社，2018.